臺灣歷史與文化 研究輯刊

二 編

第 10 冊

清末日初臺灣傳統文人的小說接受與創作
——一個儒教視角的考察

陳 建 男 著

呂赫若小說的民俗書寫

沈 丹 莉 著

花木蘭文化出版社

國家圖書館出版品預行編目資料

清末日初臺灣傳統文人的小說接受與創作———一個儒教視角
的考察 陳建男 著／呂赫若小說的民俗書寫 沈丹莉 著—
初版 — 新北市：花木蘭文化出版社，2013〔民 102〕
目 2+116 面／目 2+116 面；19×26 公分
（臺灣歷史與文化研究輯刊 二編：第 10 冊）
ISBN：978-986-322-234-7（精裝）
1. 臺灣小說　2. 文學評論
733.08　　　　　　　　　　　　　　　102002847

ISBN-978-986-322-234-7

臺灣歷史與文化研究輯刊

二 編 第 十 冊　　　　　　ISBN：978-986-322-234-7

清末日初臺灣傳統文人的小說接受與創作
——一個儒教視角的考察
呂赫若小說的民俗書寫

作　　者　陳建男／沈丹莉
總 編 輯　杜潔祥
出　　版　花木蘭文化出版社
發 行 所　花木蘭文化出版社
發 行 人　高小娟
聯絡地址　235 新北市中和區中安街七二號十三樓
　　　　　電話：02-2923-1455 ／傳眞：02-2923-1452
網　　址　http://www.huamulan.tw 信箱 sut81518@gmail.com
印　　刷　普羅文化出版廣告事業
初　　版　2013 年 3 月
定　　價　二編　28 冊（精裝）新臺幣 56,000 元　　　版權所有‧請勿翻印

清末日初臺灣傳統文人的小說接受與創作
——一個儒教視角的考察

陳建男　著

作者簡介

陳建男，臺灣 屏東縣人，畢業於國立臺東師範學院語教系，國立臺灣師範大學臺灣文化及語言文學研究所碩士。目前任職於新北市淡水區育英國小，努力學習成為一位好老師中。

提　　要

　　此篇論文主要透過清末日初文人士紳的小說接受和創作情形，來釐析儒教價值觀與近代臺灣小說的關係。主論分有三章，分別從社會文化條件、文人士紳的地方教化實踐，以及日本殖民者的儒教移植三個面向切入探討。

　　在首章 移墾儒教社會的小說形塑，筆者主要探討清代臺灣移墾的社會風尚與儒教文化意識對小說發展的影響，並具體考察小說的移墾社會傳播形態。

　　在次章 文人士紳的「在地性」與小說接受，主要透過考察文人士紳的地方教化權力和實踐與其小說接受之關係，來探討儒教價值對小說發展的影響。筆者首先探述士紳的地方性內涵及文教活動，再進一步考察士紳的小說接受心理以及閱讀情形，以檢視體現在士紳地方教化活動的儒教價值對小說的影響。

　　在終章 殖民儒教的移植與近代臺灣報刊小說的發生，主要透過傳統文人對時局的肆應，以記者的身分進行報刊小說之創作，來探討在殖民者天皇國體儒教價值的移植和漢文文化統合的背景下，近代臺灣報刊小說的發生內涵。

　　藉由文人士紳的傳統小說接受與近代報刊小說創作作為探究主題，對於臺灣小說起源的整體性，我們有了更為深入的理解。臺灣小說乃是從移墾儒教社會孕育而生，儒教重道德教化、勸善懲惡的文學價值觀念，強烈影響、制約著小說的發展。這一印跡，乃透過清末和日治初期文人士紳的小說接受，以及肆應時局變動下的報刊小說創作所顯現出來。然則，在教化價值之下，亦隱含著文人士紳對小說藝術性的娛情感動，文人士紳對「非正統」的通俗小說這一複雜心理，正適足代表了儒教社會小說存在和發展的曲折形態。

謝　辭

　　不知道算不算晚？但終究還是來到了撰寫「謝辭」的時刻。這篇論文的完成，得諸於許多人的幫忙和祝福。感謝我樸實的雙親，是您們給我堅定而篤實的台灣意識和認同，讓我在成年之後能夠朝更深的「台灣」─我們自己，探尋；感謝您們雖然說得不多，但總是默默而滿滿地支持我、相信我可以完成；兒子要將這篇論文謹獻給您們！

　　感謝與我愛情長跑十幾年、小腹終於隆起的牽手。謝謝妳長久以來陪在我身旁，也總是默默的信任我、支持我，照料生活。如今論文完成，角色也可以互換了，由我來照料妳，以及日漸在妳肚子裡長大的我們的孩子。

　　感謝俊雅老師。老師不但耐心等待我回歸論文的撰寫、給予我肯定，更為學生論文的刊載奔波、擔憂，並在論文的修改上給予諸多珍貴的研究建議。除此之外，老師認真而嚴謹的學術態度是學生寫作論文的精神典範，閱讀老師的著作，常讓我抱持學習的心態，嚴謹地撰寫論文。這篇論文若沒有俊雅老師您，是千萬無法產生的，謝謝您。

　　感謝兩位口試委員─向陽老師、淑慧老師，謝謝您們對學生論文的肯定，並且在理論、邏輯、史料上都給予寶貴的意見，讓學生對自己的論文有更為清晰的理解。感謝師大台文所的師長、同學、學長姐、學弟妹，雖然投入在所務的時間不長，但與您們的相聚卻都讓我留下深刻而美好的記憶─有幸受教的曹永和院士、萬壽老師、榮松老師、勤岸老師、芳玫老師、安娟老師、淑慧老師，以及尊敬的筱峰老師、親切如友的地理系聖欽老師；此外，要特別感謝鼓勵我甚深的振富老師，您對學生的熱誠和鼓勵，一直是學生不忘前進的動力，謝謝您。

　　感謝兩年有緣和睦的同學們，南衡大哥、順明大哥，還有同為文學組的雅菁、薰文、碩佳，希望已畢業的你們都過得很好。還有毓凌助教、孟珈學姐，謝謝妳們在畢業在即的關頭，熱心地給予我意見和幫助。

　　感謝大公無私的淡大圖書館，能夠收容如流浪漢的我自由穿梭書林之間，並提供所需的知識參考和源源不絕的「勁量」電能。最後，感謝一下陳建男，謝謝你的堅持沒有放棄。

目

次

第一章　緒　論

第一節　研究動機

　　隨著「殖民現代性」議題的開展、深化，日治初期傳統文人的漢文書寫，也在「文學現代性」思維下，漸獲學界關注。這一立基於「現代性」意識之研究：諸如黃美娥教授以傳統文人對現代性的感知、領受，重新審視新舊文學之分界〔註1〕；呂淳鈺以「偵探敘事」爲探索，「展現彼時台灣對於現代性諸多議題的理解」〔註2〕；或林以衡以報刊之漢文「俠敘事」，探討「台灣通俗文學更充滿多元重層的複雜意涵」〔註3〕，大抵皆與通俗性連結，藉由「通俗／現代性」去挖掘新、舊過渡的「文學轉型」中，更爲繁複而多義的台灣小說發展之內涵。接連上三〇、四〇年代《三六九小報》、《風月報》等漢文通俗報刊，以及吳漫沙、徐坤泉、林輝焜、雞籠生、鄭坤五等日治晚期通俗作家之研究，一條以「通俗／現代性」作爲意識主軸的小說發展脈絡，儼然成形。

　　「通俗／現代性」研究主軸的意義，正如陳建忠教授所提到的，在於通俗敘事與台灣現代小說的興起頗爲密切：其不僅「關乎文學現代性如何被引

<hr />

〔註1〕　參見黃美娥，《重層現代性鏡像：日治時代臺灣傳統文人的文化視域與文學想像》（台北市：麥田，2004 年）。

〔註2〕　參見呂淳鈺，〈日治時期台灣偵探敘事的發生與形成：一個通俗文學新文類的考察〉（國立政治大學中國文學研究所 92 學年度碩論）。

〔註3〕　參見林以衡，〈日治時期台灣漢文俠敘事的階段性發展及其文化意涵——以報刊作品爲考察對象〉（國立台灣師範大學台灣文化及語言文學研究所 95 學年度碩論）。

進台灣，而形成現代小說的美學與思想形式」，同時「也是『現代文學』此一文學觀念與形式，如何在台灣形成一新文學傳統的『文學起源論』問題」〔註4〕。無疑地，「台灣近代小說起源」的意義性，深化了日治初期漢文小說書寫的探討，而在目前東亞儒學、漢文跨界的文化／文學研究主流下，透過漢文／學的殖民地同文語境之衍義來探析日治初期漢文小說書寫，更成為釐析「小說起源」的新途徑〔註5〕。透過殖民報刊漢文版的中介，日本漢詩和漢文小說作品的進入，刺激了台灣傳統文學場域發生近代的變動；在黃美娥教授的深入研究中，此更甚成為近代台灣小說興起之根源〔註6〕。

殖民語境下的小說「通俗／現代性」研究，因成果的逐步積累而漸獲深入的釐清；然而，這一研究取向仍有其值得再思之處。首先，從通俗的面向探究小說的近代起源，雖是準確的方向，卻也僅止是基本的方向。日治時期以漢文（文言及白話）書寫、以報刊作為載體的小說，其發生、發展的價值驅力，雖主要還是「休閒暨文化娛樂目的」〔註7〕，也就是小說的通俗消遣性本質，但設若我們僅從這一方向考察小說的發展，固然其迎合現代所發生的轉變情形能夠得到闡釋，但更具重要性的小說創作意識和藝術經營上的問題，諸如：文人小說創作的意識為何？真的僅著眼消遣娛樂目的？小說的通俗性是報刊小說興起的主要動力？報刊小說之外的傳統古典小說不是更具通俗性？文人小說創作何以筆記體小說作為起頭？報刊小說的形式何以仍「舊」？傳統古典小說對文人的報刊小說創作是否具有影響？這些小說起源和存在所蘊含的繁複而交雜的政治社會文化內涵，將難以得到適足的顯豁和闡釋。

其次，若從殖民現代性來思索文學起源的問題，認為殖民地文學的現代轉化，乃是對統治者「同文」文學刺激的反應——美學的接受、創作形式內

〔註4〕 參見陳建忠、應鳳凰、邱貴芬等合著，《臺灣小說史論》（台北市：麥田，2007年），頁68。

〔註5〕 茲如黃美娥老師的研究，以及蔡佩玲對謝雪漁漢文書寫的時代內涵之探究（〈「同文」的想像與實踐：日治時期臺灣傳統文人謝雪漁的漢文書寫〉，政大中國文學研究所97學年度碩論）。

〔註6〕 參見黃美娥，〈「文體」與「國體」：日本文學在日治時期——臺灣漢語文言小說中的跨界行旅、文化翻譯與書寫錯置〉，「『交界與游移』——近現代東亞的文化傳譯與知識生產國際學術研討會」論文，2009年9月。

〔註7〕 參見吳福助，《日治時期臺灣小說彙編》（臺中：文听閣，2008年4月），出版說明，頁4。

涵的模仿——雖然有助於詮釋小說摻入新文化元素的時代性內涵，但面對小說傳統的一面，卻同樣缺乏確切的解釋。基於此，對於近代台灣小說起源的探究，有從不同的視角加以補充、釐析之必要。

從二○年代新文學發軔前的小說理解來看。明治三十三年（1900）七月二十七日，梯雲樓主在《台灣日日新報》的「論議」欄上發表了一篇〈論訛言多襲諸小說〉〔註8〕的文章，針對小說傳奇、述異的虛構特性易引起「眾庸」的閒論和盲信提出批評；呼籲大眾對於小說神異的情節應當存有審視其真實性的心理。其言：「試問，古來小說傳神異之事甚多，核之史書曾有一事屬實乎？知小說之傳夫神異概無足憑，則知訛言之仿於小說，亦不足援以為據矣。世之聞異詞者，尚其審諸。」梯雲樓主對小說的批評，頗值得我們留意，一則它表露了當時小說傳奇述異內容的普遍性；二則也呈現出大眾的小說品味；更重要的是，文中有一段難得的、針對小說刻板情節的批評，顯示出應是為文人的梯雲樓主，對小說的深刻理解：

> 喜述訛言之輩平日之所矜博，洽非能熟稽歷史、特浸淫乎各種小說，而以其設想之言拘泥之為實蹟者也。……若諸小說所傳，則英雄起於草澤、豪傑奮於茅蘆、山林盜賊旋為廊廟之勳臣、閨閣女流頓作疆場之大將。人事當務之端，初不必習之有素且賴遭逢之獨異，突有好事神仙授之奇書、付之寶器，自能出身佐命仗義；興師內、清君側之惡，外折衝乎四鄰，慷慨盡忠，建非常之事業。其言類此，大抵不得志於世者有所感憤，姑假託之以暢其所欲言。……

大正七年（1918），許子文在其〈破除迷信議〉〔註9〕一文中，針對小說易導人於迷信的特點提出反省。他認為：「小說之書，所述迷信者甚多。然既能識字，則文理粗通，必不為其所迷，獨有目不識丁者，閒暇之時，偏好聽小說，且好聽小說之最大迷信者，如封神、西遊……，有志者宜出一提倡，……而以我國古今事實之史蹟，編而為書，刊行於世，……普及地理歷史之觀念。」許子文認為不識字者較容易相信小說怪奇虛構的情節而入於迷信，因此應當改革小說的內容及藉助小說的傳播，來宣傳較具科學和理性的真知識。

到了大正十三年（1924），張梗在《台灣民報》上發表了〈討論舊小說的

〔註8〕　見《台灣日日新報》第 671 號第三版「論議」欄，明治三十三年七月二十七日。
〔註9〕　參見許子文〈破除迷信議〉，文載黃茂盛編《崇文社文集》卷一，頁 16。

改革問題〉〔註 10〕，對「小說」進行了更為全面的審視。張梗的論述主要有二點：

1、內容主題上：批評因襲、消遣，指出小說應具有立基於人生和社會的現實性涵意；

2、技法佈局上：排斥勸善懲惡的春秋筆法和僵化的情節安排，鼓吹體驗的、重個性描寫的寫實手法；

此外，由張梗在文中提及了：西廂記、聊齋誌異、水滸傳、儒林外史、紅樓夢、三國誌、隋唐演義、七俠五義、七子十三生、彭公案、施公案、粉粧樓、封神演義、走馬春秋、西遊記、兒女英雄、三門街李廣、楊家寡婦平南蠻十八洞、孟麗君、薛仁貴征東征西、樊梨花掛帥、桃花扇、報刊／坊間小說、台南布袋戲齣……等舊小說／戲劇的情形來看，可以看出張梗所指涉的小說對象主要是白話章回小說，包括歷史、神怪、俠義公案、情愛等通俗主題，並沒有特別論及報刊上的文言小說〔註 11〕；而其對小說的批評主要在於小說的內容脫離時代社會生活的現實，且在創作形式上保守襲舊、缺乏因應時代的創新。

藉由上述的舉例，我們可以看到在新文學發軔前，傳統小說仍舊得到較大的關注和反思（因為傳統小說更具通俗性），而以報刊文言形式傳播的近代小說，似乎仍被包納在傳統小說之中述及和理解。讀者對於小說的認識仍依循儒家的小說觀——傳播訛言、導人迷信、固陋襲舊的瑣碎言論，並沒有因為報刊小說所象徵和具有的現代性，而對小說有了不同程度的理解。而雖說報刊小說已然摻進現代文化元素，卻並未在知識分子的「小說啟蒙」思考中受到正視，這顯示出就通俗性來說，報刊小說遠不及傳統小說。而就小說的創作意義上，此或許更代表著報刊文言小說在形式和內容上與早存的傳統古

〔註 10〕張梗之文共有 7 回。始刊於《台灣民報》2 卷 17 號至 2 卷 23 號，連載時日為 9 月 11 日至 11 月 11 日。

〔註 11〕張梗未特別針對報刊文言小說提出針砭，可能是因為正處於提倡白話文運動的階段，所以談論的對象主要是那些流傳甚廣的中國白話小說。而張梗提出改革舊小說的原因，應是認為白話小說更易為大眾所接受、具有更廣的傳播性。或許如黃呈聰所想的一樣：「我看我們的社會，從前和現在多數的人，都喜歡看那個紅樓夢、水滸傳等的白話小說，所以已經有普及一部分在社會上，若是將這個擴大做一般民眾的使用就好了。」（〈論普及白話文的新使命〉，刊於《台灣》4：1）。關於台灣新文學運動的階段劃分和特色，可參考許俊雅老師的著作，《日據時期臺灣小說研究》（台北市：文史哲出版，1999 年），第一章、第二節　台灣新文學運動的展開，頁 52～123。

典小說並沒有太大的不同，以致小說未足以讓知識分子體察到不同的變化。

　　這一現象讓我們體悟到應當回到文學發生的社會文化場域來思考近代台灣社會整體小說存在的情形，並且關注到並存的傳統小說和報刊小說兩者間可能的關連性。而對於到了二〇年代，小說的整體氛圍仍舊傳統和人們對於小說的理解和品味依舊的疑問，則似乎我們所必須直指探索的，乃是傳統小說賴以存續和維繫的社會條件和文化心理因素。

　　對於日治初期台灣文學的氛圍，黃美娥曾指出殖民統治者刻意維繫了一個以傳統舊文學爲主的文學社會形態：「來台治理殖民事務的日官，反倒是頗多具有漢學背景，善寫漢詩者，在治理政策的考量下，日本並未貿然強勢引介帝國的近代文學來台，而是刻意沿用漢文、漢詩以與台人交流，如此倒使台灣傳統漢文學的發展不致中輟……」〔註 12〕殖民者如此的漢文／學籠絡、懷柔的文化方針，應當蘊含著殖民者藉以統治和教化殖民大眾的意圖。因此，雖說報刊具有通俗與啓蒙的現代性意義，但卻因殖民者的漢文政策操作，以及舊有社會形態的維繫，而遭到反阻的作用力。那麼，由此思考台灣近代（報刊）小說，我們似乎就不能不考量到其有別於「通俗／現代性」的另面內涵。

　　綜合上述疑問和原因，筆者嘗試在「通俗／現代性」的研究觀點之外，在社會條件和文化心理的思考下，選擇「儒家教化」作爲闡釋台灣近代小說源起的另一觀點，透過探討儒教社會的形塑、士紳地方教化以及殖民者儒教移植這三個主題對小說所可能產生的影響，來探析台灣近代小說開展之場域。

第二節　研究說明

　　接續動機敘述，此節筆者想針對「從『儒家教化』視角來考察近代台灣小說場域」這一想法作進一步的說明。這篇論文寫作是以「文學是特定時代的政治、社會文化產物」這樣的思維爲起點。「文學」不單只是文字和情感思維藝術的產物，若從中國文學的發展來看，更可見文學與政治始終緊密相連的關係；政治、文教制度的變化，往往牽連著文學發生變易〔註 13〕。關於清代台灣文學的發展與政治社會文化的關係，林淑慧教授的研究已有深入的探

〔註 12〕 參見黃美娥，《重層現代性鏡像》，頁 70。
〔註 13〕 可參見前野直彬著、龔霓馨譯，《中國文學的世界》（臺北市：臺灣學生，1989年）。

討和闡釋〔註14〕；閱讀之後，我們可以發現台灣文學的發生，與時代的政經、社會文化條件緊密相連，這些所謂「外緣」的元素深切影響著台灣文學的萌生與發展，就文學的發生來說，實不應當被排除在「作品」的內涵之外。因此，同樣的，對於近代報刊小說的出現，也應當將之置放在政治制度的背景下來考察。

　　總合這些層面來思維「傳統文學」（或整體「台灣文學」）概念，我們將發現「儒教」〔註15〕——儒家教化的道德價值觀和實踐體系——扮演著最為核心的角色。杜維明（Tu Wei-ming）的「作為東亞生活方式的儒教」概念即指出：「儒教是一種世界觀，一套社會倫理，一種政治的意識形態，一個學術傳統，同時也是一種生活方式。」〔註16〕除了緣於儒教價值適切封閉的農業社會形態之外，儒教之所以具有深廣的涵攝力，更在於成為封建帝王政體的擁護者後，透過階級教育和官僚等體制性網絡的滲透、發散，而成為一套涵括生活各層面價值之準則。因此，不論就政治層面、社會或文化層面，儒教的影響和形塑都是相當根本而深層的〔註17〕。

　　回到台灣近代小說的探討來看，「小說」發生和發展的幾個關鍵要素，也脫離不開儒教意識的影響。首先，就政治層面言。清代官方基於教化立場對通俗小說的禁絕，或許程度上對小說的傳播造成不利的影響，但基於清代對台灣消極治理之態度，可說清代官方對台灣小說發展並不具實質的影響。值得探究的，乃是日本殖民者對儒教，包括漢文／學的態度，以及殖民者這一態度、方針與近代台灣報刊小說發生之間的，政治文化與文學的關連性。

　　其次，作為小說實際存在、展演的場域，清代漢人移墾所形成的基本上

〔註14〕 參閱林淑慧，《台灣清治時期散文的文化軌跡》（臺北市：臺灣學生，2007年）。
〔註15〕 對於「儒學」、「儒家」、「儒教」三名詞意義上的分疏，筆者是援用陳來對此的定義：「一般講，『儒家』主要是強調作為一個學派的特性，儒家學派跟道家學派、跟墨家學派相區別，……『儒學』往往強調儒家學派裡學術體系的方面，因為儒家包括很多內容，比如政治、教化的實踐，……『儒教』的用法主要是在歷史上往往注重其作為一個教化體系的意義，……古代思想文化道德教化的工作主要是通過各級各類的儒家的學者和組織來實現，當談到教化體系的時候，就用『儒教』的說法。」見陳來，《東亞儒學九論》（北京：三聯書店，2008年），頁178～179。
〔註16〕 參見杜維明著、陳靜譯，《儒教Confucianism》（台北市：麥田，2002年12月），頁38、39。
〔註17〕 可參見李日章，〈儒家意理與台灣社會〉，張德麟編，《台灣漢文化之本土化》（台北市：前衛，2003年）。

是一儒教形態的社會。台灣移墾獨特的歷史與自然人文條件，勢必對小說的
存在和發展有著深刻的影響。

　　最後，從接受和創作的角度來看，儒教文人士紳則扮演重要的角色：第
一、文人士紳不僅以讀者（就非書面的小說來說，即是觀賞者、聆聽者）的
身分接受、傳播小說，也以創作者的身分，參與小說由非書面到書面形式的
轉化進程，透過藝術的加工擴大和延續了小說的發展。第二、儒教意識對小
說的制約，實際而言乃是通過文人士紳對小說接受的態度所實踐、表陳出來；
在儒家經史詩文傳統教育下，文士對小說鄙薄卻又接受的心理，正是值得探
究之處。第三、日本殖民初期，文人士紳的儒教價值和資本，不僅面臨伺應
和轉化的情勢，更在這混雜、變異的文化氛圍裡，透過殖民報刊開始其小說
創作，正式揭開近代台灣小說的帷幕，其間繁複的轉折與意涵，都繫連在文
人士紳身上。因此，對於台灣小說的探究，近代台灣文人士紳階層的形成，
以及其對殖民政權的反應情形，即是必要加以探討的要素。

　　總結上述，筆者此篇論文即欲以清末至日治初期（明治時代），台灣傳統
文人士紳在清代移墾儒教社會文化氛圍，以及對日治初期殖民政權儒教文化
政策的應對這兩個政治、社會背景下，對小說的接受（主要指舊小說）和創
作（報刊小說）作為研究中介，來探討儒教意識和近代台灣小說發生、發展
的關係和影響。

　　架構上，論文概分四章。首章為緒論，主要陳述論文寫作的動機、思考
進程及說明；次章為「移墾儒教社會的小說形塑」，主要探討清代台灣移墾的
社會風尚與儒教文化意識對小說發展的影響，並具體考察小說的移墾社會傳
播形態；第三章為「文人士紳的『在地性』與小說接受」，主要透過考察文人
士紳的地方教化權力和實踐與其小說接受之關係，來探討儒教價值對小說發
展的影響；末章為「殖民儒教的移植與近代台灣報刊小說的發生」，主要透過
傳統文人對時局的肆應，以記者的身分進行報刊小說之創作，來探討在殖民
者天皇國體儒教價值的移植和漢文文化統合的背景下，近代台灣報刊小說的
發生內涵。論文最後以結論歸要各章闡述，總結以文人士紳的小說接受與報
刊小說創作為主題的，一個儒教視角對台灣近代小說起源情形之考察。

第二章 移墾儒教社會的小說形塑

　　對於清代台灣漢人社會的建構，李國祁以「內地化」思維，來論釋清代台灣所形成的，乃是「與本部各省完全相同的社會形態與文化」〔註1〕；陳其南則秉持「土著化」概念，論證在「祖籍人群械鬥由極盛而趨於減少，同時本地寺廟神的信仰則形成跨越祖籍人群的祭祀圈；宗族的活動則由前期以返唐山祭祖之方式漸變爲在臺立祠獨立奉祠」的在地轉型後，清代台灣漢人將「在華南原居地的社會形態重新在臺灣建立起來」〔註2〕。由是可知，不論從哪一主體角度來審視清代台灣漢人社會的建構，其形態可說即是傳統中國封建社會的延伸，亦即是一以倫常道德爲核心價值的儒教社會。

　　儒教社會象徵一個由儒教價值支配精神生活的社會形態，儒教意識不僅爲人們提供價值觀念、思想模式及行爲規範的導向，也對文化形態、文學的發展有著重要的影響〔註3〕。本章節，我們即要探索清代台灣移墾社會的小說存在情形。透過探述移墾社會的性格、風尙和儒家教化價值觀，釐析清代台灣社會對小說發生和存在的影響。

第一節　移墾社會性格對小說發展的影響

一、重利豪奢風氣的形成

　　移墾本質的社會發展條件，對小說有著怎樣的影響？對於這個問題的思

〔註1〕　參見李國祁，《清代臺灣社會的轉型》（臺北市：教育部社會教育司，1978 年）。
〔註2〕　參見陳其南，《臺灣的傳統中國社會》（臺北市：允晨文化，1987 年）。
〔註3〕　參見司馬云杰，《文化社會學》（山東：山東人民，1990 年 3 月），頁 270～276。

索，我們必須先探知清代台灣移墾社會所呈現出的風尚和價值觀。

　　從清代志書和官員的記載來看，清代台灣社會大抵呈現出好利、浮奢和圖享樂的風尚。《諸羅縣志》記載：「大抵諸羅之俗，其一功利誇詐近於齊，高富下貧，好訾毀，以賭蕩爲豪俠，嫁娶送死侈靡放，郡治羞不相及，孔子所謂齊一變至於魯者也。」〔註4〕；朱景英在《海東札記》裡寫道：「海外百貨叢集，然直倍中土。俗尚華侈，雖傭販輩徒跣載道，顧非紗帛不袴。婦女出不乘輿，袨服茜裙，擁傘趿通逵中，略無顧忌。匠作冶金範銀，釵筓釧珥之屬，製極工巧。凡鶯冠服履襪者，各成街市，閴然五都，奢可知已。」〔註5〕；又如藍鼎元在〈經理臺灣疏〉中說：

　　　　臺地不蠶桑，不種綿苧，故民多游惰。宜亟講桑麻之政，教婦女紡
　　　　績勤儉之風。臺俗素向豪奢。平民宴會酒席，動費中人之產。遊手
　　　　無賴，綾襖錦襪，搖曳街衢。負販菜傭，不能具體，亦必以綾羅爲
　　　　下衣，寬長曳地。家無斗米，服值千緡。……〔註6〕

　　本土文人吳子光也描繪到地方宗教祭祀奢侈的風尚：「每歲二月，南北兩路人絡繹如織，齊詣北港進香。至天妃誕日，則市肆稍盛者處處演戲，博徒嗜此若渴，猊麋財至。不貲云，蓋臺地最喜演戲，多以古人報賽田社之文爲粉飾太平之具。然村野猶可言也，城市更豪侈相尚。遇吉凶大故，崇釋道而矜，布施傾家，貲以悅耳目，虛文日重。……」〔註7〕。

　　藉由上述資料，我們得知清代台灣移墾社會大抵呈現出重利、豪奢的風尚。台地重利豪奢風氣的形成，除了根源於漢人移民地──閩粵──的社風本即重利而好奢華之外〔註8〕，也導因於漢人移墾的主要目的即在謀求經濟

〔註4〕　周鍾瑄主修、臺灣史料集成編輯委員會編，《諸羅縣志》（臺北市：文建會，2005年），頁218。

〔註5〕　參見朱景英，《海東札記》（台灣文獻叢刊第一九種，台灣銀行經濟研究室編印，1958年5月），頁28。

〔註6〕　參見藍鼎元，〈經理臺灣疏〉，《平臺記略》（台灣文獻叢刊第一四種，台灣銀行經濟研究室編印，1958年），頁67。

〔註7〕　見吳子光，〈臺俗〉，《一肚皮集（五）・淡水志稿》（台北縣板橋市：龍文，2001年），頁1127。

〔註8〕　如鄭鏞即指出閩南「民俗奢侈，雜煩難治」，生活不僅鋪張浪費「男不耕作而食必梁肉，女不蠶桑而衣皆錦綺」，且注重追求安逸，鬥雞、鬥鳥、鬥鵪鶉、養花木、賞盆景、古董之風大行其道且歷久不衰。見鄭鏞，〈論漳州人的人文性格〉，《漳州師範學院學報（哲學社會科學版）》，2005年第4期，頁85。

利益或追求更安定、富裕的生活〔註9〕。那麼，逐利奢華、重享樂的移墾社會風尚對小說的發展有著怎樣的影響？底下我們從小說發展的條件來加以申論。

二、重利豪奢的風氣導致文教發展的遲緩

從小說發展的文化條件來說，清代重利豪奢的風氣不利文教的發展。台灣的移墾性格，先天上不利於文教的推動和發展，除了迥異的地方風俗和逐利的價值取向之外，開墾制度所造就的地方「豪強」，也是台地文教落後的原因之一。李國祁提到：「因渡海移墾是冒險的行為，故其領導人物大多豪強之士。更由於開墾制度的影響，使財富的分配不均衡，豪強之士身為大墾戶，每多擁有資財，財富與任俠精神、馭眾能力的結合，使其成為社會的權力階層，於是整個社會呈現出豪強稱雄、文治落後的情形，……」〔註10〕，這些在地方上擁有勢力的豪強，汲汲於農商事業上的拓展，以累積財富來晉升自己的社會地位，故無暇於文教方面的推展。

文教的落後，導致社會趨於「俗化」：衣飾侈僭、婚姻論財、豪飲呼盧、迷信鬼神等陋俗盛行，觀劇、聽書等常民娛樂文化成為主流，精緻文化缺乏發展的條件〔註11〕。雖然清廷在領台之初即已注意到文教的提倡，希望藉此消除台地粗獷、奢靡的社會風氣，但並未得到顯著的效果。

社會文教的發展關乎文學的存續。林淑慧教授對於清代台灣散文發展條件的探討，即關注到科舉教育、文學典律和刊刻出版等等文教要素〔註12〕。科舉對文學（主要是詩文）的發展，可謂具有源頭、催生性的意義。前野直彬即認為唐宋以迄的文學是與科舉考試相隨相生，「舉業與文學底才能及研修練習之間的關係，在中國人來說，是無法割離的密切，……科舉是由中國社會中發生的一種特殊制度，它常常與文學有不可分的密切關係，……」

〔註9〕 蔡淵洯，〈清代臺灣的移墾社會〉，收錄於瞿海源、章英華主編，《台灣社會與文化變遷》（上）（台北市：中研院民族學研究所，1986年6月），頁47。

〔註10〕 李國祁，《清代臺灣社會的轉型》（台北市：教育部社會教育司，1978年），頁10。

〔註11〕 蔡淵洯認為移墾社會文教不興、陋俗盛行的原由甚多，主要可從移民性質、人口組合與勞力需求，以及師資缺乏和科舉應試等三個面向加以探討。參見其文，〈清代臺灣的移墾社會〉，前揭書。

〔註12〕 參見林淑慧，《台灣清治時期散文的文化軌跡》（臺北市：臺灣學生，2007年），第二章　台灣清治時期散文的發展條件。

〔註 13〕除了科舉考試作為一種詩文磨練、修養（如試帖文）的催化劑之外，因應舉業而生的學宮、書院、鄉學等官／私學教育、教材，以及應舉的讀書人所組成的「科舉社群」，亦皆是攸關文學發展的重要文教元素。再者，清代出版事業又主要為「印刷各款善書經文、科考範文、輿圖、詩集、童蒙讀本、譜牒籤詩等」〔註 14〕，舉業相關的印刷、出版顯為出版的主流，科舉事業的發達與否，可謂即是出版事業興盛的指標。

從上述文教條件思考小說的發展，雖然小說不同於「正統」之詩文，但小說發達所需的閱讀、創作和生產傳播，都依賴文教事業培養出一定的識字階層，以及出版和傳播之環境。由是觀之，清代台灣科舉文教發展的遲緩，不僅牽連作為讀者的文人士紳階層形成的遲晚、貧弱，也連帶使得作為生產傳播的刊刻、書坊等事業不甚發達；總體來說，不利於小說的發生和發展。

三、重利的社會風氣促進小說通俗意識的流動

台灣移墾社會重利、逐利的風氣，雖不利於文教的發展，但相對來說，卻為講求消遣的通俗文藝，起到了重要的助益作用。

在明清通俗小說的興起上，宋莉華和董國炎皆一致指出，由經濟所帶動的商業市鎮和市民階層的興起，是通俗小說文藝發達的重要基礎。宋莉華指出：「通俗小說作為都市文化的一種獨特存在，其勃興與城市的產生、市民的文化需求有著密切的聯繫，而其發展又與整個都市文化的繁榮緊密相連。」〔註 15〕宋莉華以城市商業經濟的發達為基礎觀點，進而論證由經濟發達所興起的商人、市民階層，成為了通俗小說需求的讀者基礎；同時，繁榮的市鎮生活也為通俗小說生產、傳播所需的印刷及交通條件，提供了成熟的物質基礎。相同地，董國炎認為清代中葉平民小說接續宋代話本小說的再興，乃是因為大運河的開通，助益了宋代至清代淮揚市民文化的發展；淮揚文化重享樂、圖安逸的特性，再加上有廣大市民階層和一批狂放文人作為社會基礎，遂促使話本小說等通俗文藝得到迅速的發展〔註 16〕。

〔註 13〕前野直彬，《中國文學的世界》（臺北市：臺灣學生，1989 年），頁 136。
〔註 14〕引自林淑慧，前揭書，頁 81。
〔註 15〕參見宋莉華，《明清時期的小說傳播》（北京：中國社會科學，2004 年 7 月），第一章　明清通俗小說傳播的社會背景與分期，頁 19～34。
〔註 16〕參見董國炎，《明清小說思潮》（太原：山西人民，2004 年 3 月），第十八篇　平民小說再興。

　　宋莉華和董國炎對明清通俗小說發達的探討，皆顯示出商業經濟的重要性，由商業經濟的發展所帶動的市鎮繁榮和市民階層的興起，可說是通俗小說發達的重要基礎。由此參照來看清代台灣社會。

　　陳紹馨的人口研究指出〔註17〕，清治時期台灣漢人人口由二十萬人跳到二百五十五萬人，二百一十二年間成長了約12倍。這之間，嘉慶中期的一八一一年是一個成長變化的分水嶺。一八一一年台灣漢人人口已增加至二百萬人，亦即成長了10倍；而一八一一年至清末的一八九二年，人口的成長僅有25%，即增加了五十五萬人。這樣成長率的陡變，顯示出在十八世紀末之前，台灣漢人人口已達到飽和。翁佳音亦指出：中國漢人移民來台的時間，主要是在十九世紀以前，十九世紀以後雖仍有漢人移民前來，但在台灣人口結構上已不占重要比例〔註18〕。翁指出十九世紀以後的台灣人口增加，多是定居台灣的移民繁衍子孫的自然增加人口，至於北部人口在十九世紀後期的增加，則可能緣於北部的商業開發，促使島內南部人口向北移動的結果。簡言之，從人口結構來看，清代漢人移民人口定著化的時間大約是在十九世紀初期，即在嘉慶、道光年間。

　　從人口條件來看清代台灣鄉堡、商業市街的形成時間。大抵台灣南部的鄉堡在十八世紀前即已開發，中部也大多在十八世紀末開發就緒，而北、東部則略遲在十八世紀中後期相繼開發。再看市鎮發展的情形，主要商業市街的形成顯示出與拓墾一致的趨勢，除北、東部外，中南部的商業市街大體已在十八世紀末，即乾隆末年、嘉慶初年形成〔註19〕。

　　重利背景下的清代商業市鎮，大抵呈現出一片繁華奢靡的景象。如連雅堂在《花南雜記》裡即生動地描繪了清代五條港區的繁華與奢靡：「西關之外，半屬狹邪，燈火樓台，笙歌不夜，紙醉金迷，一時稱盛，……城西一帶，濱海而居，商廛比立，夙稱殷富，而風月之場，亦多厠其處，唯南勢街尤爲銷魂金艷窟。每當夕陽西墮時，絃索之聲，悠揚入耳，樓欄麗影，花芬四溢，遊其地者，幾疑色界之仙都也。沿街數十戶，雖爲淫靡之穴……，聲來戶外，非風雅名流，則大腹賈富兒人也……。」〔註20〕林會承也指出有清一代的鹿

〔註17〕參見陳紹馨，《臺灣的人口變遷與社會變遷》（臺北市：聯經，1979年5月），頁380～384。

〔註18〕參見翁佳音，《台灣漢人武裝抗日史研究（1895～1902）》（台北：國立台灣大學出版中心，1986年），頁36～40。

〔註19〕同上註，頁36～40。

〔註20〕許丙丁，〈台南教坊記〉，《台南文化》3：4，1954年，頁21。轉引自楊秀蘭，

港大致可以「港口帆牆林立，白帆輕驅海風，人皆輕衣馬肥，豪商林日茂為首，資產算十萬者達百家，商賈櫛比……」〔註21〕這樣的繁景來形容。如此瀰漫著重利享樂的社會文化氛圍，自然有利於消遣的通俗文藝之發達。

不過，就小說而言，應當指出在這樣的商業繁榮背景下所助長的，主要是非書面的小說形式，亦即透過說書、戲劇表演等傳播的小說通俗意識，而非以閱讀為主的書面小說。這樣的小說意識流動大抵是以地方廟宇作為中心的，正如林會承所指出：地方寺廟乃是居民日常生活機能發生之地，舉凡宗教、政治，乃至文化藝文，如歲時祭祀、演歌仔戲、祈雨驅蟲、保平安、群眾諮商、休閒、市集嬉戲等皆以寺廟為中心，廟宇市集吸引了打拳賣膏藥的江湖客、說書的落魄文人、玩蛇的、賣土產的碼頭客等等，形成商業與娛樂匯集之地〔註22〕。

第二節　儒教意識對小說發展的影響

一、通俗小說在儒教網絡的位置

對於儒教思想深廣的涵攝，杜維明指出：「是儒家的文化運動逐漸滲透到專制政治的各個層面和社會生活的各個方面，才使儒學傳統真正產生廣泛的影響。」〔註23〕換言之，儒教的價值、思想之所以成為一種準則，除了是官方教化思想主流此一原因之外，向社會、文化層面的滲透，更是主要原因。黃書光即指出儒教獲得獨尊的意義，除了在於成為官方統一的思想教育之外，更在於推行上發展出一套制度化的教化體系。其言：「儒家思想之所以大行於整個封建社會，乃至窮鄉僻壤，最大限度地體現其強烈的人生實踐精神，除了契合小農封建社會和大一統政治需要外，主要是因為存在著一整套十分嚴密的以科舉入仕為潛在目的、以化民成俗為顯性目的的教化網絡。」〔註24〕此一教化網絡

〈清代台南府城五條港區的經濟與社會〉（國立台灣師範大學歷史研究所 93學年度碩論），頁 71。

〔註21〕主要參考林會承，《清末鹿港街鎮結構》（台北市：鏡與象出版，1985 年 8 月）。此段引文出自大正十一年鹿港街役檔案鹿港沿革。轉自林書，頁 10。

〔註22〕同上註，頁 122～136。

〔註23〕杜維明著、陳靜譯，《儒教 Confucianism》（台北市：麥田，2002 年 12 月），頁 42、43。

〔註24〕參見黃書光主編，《中國社會教化的傳統與變革》（濟南：山東教育，2005 年），頁 26。

包括「各級各類學校系統，又特指士大夫的諭俗鄉約、村落的家規族法、民間的祭祀儀禮、文人的戲劇小說等一系列非學校系統。」〔註25〕黃書光認為，儒家教化思想正是透過包含學校和非學校系統的網絡而得以全方位地滲透到社會文化各層面。

對於儒家教化的這一實踐網絡，李日章也有所提及，他說：「儒學之影響絕不僅限於直接接受官僚養成教育的士人，它透過各級官僚對民眾的教化，士族父兄對子弟的教誨，士大夫的著作，民間的戲曲、小說、傳奇、故事，日常語言中的俚語俗諺，乃至社會的風俗習尚，早已普遍深入地滲透於中土生民的意識與潛意識中，無時不在起著鞏固現前國家社會、維護既有生活方式的作用。」〔註26〕李日章更明白點出儒教傳播上文化、文學的層面。

由上我們看到，非經典的戲曲、小說等通俗文藝亦被納入儒教網絡之中，如此代表著儒教與小說之間必定有著一定相互連結、影響和作用的關係。這一相互的影響究竟為何？底下我們先進一步針對儒教地方實踐的情形略做探討。

二、合流於民間宗教的教化特色

在儒教實踐網絡中，值得特別指出的一點，是儒教的人倫道德核心透過民間宗教教派的援引，與其神秘教儀結合而教化於民間社會的傳播方式——也就是儒教合流於民間宗教的教化形態。這一問題涉及「儒教是不是宗教」的學術論辯，此處我們從實踐形態的角度略做分疏。

（一）民間宗教對作為政教思想中心的儒教倫理價值觀的援引

張踐認為中國「政教」傳統中的「教」與西方的「教」意義上不同。西方的「教」（religion）乃指「一種以對神敬畏、愛戴和順從為宗旨的組織，原本並無教化百姓的意義」，而中國的「教」幾與「政教」合用，最早出現於戰國時代，其意乃指「政治依賴於教化，教化推行政治，兩者幾為一體」。分疏而論，中國的「教」從動態角度看，是指一種教化行為；從靜態角度看，則是一種國家意識形態〔註27〕。因此，張踐認為不應以西方「教」的概念來

〔註25〕同上註。
〔註26〕參見李日章，〈儒家意理與台灣社會〉，收錄於張德麟主編，《台灣漢文化之本土化》（台北市：前衛，2003年），頁193。
〔註27〕參見張踐，〈儒學・儒教・宗教〉，單純主編《國際儒學研究》第15輯（北京：

詮釋中國的「教」——尤其是以此來判別「儒教」是不是宗教。他認爲「儒教」在名稱上雖有模糊之處，但其內涵和目標卻是十分清晰，乃在於「統一民眾思想，樹立社會目標，確立是非標準」，大致可以以「德教」、「禮教」來理解。

張踐進一步指出，在中國注重教化的政治文化氛圍下，宗教的發展莫不首重世俗教化的功能，其言：「漢代佛教傳入、道教生成的內在根源在於儒教（儒家教化）本身的某些精神缺失，而佛教、道教的定型與發展則是在儒教觀念的籠罩下完成的」〔註28〕。中國政治文化所看重的，是宗教「教化眾生」的社會功能，因此不論是佛、道，都推重教化價值，以迎合政治和文化上主流的教化觀。

張踐的這一觀點應當是可以接受的：正因儒教倫常價值適應、滿足農耕社會「家族」結構的需要，而成爲占有主導地位的價值泉源，各宗教爲了世俗的生存和發展，乃不得不向儒教靠攏，向其借取正統的教化價值觀。

對此，楊慶堃精闢地指出：「在宗教與道德秩序的關聯中，它所扮演的是一個超自然裁判的角色。宗教本身既不是倫理價值的根本源頭，也不是懲戒違反道德準則行爲的權威。因此，儘管宗教作爲傳統道德秩序的一部分發揮著它的功能，但它並不曾作爲主導的和獨立的道德機制占據過一席之地」、「相反的是，道德判定的權威是政府和儒家士紳的特權，他們的權力從一開始就具有一種倫理政治的取向。」〔註29〕

（二）儒教對民間宗教儀式的借取

那麼，如何解釋儒教向民間宗教的借取？對於這個問題，我們可以從兩個面向來分析。

首先，是在封建的農業社會底層，宗教具有比官方教化更大的影響力。儒教雖然透過體制性的官方、民間系統滲透到社會底層，但訴求神祇、神秘儀式的民間宗教，因爲迎合了庶民大眾現實和功利的信仰心理，而在地方社會有著更大的影響力。楊慶堃即解釋說：「在地域性社區，宗教提供了一個超越經濟利益、階級地位和社會背景的集體象徵，便於凝聚民眾對社區的認同心理。……而透過廟會、公共儀式和傳統節日等活動慶典，宗教引導了民

九州出版，2007年）。
〔註28〕同上註。
〔註29〕參見楊慶堃著、范麗珠等譯，《中國社會中的宗教》（上海：上海人民，2006年），頁254、264。

眾的共同行為，進而規範了社區生活及其價值系統——表現為一種人們敬畏並遵守的宗教特徵。」〔註 30〕正因為宗教具有這些地方性的功能，並強有力地維繫著社會的倫理秩序，因此，統治者往往透過對地方神祇、廟宇的封賜而予以收編，使其成為官方認可的，具備正統性的教化工具〔註 31〕。從清代雍正皇帝的奏批中，我們可以看到統治者這一心態，其言：

> 三教之道，原不過導人為善，夫釋道之設，其論雖無益於吏治，其理以無害於民生，至於勉善警惡，亦有補於世教，何必互相排壓，為無容量之舉，但此輩率多下愚，但不可嬌縱則已，敬重仙佛之禮，不可輕忽。朕向來三教並重，視為一體，每見讀書士子多有作賤釋道者，務理學者尤甚。朕意何必中國，欲將此三途去二歸一，斷不能之事，既不能，不過互相徒增愁怨耳。〔註 32〕

其次，是儒家教化思想本身隱含宗教性，且善於順應時代調整自己的思想內涵。儒教的宗教性內涵已多為「儒教是不是宗教」論辯的正反雙方所提及〔註 33〕，論者普遍認為儒教的天命、文昌信仰、占卜、相術等思想內涵，因貼近於民間宗教的教義而易與其傳佈的神秘儀式合流；再加上民眾往往盲目崇信於民間宗教展現趨福避禍魔力的「巫術」，因此，儒家在地方社會的教化上，也易於援用其扶乩、飛鸞等儀式。對於「巫術」在教化上所扮演的角色，楊慶堃指出：「巫術之於道德不是作為道德源泉存在，而主要是為倫理標準提供支持。相信神秘巫術的人往往懼怕神靈，這樣他們才會尊敬通過普遍的宗教儀式傳達出來的、同時又被神靈所認可的道德準則。」〔註 34〕楊慶堃這一段話也為儒教向民間宗教儀式的借取，作了最適切的解釋。

〔註 30〕同上註，頁 99。

〔註 31〕若以關帝信仰作為例證，可參閱蔡相煇，〈台灣的關帝信仰及其教化功能〉，及朱滸源，〈「關公」在政治思想上的地位〉，皆收錄於盧曉衡主編，《關羽、關公和關聖：中國歷史文化中的關羽學術研討會論文集》（北京：社會科學文獻，2002 年 1 月）。

〔註 32〕見臺灣史料集成編輯委員會編，《明清台灣檔案彙編》第貳輯第九冊（台北市：遠流，2006 年），頁 444。

〔註 33〕可參閱黃俊傑，《東亞儒學史的新視野》（台北市：台灣大學出版委員會，2006 年）；小島毅，〈儒教是不是宗教？——中國儒教史研究的新視野〉，收錄於周博裕主編，《傳統儒學的現代詮釋》（台北市：文津，1994 年）；張榮明，〈儒教是否宗教：困境和出路〉，收錄於單純主編《國際儒學研究》第 15 輯（北京：九州出版，2007 年），以及任繼愈主編，《儒教問題爭論集》（北京：宗教文化，2000 年）等論文、專著。

〔註 34〕楊慶堃，前揭書，頁 258。

三、儒教價值觀對小說發展的制約

儒教這一混雜民間宗教信仰──神秘儀式、教義與功利性信仰心理──的教化特色，正是小說與儒教連結的基點，同時也是儒教在價值層面上制約小說發展之處。

從兩個面向來看。首先，是世俗對於道德倫常價值的重視，加重儒教「勸懲」的文學觀對小說發展的影響。

以明清文人之小說觀為例，諸如明人蔣大器的：「若讀到古人忠處，便思自己忠與不忠；孝處，便思自己孝與不孝。至於善惡可否，皆當如是」；凌云翰：「是編雖稗官之流，而勸善懲惡，動存鑒戒，不可謂無補於世」；《西遊記》作者吳承恩說的：「吾書名為志怪，蓋不專明鬼，時記人間變異，亦微有鑒戒寓焉。」〔註35〕以及清代靜恬主人〈《金石緣》序〉首句所稱：「小說何為作也？曰：以勸善也，以懲惡也。」閑齋老人〈《儒林外史》序〉說：「稗官為史之支流……亦必善善惡惡，俾讀者有所觀感戒懼，而風俗之心，庶以維持不壞也。」乃至清末梁啓超提出「小說界革命」，雖然不再將小說視為是經史的附庸，且提高小說至「文學最上乘」的地位，但其著眼點仍在於小說的勸懲教化作用──透過小說對世道人心和群治的影響力，從而為其政治改良的目的服務〔註36〕。這些明清文人的小說理解和接受，都是建立在小說「勸善懲惡」的教化功能上，此說明了在以儒教意識為主導的封建社會中，小說的勸懲教化功能仍是小說存在和傳播的重要價值指標；即便是為儒教所斥的神鬼、佛道等神話和志怪小說，也在儒教的功能性文學基調之下，被納入道德教化的軌道中〔註37〕。

其次，底層庶民大眾功利的宗教信仰心理，不僅在信仰上易流於對神秘教儀、教義的迷信，此一心理也影響著小說的發展。正如前述梯雲樓主等文人對小說的批評，大眾偏好談奇述異、講神說鬼的小說品味，不利於整體小說的變革和發展；不僅因神怪小說主題的流行可能影響其他小說主題的接受，更因談奇述異成為小說內容之大宗，而使得小說理解易披上「迷信」的刻版標誌。

〔註35〕參見張振軍，《傳統小說與中國文化》（桂林市：廣西師範大學，1996 年），頁64、65。

〔註36〕同上註，頁65～66。

〔註37〕如清代學者焦循對小說家的要求：「忠孝節義之訓，寓於談諧鬼怪之中」。張振軍，前揭書，頁67。

第三節 移墾社會小說的兩種傳播形態

對明清通俗小說的傳播研究，讀者的「接受」是普遍得到重視的議題〔註38〕。一個顯著的思維是——封建傳統社會的階層化十分地明顯，而社會流動所冀的管道，又有一定程度上的條件，對於廣大且普遍貧困的農民階級來說，要冀望子弟們出人頭地、改變社會階層，幾乎是一件不可能達到的事；而就士紳或資產階層來說，他們往往具足了向上流動或是維持現有狀況的資本，在財富或是知識的受教上，都保持了一個相較於底層階級來說安穩得多的環境。因此，在傳統社會，很自然地以受教、識字與否，分別成兩類接受者。

潘建國在〈明清時期通俗小說的讀者與傳播方式〉中，即將接受者分為「直接讀者」和「間接讀者」兩類：直接讀者多為官僚、富商等統治階層，主要通過閱讀小說文本接受小說內容；而間接讀者則多為不識字的市井階層，主要依靠聽書、看戲等途徑間接接受小說內容。這兩類接受者分別確立了明清通俗小說兩種最為基本的傳播方式——版籍傳播與曲藝傳播〔註39〕。

底下，援引潘建國的讀者概念，我們嘗試對清代台灣社會小說的存在、傳播情形做一探索。

一、書面小說的傳播形態考察

日治新文學作家王詩琅在回憶其童年的閱讀經驗時說到：「……我除了『尺二磚』學毛筆字外，還喜歡看一些稗史小說之類，這大概是十歲左右的事，筆者已經入宗叔王采甫茂才所開的私塾，用毛筆醮清水寫毛筆字，後來雖然輟而不學，但看稗史小說卻繼續不斷，像西遊記、水滸傳、石頭記、七俠五義、小五義、彭公案、施公案等書都是筆者喜歡的書」〔註40〕；北臺大儒張純甫也自言：「余少時好閱舊小說，每於《包公案》、《大小五義》、《大小紅袍》、《施公案》、《彭公案》等書，頗致意其事。」〔註41〕而在張麗俊的

〔註38〕專著如宋莉華，《明清時期的小說傳播》（北京：中國社會科學出版，2004年7月）、吳波，《明代小說創作與接受研究》（長沙：湖南人民出版，2006年10月）等，都有處理「接受」的議題。

〔註39〕參見潘建國，〈明清時期通俗小說的讀者與傳播方式〉，《復旦學報（社會科學版）》，2001年第1期。

〔註40〕張炎憲、翁佳音合編，《陋巷清士：王詩琅選集》（板橋市：稻鄉，2000年），頁193。

〔註41〕張純甫，〈古陶漁邨人四時閒話（十）〉，《張純甫全集・雜評、附錄》（新竹市：

日記中，也可以看到他閱讀通俗小說，並留下一些閱讀心得的記錄〔註 42〕；吳子光也自言爲制舉之學「則涉獵於古文經史、諸子百家，以及稗官小說」〔註 43〕；《淡水廳志》刊載乾隆五十三年（1758）所頒布的〈上諭〉規訓，亦言：「近見坊肆間多賣小說，淫辭鄙褻荒唐，瀆亂倫理。不但誘惑愚民，即縉紳子弟，未免游目而蠹心，傷風敗俗，所關非細。著該部通行中外，嚴禁所在書坊，仍賣小說淫辭者，從重治罪。」〔註 44〕略從這些資料來看，我們可以得知清代或日治時期通俗小說在台地流傳，並爲讀書人所接受的事實。準此，那麼當時代的台灣小說之存在和傳播，大致呈現出怎樣的形態？

（一）書坊購買、租借和文人同好間的相互借閱

在宋莉華多面向的明清小說傳播探究上，有兩點頗值得參考：其一是書坊；其二是書坊的經營形式。作爲傳播的場所，「書坊」是書籍流通最爲具體而重要的元素。明清書坊開設的位置，多考慮在人流密集的鬧／市區以有利於書籍之銷售；同時，又意識到文人乃是書籍（包括通俗小說）極爲重要的讀者群和購買者，故書坊也常將縣學、府學和書院等周圍的地段，視爲開設的理想場所，並形成專業刻售圖書的書坊街、書坊區〔註 45〕。其次，小說傳播的管道和形態──包括小說的刊刻銷售、傳播和流通，則取決於書坊的經營形式。書坊販售書籍、小說是本爲的目的，值得注意的，乃是租賃的銷售方式。對於租賃的傳播方式，宋莉華說：「由於書價不菲，一般的市民及下層文人無力購買通俗小說，小說租賃業應運而生，租書舖成爲明清通俗小說流通的重要渠道。早期的小說租賃業務往往由書坊兼營。」〔註 46〕明清中國以書坊爲中心的小說存在和流通形態，或許能夠作爲我們此處探究的一個參照。

從史料來看。連雅堂在〈餘墨〉中有述及：「台灣僻處海上，書坊極小。所售之書，不過四子書、《千家詩》及二、三舊式小說」〔註 47〕，十分明確指

竹市文化，1998 年），頁 33。

〔註 42〕參見張麗俊著，《水竹居主人日記》（台北市：中研院近史所，2000 年），第一至三冊。容後將有詳論。

〔註 43〕吳子光，〈芸閣山人別傳〉，《一肚皮集（二）》（臺北縣板橋市：龍文，2001 年），頁 324。

〔註 44〕陳培桂纂輯、臺灣史料集成編輯委員會編，《淡水廳志》（臺北市：文建會，2006 年），頁 205。

〔註 45〕參見宋莉華，《明清時期通俗小說的傳播》（北京：中國社會科學，2004 年），頁 130。

〔註 46〕同上註，頁 147。

〔註 47〕見連橫，《雅堂文集》（南投市：台灣省文獻委員會，1992 年），頁 290。

出清代台灣書坊的存在和販售古典小說的事實。此外，洪棄生在〈借長生殿小簡〉中，也說到：「因思前人傳奇膾炙人口者尚有《西廂》，遂向書坊借出。觀之其機局如一邱一壑，……」〔註48〕，也可以證明書坊的存在，並且指出書坊出借小說、劇本之事實。因此，我們可以確言：清代台灣確實存在著以書坊為中心，販售或租借小說的流通和傳播形態。

不過，從連橫「書坊極小」、「二、三式」之形容，可推知當時書坊的規模很小，所販售的小說應也不多；再考量到連橫所居之處已是文化最為發達的府城，其書坊規模尚是「極小」，那麼，足可想見清代整體台灣文教之發展和書籍刊印、銷售及流通情形之不發達的景況。從台灣文教社會形成歷程的面向來看，這樣的書坊情形，其實與台灣移墾本質的社會發展形態頗為相應。如之前的論述，清代台灣社會瀰漫重利奢侈的風氣、文教不盛，傳統庶民的生活是以地方宗教信仰及節慶活動為中心，庶民的文化生活大致及於看戲、聽書或聽講善等，甚少觸及書面之書籍；而士紳階層形成的遲晚和貧弱，則導致主要以滿足讀書人求學和消遣需要的書坊，維持僅供微小需求的經營規模。

除了書坊的販售和租借，我們曾於前引述過洪棄生向朋友借閱傳奇《鈞天樂》、《桃花扇》的例子，此例子雖是戲曲的劇本，但在我們對通俗小說流通的考察上，仍值得參考。以洪棄生的例子稍稍說明此一形式：

洪棄生向友人借得傳奇——「向友朋借得《鈞天樂》、《桃花扇》二傳奇……」、「弟欲把之〔《長生殿》〕與諸本絜長較短，敢乞刻下付來一觀……」〔註49〕、「尊處未知尚有他種傳奇否，再付弟別之可博一粲」〔註50〕；洪棄生轉借其他同好——「弟因向友人借得《鈞天樂》一部，茲即付上以紓渴懷第。是中佳處未許，淺人問津，君具有慧眼，宜仔細尋其脈絡、玩其結構、賞其雅唱、識其寓言……」〔註51〕；歸還借書——「《長生殿》二本略已展畢，隨即奉還，弟非識歌者，慎勿笑為曲子相公也」〔註52〕。可看出此為文人同好間相互借閱傳奇的傳播形式。

〔註48〕洪棄生，〈借長生殿小簡〉，《洪棄生先生遺書（六）——詩文類‧函札》（台北市：成文，1970年），頁41。

〔註49〕同上註。

〔註50〕洪棄生，〈還長生殿傳奇又借他本〉，前揭書，頁52。

〔註51〕洪棄生，〈付鈞天樂與陳墨君書〉，前揭書，頁53。

〔註52〕洪棄生，〈還長生殿柬〉，前揭書，頁48。

經過上述論證，我們大抵可以說：從書坊購得或借得小說，以及從友人同好處借得小說，是台灣文人士紳獲得小說閱讀之方式，同時也是清代甚或日治時期通俗小說流通和傳播的基本形態。但，除此之外，清代文人士紳是否尚可能透過別種方式取得小說來閱讀？書坊的小說通路，又是呈現出怎樣的流通渠道？底下，我們就以台灣新文學之父——賴和的藏書爲線索，進一步探索此問題。

（二）「函購」或親赴上海書店選購之可能——以賴和藏書作爲考察文本

接續上面的提問，我們可以進一步追索：台灣書坊古典小說的來源地爲何處？在清代台灣小說創作闕如和刊刻困難的前提下，從台灣和中國港口的貿易和交通之關係來考量的話，我們應當可以合理地推論：清代中國沿海市鎮，如福州、泉州、廈門或上海等，應該是台灣（書坊）古典小說主要的來源地，是故台地的書坊主或是文人，應有透過這一通路渠道購得小說之可能。底下，筆者援引賴和的藏書書目作爲論證的資料。

筆者整理賴和藏書中古典小說的書目，表如下（年代不詳者置於後）〔註53〕：

書　　名	作　者	出版地／者	年代	註　　解〔註54〕
繪圖第六才子書	金聖嘆評	上海／上海書局	1901	即由金聖嘆所批注的《西廂記》。
繡像全圖三國演義	羅貫中	上海／廣益書局	1913	
顧氏四十家小說	顧元慶編	上海／古今圖書	1914	
繡像繪圖加批西遊記	吳承恩	上海／錦章書局	1918	
兒女英雄傳	文康	上海／亞東	1925	又名《金玉緣》、《正眼法藏五十三參》，四十回。
儒林外史	吳敬梓	上海／亞東	1925	

〔註53〕網頁資料，「賴和紀念館」之「賴和藏書目錄」。
　　　　http://cls.hs.yzu.edu.tw/laihe/B1/b22_2.htm。
〔註54〕註解所參考的書籍爲：石昌渝主編，《中國古代小說總目·白話卷/文言卷》（太原：山西教育，2004 年 9 月）、江蘇省社科院明清小說研究中心文學研究所編，《中國通俗小說總目提要》（北京：中國文聯，1990 年）。

跂路燈（一冊）	李綠園	北京／樸社	1927	應爲《歧路燈》，一百零八回清代小說。賴和此處所購得者爲樸社排印的殘本，爲前二十六回。
繪圖劍俠情花	沈菊人	上海／沈鶴記	1932	溪上沈菊人撰，又名《繪圖風塵劍俠傳》。
鏡花緣	李汝珍	上海／亞東	1936	（七版）
子不語	袁枚	上海／新文化	1936	元·佚名撰有《子不語》，乃爲志怪小說集。袁枚所著之《子不語》乃改爲《新齊諧》，爲志怪類筆記小說，二十四卷。續編有《續子不語》十卷。
野叟曝言	夏二銘	上海／文藝	1936	清·夏敬渠撰。成書於乾隆年間，初以抄本流傳，直至光緒年間始有刊本。最早刊本爲光緒七年（1881）毗陵匯珍樓活字本，二十卷，一百五十回。
閱微草堂筆記	紀曉嵐	台北／新興	1965	若年代無錯，則非賴和所購。
繪圖劍俠飛仙天豹圖	不詳	不詳	不詳	不題撰人。十二卷四十回。依書名查索，此書應爲萃英書局 1912 年石印版本。
繪圖彭公案全集	不詳	上海／萃英書局	不詳	貪夢道人撰。從書局上判斷，其購書時間應略同於《天豹圖》。
玉燕姻緣全傳（一冊）	不詳	上海／沈鶴記書局	不詳	七十七回。清·梅痴生撰。沈鶴記書局出版此書的年代爲 1918 年，爲光緒二十一年（1895）上海書局石印本的刊本。
三國志演義	羅貫中	不詳／大達圖書局	不詳	
繡像白牡丹全傳	翁山綜編	上海／中華圖書館	不詳	書全名爲《前明正德白牡丹傳》八卷四十六回。清·翁山撰。發行版本有光緒二十七年（1901）上海書局石印本、上海錦章書局石印本、1926 年上海沈鶴記書局鉛印本、1934 年上海新文化書社鉛印本等。無符合賴和購書之書局。
十二樓	覺世稗官編	上海／進步	不詳	明·李漁撰。又名《覺世名言》、《覺世名言十二樓》。
醒世恆言	馮夢龍	上海／生活書局	不詳	由馮夢龍搜輯的第三部短篇小說集。四十卷四十篇。
蕩寇志	俞仲華	上海／世界	不詳	
七劍十三俠	桃花館編	不詳	不詳	一名《七子十三生》，三集一百八十回。

今古奇觀 （卷上）	抱甕老人	不詳	不詳	原名《古今奇觀》、一名《喻世名言二刻》，明・抱甕老人輯。所收作品四十篇，均出自「三言」、「二拍」，雖言「今古」卻只選明人作品。
八美圖	不詳	不詳	不詳	
繪圖評演濟公傳	不詳	不詳	不詳	

　　此處先不論賴和的古典小說藏書（或閱讀）所呈現出來的內涵和意義。由出版地來看，可以大致推證：上海——至少在日治初期已是台灣購書的主要來源地，表中開設在上海的錦章、廣益、上海書局，都至晚在晚清時期早已是著名的石印書店。在劉惠玲、童光東〈近代石印醫籍刊印史略〉〔註55〕中的製表即見：「清咸豐六年（1856）－上海錦章書局－出版《傷寒歌括》；同治十年（1871）－上海錦章書局－出版《達生編》；光緒元年（1875）－上海書局－出版《三家醫案合刻》……」並言：「錦章書局、廣益書局是上海石印業的大宗，它們自己開設石印局，依靠石印小說及詩文集為大宗業務，因醫籍能射利，故也石印了大量暢銷醫書。」〔註56〕賴和的醫學背景或許是其通曉、接觸這些書局的原因，但更可能是因為這些原就以通俗小說為大宗賣點的書局，在當時的台地已是頗具知名的書籍來源地。因此，透過賴和藏書所顯露的線索，我們合理推論清代台灣的書坊主或是傳統文人，有透過訂購或是親赴內地選購的方式，來獲至通俗小說之可能。

　　再從清末民初上海諸書店的經營情形來看。首先，從周振鶴所整理的清末營業書局書目中，可以得見小說在當時已是書局重要的銷售書類。書局中民營的申報館、掃葉山房、同文（子部小說家類）、飛鴻閣、十萬卷樓（繪圖小說甚多）、鴻寶齋分局、申昌、寶善齋等書局，都或多或少、或兼及或主打通俗小說的販售〔註57〕。書局製作書目廣告，已是普見的促銷方式，而在賴和的藏書中，確也見到「掃葉山房」（上海）的書目及「錦文堂」（上海）的廉價圖書彙報。再看賴和的詩文集藏書中的出版者，的確有一部分來自「掃葉山房」；此外，在鍾理和的藏書中〔註58〕，亦見到購自「掃葉山房」的書籍，

〔註55〕劉惠玲、童光東，〈近代石印醫籍刊印史略〉，《中華醫史雜誌》1998 年第 3期。
〔註56〕同上註。
〔註57〕參見周振鶴編，《晚清營業書目》（上海：上海書店，2005 年 4 月）。
〔註58〕網頁資料，「鍾理和數位博物館」相關文物「藏書」：

因此，筆者擬就「掃葉山房」的出版書目來探討古典小說自上海傳至清代台灣的情形。

「掃葉山房」於明萬曆年間由蘇州席氏所創設，是中國近代十分著名的書坊。其取名乃「校書如掃葉」之意，山房刻印經、史、子、集四部之書，以及筆記小說、村塾所用經史讀本，多達百餘種；同、光年間，山房刻書種類更多，數量更大，行銷大江南北，常見的有《毛聲山評點繡像金批第一才子書三國演義》、《繡像評點封神榜全傳》、《千家詩》、《童蒙四字經》等，至光緒年間，於上海、漢口等處增設分號，並增添鉛、石等影印設備，業務範圍更加擴大〔註59〕。

在北京圖書館所出版的《中國近代古籍出版發行史料叢刊》及線裝書局出版的《中國近代古籍出版發行史料叢刊補編》中，可得最早的「掃葉山房」資料是光緒八年（1882）和民國六年（1917）。由光緒八年的書目序：「本坊創建歷百數十載家藏經史子集各書籍板乾嘉年間已馳名遠近發兌各省書店……京畿瀋遼下逮閩廣通達無間苟為宇內所有之書咸力致以應官紳貴客需用古今書籍舊本亦搜羅甚富……」，可知「掃葉山房」在晚清所建立的銷售網範圍含蓋甚廣，以「下逮閩廣」來推論，那麼在其增開上海分店前，銷售範圍已達當時的台灣也是極有可能的；只是在這份光緒八年的書目上並沒有見到類似「外埠訂購」的服務。

再看民國六年的書目，其「啓事」上說：「……今又分設於漢口松江通計蘇申南北及漢松祇有五家各省雖名城大埠並無分出之店良由海通以來上海一隅幾為全國之中心點淹通之儒博雅之士與夫豪賈巨商凡欲購販書籍者無不以滬瀆為挹注之資故本號每年銷行各書北至奉吉南迄閩廣西則滇黔邊徼東則魯皖浙各省遠而至於東西洋諸名國郵筒往來日必數起輪軌交馳寄運靈捷……」〔註60〕，似乎跨出國內的流通也已極為發達，並且觀其「外埠函購書籍章程」之規定，也已十分完備〔註61〕，由此可推論起碼在清末日初，台灣文人透過

---

http://cls.hs.yzu.edu.tw/zhonglihe/o5/iframe/i_0421.htm。

〔註59〕劉惠玲、童光東，〈近代石印醫籍刊印史略〉，《中華醫史雜誌》1998 年第 3 期。

〔註60〕韋力主編，《中國近代古籍出版發行史料叢刊補編（一）》（北京：線裝書局，2006 年），頁 504。

〔註61〕其章程共有十條，提及寄費照書價約加二成、書籍一律七折及書籍若有遺漏開明卷數即補等相關規定。

函訂的方式從上海（或其它地方）選購書籍是極有可能、或甚已是極為平常的事。

　　就書目來看，光緒八年的書目並沒有明確的分類，其間的小說書籍亦不算多；但民國六年的書目上，已分有「詩文集類」、「學校讀本及參考書類」、「書牘類」、「子書類」、「詞類」、「艷體詩類」、「詩話類」、「說文／字學類」、「法帖類」、「書畫考據類」、「筆記掌故類」、「傳奇類」、「棋譜類」、「小說類」、「滑稽小說類」、「雜類」、「醫學類」等類，搜羅範圍可謂十分廣泛；單就「小說類」來看，即包括有傳奇、小說及滑稽小說三類，《西廂記》、《世說新語》、《紅樓夢》、《老殘遊記》、《儒林外史》、《九尾龜》等清末民初小說皆可見到。

　　再茲以賴和購得《繡像白牡丹全傳》的上海中華圖書館為論據。在其民國四年八月（1915）的書目上，即以小說的消遣性為主打，在《游戲雜志》和《禮拜六》小說週刊的廣告上，都可見訴諸小說的通俗和趣味性，如《禮拜六》的介紹即言：「小說實為陶淑性情灌輸知識之利器歐美文明先進諸國幾無人不看小說中國取法西洋小說之風亦漸昌盛顧文匠雕龍學生畫虎俱不足以當小說我國今日欲求趣味濃厚雅俗咸宜之小說尚不多……海內外文人學士達官貴紳名閨淑女以及軍商農工各界莫不以休沐之暇購讀是書僉謂美滿愉快……」〔註62〕就書目分類來看，中華圖書館的書類可說既詳且備，其分有：「經學讀本」、「正史」、「別史」、「子書」、「詩文集」、「詞選」、「詩話」、「金石鐘鼎」、「字書」、「西文」、「政法」、「遊記」、「筆記」、「文牘書札」、「法帖」、「書畫考證」、「畫譜」、「棋譜」、「叢書」、「戲曲」、「雜誌」、「新舊小說」、「傳奇彈詞」、「醫學」、「星相」、「兵學」和「雜錄」諸類，十足呈顯出新舊時代過渡的混雜特性，同時也表現出濃厚的以文人雅緻、消遣為主的經營取向。

　　書目上，在「筆記類」中可見《閱微草堂筆記》、《聊齋志異》、《子不語》等常見的文言筆記小說；在「新舊小說類」中，則可見《雍正劍俠奇案》、《偵探談》、《金玉緣》、《才子書》、《列國志》等新舊小說。而在中華圖書館這份民國四年的書目廣告上，已見其涵蓋海外的銷售網絡，其「外埠函購書籍章程」已擬定得十分完備。

〔註62〕劉惠玲、童光東，〈近代石印醫籍刊印史略〉，《中華醫史雜誌》1998 年第 3期。

因此，藉由以賴和的古典小說藏書爲資料，以及以小說在清末上海書界銷售的位置，和掃葉山房、中華圖書館的書目銷售廣告之推論，我們大致可以肯定台灣的書坊或是文人透過函購或親赴的方式，自上海（或其它港口市鎮）輸入、獲得古典小說閱讀之可能〔註63〕，並且在小說的接受上，極可能已出現類似暢銷書的廣告書目單，供文人士紳們參考和選購。

在此小節的考察中，我們推證出清代（甚或日治初期）台灣書面小說的流動至少包括三種形式：書坊的販售和租借、文人同好間之傳借，以及透過函訂或親赴方式，向上海等書局匯集之港口市鎮購得小說。

二、非書面的小說通俗意識流動

古典通俗小說的非書面傳播是更爲隱微的方式，這類主要以說唱表演承載小說故事性及道德內涵的傳播形式，雖然不容易有明確的記載和統計，但與文士階層的書籍閱讀傳播相較，其流通與作用可能都來得更廣。

根據《雲林縣志稿・人民志禮俗篇》中的記載，常民禮俗約有：戲劇、音樂、遊戲、武術等。戲劇種類甚多，約有大人戲、查某戲、布袋戲、傀儡戲、本土歌仔戲等；而遊戲則分有拳令、奕棋、說書和燈謎等項〔註64〕，皆是常民階層在農務之餘普遍的消遣娛樂。從張麗俊日記的載錄中，我們可以清楚體會出，在殖民者已奠下統治基礎的日治台灣社會，仍舊是一個充滿傳統文化風俗的舊社會；以廟宇信仰爲中心展開的地方節慶活動層出不窮，張麗俊日記中「玩演梨園、聽唱戲」的記錄，俯拾不盡〔註65〕。

上述娛樂形式關乎通俗小說傳播者，主要爲戲劇和說書。張麗俊日記中所記錄的戲劇種類頗多，可知戲劇在日治初期的台灣社會猶是風行極甚的娛樂活動。台地戲劇興盛的原因，其實也是移墾社會文化結構之一環，邱坤良提及：「在移墾社會中，各種宗教性、娛樂性組織的出現，目的在協助民眾適

〔註63〕黃美娥在張純甫的研究中，即指出張純甫一九三○年代所開設的「興漢書局」其書籍來源多向中國福州、上海、蘇州、天津、北京……等地的書局購買，部分則從日本訂購；中國圖書部分，有些出於親自前往訂購，有些則採郵購，或者託人代爲採買。（氏著，《重層現代性鏡像》，頁296）由此，我們也可以推論說台灣書坊這樣的書籍通路，應該存在已久，或甚是一種普及之形態。

〔註64〕《雲林縣志稿・人民志禮俗篇》（雲林縣：雲林縣文獻委員會，1977年）。

〔註65〕見張麗俊著，《水竹居主人日記》（台北市：中研院近史所，2000年），第一至三冊。

應環境、聯絡感情，其中以戲曲技藝結社者，更具備明顯的功能……而在移
墾過程中，墾首、結首招佃開墾，除了興築埤圳等灌溉系統，還必須保障佃
戶生命、財產的安全，劇團組織除了宗教和娛樂之外也兼具自衛的功能……」
〔註66〕台灣主要的戲劇種類約有梨園戲、亂彈戲、京劇、布袋戲及新劇種的
歌仔戲和新劇，大多屬野台性質，戲曲劇目的演出也多半符合常民階級的口
味，而爲了戲劇的效果，通俗小說中情愛、忠義、奇譚等元素，就成了劇本
時常援引、改編的素材。

　　日人佐倉孫三即說：「台人好演戲，與日人相同，祭典農歲必爲演戲以樂
之，所演大抵《三國志》、《水滸傳》、《西遊記》類。優皆男，女優甚稀，……」
〔註67〕張麗俊在日記中也曾提到：「……午后，並入慈濟宮玩三慶班正音劇，
首齣演包公斬陳世美；二齣演西遊小雷音寺收彌勒童子；三齣演走三關；四
齣演甚麼丑表功，演罷乃出，傍晚歸。」〔註68〕此外，布袋戲的演出更常援
引大眾耳熟能詳的通俗小說的情節，例如：「在本庄福德祠玩掌中班，見演天
豹圖，係李行春鬧花府也……」〔註69〕邱坤良研究亦指出，大約在一九一○
年代，布袋戲在傳統劇目之外，開始從傳奇、小說改編一些新戲，融合說書
和布袋戲的特色，產生一些古書戲、劍俠戲〔註70〕。由此可知，這些常民娛
樂形式，雖不盡然按小說的故事情節演出，但仍一定程度上促進、助長了小
說通俗意識的傳播。

　　再讓我們考察另一個與古典通俗小說相關的表演形式──說書。說書藝
術發源於蘇州，有大書和小書兩種，大書只說不唱，常見的是一人獨說，稱
爲「單檔」，小書又稱「彈詞」，抱起琵琶，邊彈邊唱；所說內容，大書往往
爲場面大、人物多，情節複雜的國家大事，甚至兩國交兵故事爲腳本；而小
書都是家庭瑣事，情場風波等等〔註71〕。葉聖陶曾回憶說：「我從七八歲的
時候起，私塾裡放了學，常常跟著父親去『聽書』。到十三歲進了學校才間

〔註66〕邱坤良，《舊劇與新劇：日治時期台灣戲劇之研究（1895～1945）》（台北市：
　　　　自立晚報，1992年），第一章緒論，頁3。

〔註67〕見佐倉孫三《台風雜記》，轉引自邱坤良，前揭書，頁38。

〔註68〕見張麗俊，《水竹居主人日記（三）》，明治44年（1911）7月19日日記。

〔註69〕同上註，明治45年（1912）9月24日日記。

〔註70〕邱坤良，前揭書，頁177。

〔註71〕〈聽說書──老上海文化景觀〉，網頁資料，「中國網、時間2006年4月13
　　　　日」，文章來源：新華網上海頻道。
　　　　http://big5.china.com.cn/chinese/zhuanti/06msh/1182423.htm。

斷，這幾年間聽的『書』真不少。『小書』如《珍珠塔》、《描金鳳》、《三笑》、《文武香球》，『大書』如《三國志》、《水滸》、《英烈》、《金台傳》，都不止聽一遍，最多的聽到三遍四遍。……『小書』說的是才子佳人，『大書』說的是歷史故事跟江湖好漢，這是大概的區別」〔註72〕。

　　清朝末年，上海的遊戲場如雨後春筍般地出現，這些遊戲場都附有書場，書場之多，已不亞於說書的發源地蘇州。上海的書場，最初大多附設於茶館之中；茶館的一角搭一座高台、放一張桌條，說書先生就可登台表演，但技藝較差的，只能在平台說書；去聽書的，有各式人等，人們泡上一壺茶聽說書，既是品茗休息，又是一種藝術享受。

　　不過，關於清代或日治初期台灣民間說書的記載並不很多，筆者僅能從有限的資料來推證說書傳播小說意識的可能。在張麗俊的日記中，記載了幾則關於「聽書」的記錄，如「飯畢出振通煙店，聞瞽子說天豹圖……」、「到泰和藥舖，聞謝先生說《水滸傳》，遂在彼午飯」〔註73〕另外，明治四十一年（1908）十一月十日的《漢文台灣日日新報》有一則〈設說書所〉的投書，此則文章提供我們對日治初期台灣民間說書活動的了解，故全文摘錄於下：

> 說書即俗所謂講古。操此業者有二人。前皆在城隍廟口。每日自午後壹點鐘起。至十一點鐘止。所講乃東周列國。三國演義。水滸傳。西廂記。聊齋。今古奇觀。西遊記。封神。鏡花緣。二度梅等小說。聽者殊不乏人。自掃清廟宇以後。此說書場亦被其解散。二個講古仙。不知潛蹤何處。近日乃租借北門街一空店。每日如前開講。店內亦有排列諸食物。以便傍聽者之購買。而此傍聽者。大都中流以下之輩。日日座為之滿。頗形盛況。但未知彼說書者。亦有如明末柳敬亭其人否耶。

　　本章節，我們透過移墾重利、豪奢之社風對小說的正／反影響，以及儒教社會的地方教化內涵、特徵對小說發展的制約和影響，從文化社會學的角度，探究了一個移墾儒教社會對小說的形塑情形，最後，我們考察了清末日初台灣社會的小說──書面小說、非書面的小說通俗意識──傳播形態，為小說的具體社會存在情形描繪出一個概廓。

〔註72〕《葉聖陶作品集》，「龍騰世紀」網頁：
　　　　http://www.millionbook.net/mj/y/yeshengtao/index.html。
〔註73〕見張麗俊，《水竹居主人日記（二）》，明治42年（1909）10月8日日記。

第三章　文人士紳的「在地性」與
　　　　小說接受內涵

　　文人士紳對文學發展的重要性，前述已略有著墨。從台灣文學自身的歷程來看，「台灣文學」真正的台灣化，也伺本土科舉社群的形成以及詩、文等文學結社的興盛，才逐漸發展、蓬勃〔註1〕。而對「非文學」的通俗文藝來說，文士的參與——包括創作和推廣——亦是通俗文藝發展的重要文化驅力〔註2〕。

　　在清代中央控制力不及地方的政治結構中〔註3〕，通過科舉考試而身具功名的「士紳」〔註4〕，在地方社會有著重要地位。他一方面扮演官方教化替代

<hr>

〔註1〕　已故的台灣文學史奠基者——葉石濤先生，即言：「就是從這粗具規模的士紳資產階級產生了不遜於大陸一流文人的優秀作品，跟大陸舊知識份子並駕齊驅，同時作品裏強烈地反映了台灣在特殊歷史命運下的各種遭遇」。葉石濤，《台灣文學史綱》（高雄市：春暉，1998年），頁12。
〔註2〕　陳江指出：隨著商品經濟的發展和市民階層的壯大，作為精英文化代表的文人學者和書畫名家也被捲入社會變動的浪潮之中，眾多的文人墨客創作出大量貼近民間生活、迎合市民情趣的戲曲和通俗小說；與此同時，具有一定文化素養的工商市民也表現出對雅文化的仰慕與嚮往，江南文化在精英階層和市民階層的共同參與、推動下，呈現出雅俗合流的面貌。參見氏著，《明代中後期的江南社會與社會生活》（上海：上海社會科學院，2006年），頁46～49。
〔註3〕　關於清代政治結構的缺陷與台灣社會領導階層的關係，可參閱蔡淵絜，〈清代臺灣社會領導階層的組成〉，《史聯雜誌》第二期，1983年1月。
〔註4〕　張仲禮指出：「紳士（即士紳）的地位是通過取得功名、學品、學銜和官職而獲得的，凡屬上述身份者即自然成為紳士集團成員。……學品和學銜都是通過政府的科舉考試後取得的。人們常將經科舉考試而成紳士的那些人稱為『正途』；由捐納而獲得紳士的人們稱為『異途』。」參見張仲禮著、李榮昌譯，《中

者之角色，協調、維持地方的社會秩序和道德秩序，實踐自身「儒者」經世濟民、化民成俗的傳統義務；另方面，也因官方象徵和地方公共事務的投入，而累積、享有了一定的權利／力和資本。不論是政治層面還是文學教育層面，文人士紳可謂都是儒教忠誠的信仰者，由是，其對儒教所鄙薄的小說之接受，具有怎樣的內涵和意義？

本章節，我們即要從士紳著手，探討其地方的教化實踐與小說接受之間的關連性，以釐析儒教價值對小說發展的繁複影響和關係。

第一節　士紳的地方教化實踐

一、在地性——士紳教化權力的獲得與實踐

在一本知縣必讀手冊中，有一段知縣應如何適當對待士紳的話，其言：

> 為政不得罪於巨室，交以道，接以禮，固不可權勢相加。即士為齊民之首，朝廷法紀喻於民，唯士與民親，易於取信。如有讀書敦品之士，正賴其轉相勸戒，俾官之教化得行，自當愛之重之。偶值公事晉見，察其誠篤自重者，不妨以其鄉之有無盜賊，民居作何生業，風俗是否淆漓，博采周諮，以廣聞見……〔註5〕

從這一則知縣教戰守則，我們看到官方如何從教化的角度看待士紳：對士紳「愛之重之」乃在於「士與民親」，朝廷的法紀教化透過士紳較易為百姓所接受；士紳「讀書敦品」、「誠篤自重」，能夠諮詢以地方事務、風尚，俾益治理。

基於儒教傳統和現實秩序考量，士紳對官方之問風、諮詢亦大多予以回應，如洪棄生以在地儒士身分，就曾作出不少提供為政者教化參考的「觀風」作品。如癸巳（1893）五月初九日作〈訓俗文〉〔註6〕，針對彰化地方「輻輳駢闐，園疇交錯，民幾庶富，俗號敦龐而弊有不去，四郊猶是痍瘡，善有未臻，萬姓不無疲危」的社風民況提出教化的建議。文中洪棄生具體指出：一

國紳士——關於其在 19 世紀中國社會中作用的研究》（上海：上海社會科學院，1992 年 7 月），頁 1。

〔註5〕 王鳳生，〈紳士〉，載《牧令書》，卷 16，頁 26。轉引自張仲禮，前揭書，頁 29。

〔註6〕 參見洪棄生，〈訓俗文〉，《洪棄生先生遺書（五）——寄鶴齋文集·駢文補遺上》（台北市：成文，1970 年），頁 32～39。

者，士習宜端；二者，農功宜重；三者，倫紀宜修；四者，奢華宜去；五者，本務宜敦；六者，習氣宜變等數項建議，其言「披星戴月，我願親巫馬之勞，訓俗型方爾，毋違文翁之諭」，足見對地方鄉里由衷的情感與發揮自身經世理念的熱望。

二如其〈吏治議〉〔註7〕則為「蓋早歲長官下車求言率無忌諱」之作，明顯是地方施政者徵諸於地方士紳的作品。文中，洪棄生首先指出為吏者勤於地方治理乃是本務，不求治之吏正如「士之不學、農之不田、商之不貨殖」，是為蠹吏。接著，洪棄生明確指出地方官吏的治理要務。其言：「求治之事無他，憂勤之而已；憂勤之事無他，撫字之而已；撫字之道，四而分之者十；撫字之道，四而統之者一。何也？勸農也、省刑也、弭盜也、敦教也。」大抵而言，洪棄生所闡述的吏治說，乃典型儒家教化的觀點。

再如〈弭盜安良策〉〔註8〕，則針對「盜賊四起劫掠，民不聊生」的社會情形，提出治標與治本的辦法。觀洪棄生的論述，仍抱持一貫的儒家教化精神，除了秉持德先刑後、德主刑輔的觀點，也力求上位者應以自身道德為模範，風行與下民。其言：「古者服民以德不以刑。誠以刑能革其面，未能革其心耳」、「當未用刑之先、既用刑之後，必有德意以綏其間」、「樹一己之清標以興其廉，則民知妄取之非；宣在上之膏澤以敦其讓，則民知非為之罪；或以義開其悟、或以信誘其來，如此則未為盜者不至流於為盜，既為盜者，可以轉而為民矣。此勤撫宇以弭盜，而因以絕盜者也」。

除洪棄生外，另一傳統士紳吳子光也有建言之作。其〈與當事書〉〔註9〕言：「今鄉俗之敝難言矣，如某事云云，又某事云云，奇情醜行恐起蕭何，治律之才亦未易了卻此重公案。疲頓者談何容易耶？……然好善惡惡，人性皆同，手利劍以靖妖魔欲吐者熱血，借清議以維風化……」吳子光的不自量力——「落拓書生，乃敢昂首伸眉議論天下事得失，亦不自量之甚矣」，誠然是因其愛好地方，乃身為在地的一份子而欲盡己所能，透過建言、給予治策的方式以維繫地方秩序。

〔註7〕洪棄生，〈吏治議〉，《洪棄生先生遺書（五）——寄鶴齋文集·古文卷中》，頁1～8。
〔註8〕同上註，頁9～12。
〔註9〕吳子光，〈與當事書〉，《一肚皮集（一）》（臺北縣板橋市：龍文，2001年），頁72～84。

由此，我們可以看出地方士紳不僅因深具儒家教化的價值意識，深諳於地方事務和風俗的在地特點，對於官員的治理確有提點、助益之效。關於士紳的「在地性」，董伯林認為「在地性」乃是士紳地方教化權力的來源：

> 作為一份地方資源，「公共身分」意味著公共責任，它給予了士紳的權威地位，地方管制不能不極大地依賴於他們對於地方公共事務的責任。地方紳士的權力雖然得到官方的認可，但都不是來自於管制系統的授予。……地方公共身分的獲得是士紳權力博取的根本因素，地方社會是士紳權力的來源場域。〔註10〕

董伯林的「在地性」論述，既包含士紳本身屬於地方社會資源一部分，也包括士紳透過教化實踐，融入地方社會獲得公共身分和認同。董伯林反轉了一般「統治者賦予」或「士紳擁有」的視角——地方士紳因科舉功名而比庶民百姓具有較多的文化資本、社會地位，以承接、處理和維繫地方教化事務——而以「公共身分」的概念，從社會集體的角度來詮釋士紳在地權力的獲得。在這一視角下，士紳在地教化權力的獲得——因為能力突出——變得不再理所當然，而需賴其參與、承擔地方公共事務的情形，由地方群體評估是否認同而賦予其「公共」的身分。由是，地方社會也就成為考察士紳實踐教化事務及獲取權力的場域。黃富三在其施世榜家族研究中所說到的：「在傳統社會，地方仕紳往往必須主動或被動參與一些政治、社會、文化活動，方能維持社會領袖的地位。施世榜自然無法例外，而熱心投注心力、財力。事實上，他也相當熱衷，以維持仕紳地位。」〔註11〕適足證明了此論點。底下，我們就進一步來瞭解士紳如何透過教化事務的參與，獲得其在地權力。

二、士紳地方文教事業的參與

張仲禮指出，士紳作為一個居於領袖地位和享有各種特權的社會集團，也承擔了若干社會職責；多半來說，他們視維護和增進自己家鄉的福利為己任。

> 在政府官員面前，他們代表了本地的利益。他們承擔了諸如公益活動、排解糾紛、興修公共工程，有時還有組織團練和徵稅等許多事

〔註10〕 董伯林，〈隱匿賦權與自覺內生的博弈——明清時期士紳教化權力來源探析〉，《大學教育科學》總第 108 期，2008 年第 2 期。

〔註11〕 參見黃富三，《臺灣水田化運動先驅施世榜家族史》（南投市：臺灣文獻館，2006 年），頁 117。

務。他們在文化上的領袖作用包括弘揚儒學社會所有的價值觀念以

及這些觀念的物質表現,諸如維護寺院、學校和貢院等。〔註12〕

可知一位士紳是否積極承擔和履行對社會群眾有益的活動、職責,是其獲取公共身分和權利的關鍵;亦或可說,地方士紳是否如實實踐其「化民成俗」的教化理念,造福地方百姓以獲得民眾的肯定和推崇,是士紳轉化其社會文化資本為權利、權力的參考指標。此小節我們以文教事業為例,來了解清代台灣地方士紳的文教參與情形。

(一)地方教育機構的捐修

士紳本身乃透過科舉成就其社會地位和權利,因此,對於地方文教事業的推行,莫不積極參與和襄贊。以施世榜為例。黃富三即指出施世榜「捐獻範圍相當廣,包括文教類的敬聖樓、鳳山縣學宮、書院;橋樑道路;社倉米穀;宗祠寺廟等」,其中又以文教事業比例最高,可見其重視之程度〔註13〕。根據黃富三的整理,施世榜曾參與捐助修繕的文教機構計有:(1)晉江文廟:「嘗建敬聖亭於南門外,以拾字紙置田千畝,充海東書院膏火」;(2)台灣府學大成殿:乃配合仕紳之倡導,參與捐建;(3)台灣府城敬聖樓:「敬聖樓,在大南門外,祀梓潼帝君。雍正四年,拔貢生施世榜建」;(4)捐府城海東書院學田:「施世榜,……置田千畝,充海東書院膏火」;(5)鳳山縣文廟:「鳳山縣學在縣治北門外。……四十三年知縣宋永清、五十八年知縣李丕煜修,乾隆二年拔貢生施世榜重修」〔註14〕。

另外,陳進傳、朱家嶠的研究也指出宜蘭擺厘陳家對書院、文廟等學校機構的修建相當熱心。如同治八年(1869)新科進士楊士芳聯合舉人李望洋等一百二十餘位地方學官、士紳(包含陳家)共同募捐、修葺孔廟;又如陳家在咸豐年間興築宗祠、護龍大宅的同時,也創置了擺厘地區唯一的一間書院——登瀛書院〔註15〕。

在文廟、書院等相關文教機構的修建上,以中央官員為代表、地方士紳參與捐助,幾乎是一種常態模式。陳進傳即指出:

〔註12〕參見張仲禮,前揭書,頁48。
〔註13〕參見黃富三,前揭書,頁126。
〔註14〕同上註,頁126~133。
〔註15〕參見陳進傳、朱家嶠,《宜蘭擺厘陳家發展史》(南投市:臺灣文獻館,2005年),頁295~304。

孔廟的建置通常經由在地士紳倡議，在層級較高的行政中心，由官方修建、或多由官資興建，而層級較低的行政地區，則由地方士紳，特別是具有功名頭銜的知識份子來領導募集建置孔廟所需的款項。一般而言，可以說地方孔廟的繕修，多由地方行政首長與士紳共同領導負責，所以孔廟的建置，就成為一個地方行政中心體制是否完備、文教風氣是否興盛的政治與教育上的重要指標。〔註16〕

陳進傳的概括頗合於台灣移墾的情形，不過，應進一步指出：隨著台灣士紳階層的蓬勃，地方士紳在在地文教事業的推動上，也越加佔有重要的地位〔註17〕。

（二）聖諭教化的宣講

早在清初時期，專制帝王即以其權威地位規制了士紳份子應有的品行道德和教化職責，如順治九年（1652）順治皇帝即頒布了關於生員的八項教條，並「刊立臥碑，置於明倫堂之左，曉示生員」〔註18〕；復頒行〈六諭〉：「一孝順父母。二尊敬長上。三和睦鄉里。四教訓子孫。五各安生理。六莫作非為。」〔註19〕令地方官責成鄉約人等，每月朔、望宣誦。康熙皇帝也於康熙九年（1670）頒布「上諭十六條」，復令翰林院根據聖諭撰有韻之文，以「遍

〔註16〕同上註，頁303。

〔註17〕從相關文教碑記中，即可看出這一趨勢。參見臺灣銀行經濟研究室編，《臺灣教育碑記》、《臺灣南部碑文集成》（南投市：臺灣省文獻委員會，1994 年 7 月）等書籍。

〔註18〕這八項教條為：一、生員之家，父母賢智者，子當受教。父母愚魯，或有非為者，子既讀書明理，當再三懇告，使父母不陷於危亡。二、生員立志，當學為忠臣清官。書史所載忠清事迹，務須互相講究。凡利國愛民之事，更宜留心。三、生員居心忠厚正直，讀書方有實用，出仕必作良吏。若心術邪刻，讀書必無成就，為官必取禍患。行害人之事者，往往自殺其身，常宜思省。四、生員不可干求官長，結交勢要，希圖進身，若果心善德全，上天知之，必加以福。五、生員當愛身忍性。凡有司官衙門不可輕入。即有切己之事，止許家人代告，不許干與他人詞訟。他人亦不許牽連生員作證。六、為學當尊敬先生。若講說，皆須誠心聽受。如有未明，從容再問，毋妄行辯難。為師者，亦當盡心教訓，勿致怠惰。七、軍民一切利病，不許生員上書陳言。如有一言建白，以違制論，黜革治罪。八、生員不許糾黨多人，立盟結社，把持官府，武斷鄉曲。所作文字，不許妄行刊刻。違者聽提調官治罪。參見陳培桂纂輯、臺灣史料集成編輯委員會編，《淡水廳志》（臺北市：文建會，2006 年），頁 200、201。

〔註19〕同上註，頁 201、202。

頒鄉塾，俾民間童年誦習，潛移默化」，並規定每半個月在學校聚會一次恭聽宣講聖諭，各學官應「隨時闡揚正教，認眞開導，俾士民各端趨向，有所遵循」；通過這樣的灌輸，使生員們能常常向民眾講解聖諭〔註20〕。

雍正皇帝亦於雍正二年（1724）頒布《聖諭廣訓》——乃是將康熙的十六條諭示逐條詮釋、闡發而成的萬言書——並命直省督撫、學臣轉行該地方文、武教職衙門，曉諭軍民、生童人等通行、講讀，禮部題奉欽依刊立臥碑曉示生員。自此以後的二百年，《聖諭廣訓》逐漸成爲朝野最熟知之書，是「清朝的聖經，爲郡縣學訓練士子的標準，教化全國人民的法典」〔註21〕。

在《聖諭廣訓》教化意旨的向下灌輸中，地方官員與士紳扮演了重要的角色。地方官員基於治理的目的，莫不把宣講《聖諭》看成是塑造社會良好風氣，以推行吏治教化的重要工具；因此，不僅將《聖諭》的宣講納入保甲體系，輔以善惡簿來獎懲，並力求通俗化宣講的語言，務使《聖諭》的教化思想明確落實到民眾的生活裡去。

至於地方士紳與《聖諭》宣講的關係，〈飭士子敦俗勸化鄉愚說〉即明確地表達：

> 惟爾諸生散處鄉城，一村之人朝夕相見，近奉敕旨，考試默寫《聖諭廣訓》，是諸生無不熟讀矣。與鄉人接見，即敬謹以《聖諭廣訓》講明而諄復之，更申之以國法之森嚴、天理之昭著。彼農夫牧子，未有不環而傾聽者也。日積月累，一以傳十，十以傳百，將見婦人孺子亦當共諭矣。〔註22〕

這段話明確言明了士紳「在地」教化的重要性：地方官員雖有教化之責，但往往「第簿書堆積，或未能日與小民講論，荒僻村庄，恐未能家喻戶曉」

〔註20〕「上諭十六條」的具體內容爲：一敦孝悌以重人倫；二篤宗族以昭雍睦；三和鄉黨以息爭訟；四重農桑以足衣食；五尚節儉以惜財用；六隆學校以端士習；七黜異端以崇正學；八講法律以儆愚頑；九明禮讓以厚風俗；十務本業以定民志；十一訓子弟以禁非爲；十二息誣告以全良善；十三戒窩逃以免株連；十四完錢糧以省催科；十五聯保甲以弭盜賊；十六解讐忿以重身命。參見《淡水廳志》，頁202。張仲禮則指出康熙的「上諭十六條」整個調子都在強調順從和溫馴。又雍正於二年（1724）加以補充。張仲禮《中國紳士》，頁202。

〔註21〕參見黃書光，《中國社會教化的傳統與變革》（濟南：山東教育，2005年），頁203。

〔註22〕官中朱批第784卷第3號，〈飭士子敦俗勸化鄉愚說〉，嘉慶二十年（1815）十二月。轉引自黃書光，前揭書，頁209、210。

〔註 23〕，而士紳則一者熟悉《聖諭》的教化要旨，二者「散處鄉城」與民眾朝夕相見，故而透過地方士紳的宣導，是統治者向下灌輸教化教條最佳的方式。

洪棄生在〈吏治議〉〔註24〕裡即提及：「於是不可不敦教化也，教化之事，上自士人下及椎魯，皆當以曉諭之也。……行之於庠序者，官親與之，講貫勉以正誼明；……行之於井邑者，擇其父老而使之董勸於月吉農時之暇，……或就其地之塾師，資其薪米而邀之講，先正格言，宣聖諭廣訓，俾其知倫常、識義理、曉法律……」；而在一則地方官員的「宦海」指南中，也提及要求地方士紳協助宣講的事，其言：「每遇朔望兩期，（州縣）務須率同教官佐貳雜職各員，親至公所，齊集兵民，謹將聖諭廣訓，逐條講解……至於四處鄉村，不能分身兼到者，則遵照定例，在於大鄉大村，設立講約所。選舉誠實堪信，素無過犯之紳士，充爲約正，值月分講。」〔註 25〕可知地方士紳在聖諭教化的宣揚中，確實因其「在地性」而佔有一定程度的參與和重要性。由此層面看，地方士紳確實可說是官方教化體系中的一部分，因爲他們多不自覺地（或自覺地）奉行教化的職責；及至日治時期仍可見到傳統士紳以這樣的方式進行教化宣導，足見其影響之深〔註26〕。

（三）鸞堂教化事宜

透過扶乩、善書勸善的「鸞堂」，在清末日初的台地扮演著重要的教化角色。據王見川的研究，台灣宜蘭鸞堂大致在光緒十六年（1890）間即在扶鸞濟世〔註 27〕；由宜蘭士紳李望洋擔任鸞生所扶之《警世盤銘》即在光緒十七年（1891）完成，《善錄金篇》、《奇夢新篇》和《喝醒文》等善書也在同時間由宜蘭其他鸞堂扶出；可見在清季時期的宜蘭，鸞堂扶乩已成爲民間信仰的一種形式。

關於「鸞堂」的定義，宋光宇認爲是「民眾因喜好扶乩而組成的宗教團

〔註 23〕 同上註。

〔註 24〕 洪棄生，〈吏治議〉，《洪棄生先生遺書（五）──寄鶴齋文集·古文卷中》，頁 4～5。

〔註 25〕 參見張仲禮，前揭書，頁 62、63。

〔註 26〕 如水竹居主人張麗俊的日記即記載：「午后來慈濟宮，見黃玉階先生在此宣講善事，侃侃而談，縷析條分，使人人能如所言，則當今之世依然三代上矣，……」見《水竹居主人日記（二）》（台北市：中研院近史所，2000 年），明治 41 年（1908）5 月 6 日日記。

〔註 27〕 參見王見川，《台灣的齋教與鸞堂》（台北市：南天，1996 年），頁 171～175。

體」；而因為這種組織是以「作善書」和「濟世」（解決信眾的疑難雜症）為主要工作，因而也稱作「善堂」〔註28〕。「扶乩」——又稱作「扶鸞」、「飛鸞」、「木筆沙盤」，相傳起源於漢代，到宋朝時，已成為文人所喜好的一項通靈活動，及至明清時期，這種文人活動進一步和宗教活動結合在一起，運用於造作勸世、教化的文章，如〈陰騭文〉、〈關聖帝君覺世經〉等〔註29〕。

　　儒士與鸞堂結合的因素，除了是扶鸞善書的內容主要為儒家道德倫常價值——「包括了儒家的忠孝節義、道德內省和陰騭觀念，也包含了佛家的因果報應及道教的積善銷惡、承負之說」的宣揚以外〔註30〕，教化道理的宣講和鸞書的校訂、刻刊等工作，因需求一定的文學素養、經典知識和嫻熟文字運用的能力〔註31〕，也就程度上需要熟諳文史知識的地方士紳之參與。此外，傳統塾師在文武教授上也會利用參與扶鸞活動的機會，增加文字學習、詩文熟識與運用的能力，以及一些待人接物的道理；再者，精通漢醫知識的儒士也運用扶鸞，來替信眾問神求藥〔註32〕。

　　鸞堂的教化活動不僅敦勵個人和家族成員修養品格道德，更透過製作、刊行善書和宣講儒家義理，以及施設醫館、藥舖以解決民眾生活困境等等方式，來達到宣揚善惡果報思想、維繫道德倫常秩序的教化作用〔註33〕。對於鸞堂教化，論者多謂其是儒家教化思想的通俗化或宗教化之表現〔註34〕，它

〔註28〕　參見宋光宇，〈台灣的善書及其社會文化意義〉，許俊雅教授編，《第一屆台灣本土文化學術研討會論文集》（台北市：國立台灣師範大學，1995年），頁782。
〔註29〕　宋光宇，〈台灣的善書及其社會文化意義〉，前揭書，頁782。
〔註30〕　參見黃書光主編，《中國社會教化的傳統與變革》，頁194。
〔註31〕　參見陳進傳、朱家嶠，前揭書，頁317。以鸞賦為例。許俊雅教授即指出鸞賦：「其書寫方式亦有其特別之處，如賦前有詩（或詞）或賦後有詩，或賦前賦後均有詩作歌詠。賦題也時見以鸞生名字為題並以之為韻的情況，如〈繼文德馨賦〉合劉（繼文）、許（德馨）兩位作者的名字組成；〈如松占梅〉由鄭如松、許占梅名字組成，而且以題為韻……」。參見許俊雅，〈全台賦導論〉，《全台賦》（台南市：國家台灣文學館，2006年），頁29。
〔註32〕　同上註，頁233。對此，李世偉即指出：「許多鸞堂均提供施方開藥的服務，有些鸞堂更自設醫館、藥舖，免費為信眾治療疾病。在日據初期，鸞堂更以宗教醫療的方式為民眾戒除鴉片，其成效相當卓著，也因此直接促成鸞堂運動的興起，使其宗教勢力獲得快速的增長。」參見氏著，《日據時代台灣儒教結社與活動》（台北市：文津，1999年），頁242。
〔註33〕　參見李世偉，前揭書，頁237～243。
〔註34〕　如王見川論議「儒宗神教」的形成，李世偉「宗教性儒教」的指稱，皆是這樣的觀點。黃書光亦指出「善書得以普及，從宗教發展趨向來說，是三教通

有別於傳統儒家以經典爲主的思想教化，以及表現爲階級性的祭孔儀典，而主要透過扶鸞的神秘性儀式，在滿足庶民現實困境的同時曉以因果報應的方式，來貼近並吸引底層庶民的參與和信仰。

第二節　文人士紳的小說接受心理

　　透過「在地性」的闡述，可以說爲官方提供治理建議、投身地方文教機構的修設、教化條文的宣講和鸞堂教化事務的士紳，無疑是儒教之地方滲透重要的實踐者。那麼，實踐儒教精神價值的文人士紳到底基於怎樣的思考或心理來接受看似與儒教價值矛盾的通俗小說？除了教化功能的連結之外，是否具有更爲複雜的接受意識？而在教化意識下，文人士紳的小說認識與接受又呈現出怎樣的情形？本節，我們就透過「娛情」和「教化」兩種文化心理，來闡析儒教士紳對小說的接受。

一、娛　情

　　透過藝術性以吸引讀者、擴大傳播，是文學作品展現生命力與精神價值的根本。小說藝術主要通過人物性格的刻劃和情節的舖陳，渲染出如實的人生際遇、表露出人性命運，來獲得讀者之共鳴。我們稱小說這樣的情感感染作用爲「娛情」，這也是通俗小說特能爲文人士紳所感知的元素。

　　在通俗小說流行的明代中後期，袁中道曾記述其與董其昌論及小說的情形：「往晤董太史思白，共說諸小說之佳者，思白曰：『近有一小說，名《金瓶梅》，極佳。』予私識之。後從中郎眞州，見此書之半，大約模寫兒女情態具備。……瑣碎中有無限風波，亦非慧人不能。」〔註35〕沈德符見《玉嬌梨》後，認爲其「筆鋒恣橫酣暢，似尤勝《金瓶梅》」〔註36〕，又如凌濛初作《拍案驚奇》說：「支言俚說，不足供醬瓿；而翼飛脛走，較捻髭嘔血、筆冢研穿者，售不售反霄壤隔也」〔註37〕，如上皆顯示出通俗小說的流行在於情節內容的引人，不論是寫情、傳奇或令人感到趣味，所展現的都是其娛情的效果。

　　　俗化和民間化的結果。」參見黃書光，前揭書，頁193。
〔註35〕參見陳江，《明代中後期的江南社會與社會生活》（上海：上海社會科學院，2006年），頁282。
〔註36〕同上註。
〔註37〕同上註，頁283。

於此，陳江即指出：「晚明擬話本創作在題材、內容的選擇上，越來越集中於現實生活中人情世態和男女戀情這兩類。」〔註38〕小說自現實生活取材，以下層文人、商賈工匠、娼妓婢女乃至販夫走卒等市井平民為主角，描繪諸如婚姻家庭、男女情愛、工商之家的堀起、貧寒書生的命運等劇情，都因貼近廣大庶民的真實生活而易引起讀者的感同身受。

回到台灣文人小說閱讀的例子來看。洪棄生有記載其閱讀傳奇的感受：

> 春風拂座，春色入簾，焚香閒坐，時覺無聊；向友朋借得鈞天樂、桃花扇二傳奇，燈下披賞，如入山陰道、如遊武陵源、如聆李蕙鐵笛、如聽康崑崙琵琶……以閱歷遺老口話舊事，而以縱橫跌宕之筆出之五花十色，幾於目不給賞；而其凌古鑠今處，日趣日韻；……以潦倒才人心多幽憤，而以奇闢淋漓之筆寫之八荒六合，幾於無境不有；而其空前絕後處，日神日韻；書卷之富、才思之豪，以鈞天樂為最……〔註39〕

閱讀這段文字，我們可以明顯感受到洪棄生在閱讀上所獲得的情緒、情感上的感動。另外，如張麗俊也在日記中記下其閱讀《岳武穆全傳》的感受：

> 數日來閒玩《岳武穆全傳》，見岳飛一班英雄豪傑，而被權奸陷害，真令人怒髮沖冠。見秦檜一夥蠹害陰邪，而將忠良凌夷，更使我廢書打案。觀康王跨泥馬渡夾江，頗有氣色，迄困牛頭山，回金陵都臨安，以後仍是一個庸主。所最奇者，臨安一書生，姓胡名迪夢蝶，生平忠直，見岳少保被害死後，心抱不平，遇紙筆則書「天地有私，鬼神不公」兩句，書完輒付丙丁。一日，聞化外國黑蠻龍興兵與岳爺報仇，幾陷臨安，聲聲要弒昏君，並誅奸賊。……〔註40〕

由「怒髮沖冠、廢書打案、所最奇者」這些心理、情緒和舉止上的形容來看，可體會出演義小說《岳武穆全傳》帶給張麗俊多大的閱讀感動。再者，如較晚一輩的王詩琅，也記下不少閱讀通俗小說的情形：

> 武俠小說之類，入了眼就喜愛起來了。記得初時，「彭公案」、「七俠五義」、「施公案」等，都是我最愛好的書。……「西遊記」是後來

〔註38〕同上註，頁284。

〔註39〕參見洪棄生，〈借長生殿小簡〉，《洪棄生先生遺書（六）——詩文類·函札》（台北市：成文，1970年），頁39、40。

〔註40〕參見張麗俊，《水竹居主人日記（二）》（台北市：中研院近史所；台中縣文化局，2000年11月），明治41年（1908）2月28日日記。

才看到的，愛讀了。記得「西遊記」裡，孫悟空變化無窮的神態，豬八戒蠢笨可愛的模樣，沙和尚戇直的表情，及唐三藏瀟灑斯文的形象，彷彿就在眼前。我反履讀了四、五遍，不但是裡頭的人物，就是幕幕場景也歷歷在眼前。〔註41〕

而將閱讀感受表述得最為生動、出色的，莫過於吳子光。其〈書紅樓夢後〉寫道：

> 紅樓夢一書，滿洲曹雪芹撰，中記風月繁華之勝，為明我齋、袁簡齋所賞，余取而讀之，始而愛慕，繼而怔忡，終竟死心塌地，且讀且號，淚潸潸數行，譬如子野聞歌；入室則曰：奈何奈何，出戶則又曰：奈何奈何，于時跡似癡似憨、似瘋似醉，驚跳狂叫，合而薈萃于一人之身，此種況味，自予讀書數十年所未過也。竊謂此行也，當去瑯琊王伯輿不遠矣，家人輩大懼，欲召藥師砭之，予不許已。
> 而有識者曰：此所謂情魔也孽矣，趣焚其書數日，魂魄始還軀殼中而愈，今將名為楚棄疾乎？霍去病乎？一笑。〔註42〕

吳子光用一種詼諧的筆法、態度，十分生動地表陳出《紅樓夢》所帶給他的閱讀感動，流淚、憨癡、瘋醉之態，足見其涉入小說情境之深。其他，諸如知名小說家李逸濤對小說「勝於觀劇、勝於觀戰、勝於讀史、勝於讀畫、勝於遠游、勝於坐對佳人」的「萬歲」之讚〔註43〕，以及黃旺成在日記中屢次記下閱讀《紅樓夢》的「我整天讀《紅樓夢》第一卷和最後一卷來回味」、「我專心讀《紅樓夢》，看到黛玉過世，感到非常淒涼，眼淚幾乎要掉下來」和「整天都沒有放下《紅樓夢》。尤其看到賈寶玉變心，更是心有所感」〔註44〕等等這些記錄，都顯示出小說透過人物的刻劃、情節的舖陳，以藝術特有的效果打動讀者、牽引出本能的情感反應之作用。

另值得一提的，是文人士紳對小說情感、情緒上的感知，大都透過詩或

〔註41〕參見王詩琅，〈我的早年文學生活〉，張炎憲、翁佳音合編，《陋巷清士：王詩琅選集》（台北縣：稻鄉，2000年），頁207～214。

〔註42〕吳子光，〈書紅樓夢後〉，《一肚皮集（七）‧芸閣山人集》（臺北縣板橋市：龍文，2001年），頁29。

〔註43〕參見逸濤山人（李逸濤），〈小說蒭言〉，《漢文台灣日日新報》第2601號5版，明治40年（1907）1月1日。

〔註44〕參見許雪姬主編，《黃旺成先生日記‧（一）1912年》（台北市：中研院台史所；嘉義縣民雄鄉：中正大學，2008年9月），11月1日、10月27日、10月31日日記。

文的書寫方式呈現出來。上述的例子或如清末文人沈家本（1840～1913）在讀完《黑心符》後寫下：「先言懼內情狀，令人失笑。後痛言其害，則令人悚然矣。」〔註45〕這些皆是直接以散文記錄下心得、感受；另外，還有以詩描刻人物性格或生平遭遇，頗有爲其撰傳或表達文人讀者之感懷的情況。這類例子不少，舉如開台進士鄭用錫（1788～1858）之〈讀劍俠傳題後〉：「一代虯髯客，栖栖逆旅身，生靈看日蠱，肝膽向誰親；敝屣輕天下，風塵識美人，至今東海上，遺跡說千春。」〔註46〕施士洁（1855～1922）的〈「花月痕」題後〉〔註47〕：「秦箏席上撫吳鉤，幕府征西鼓角秋。乃父傳經兒顧曲，書香種子最風流。誰將兒女英雄淚，幻作并州一片雲？博得青樓甘死殉，果然知己到釵裙。癡人一例死癡情，情到癡來負此盟。莫再人間作情種，可憐未嫁未成名！……」即是有感於《花月痕》所作；又如吳景箕（1902～1983）〔註48〕：「太平熙世太平歌，奎璧交輝瑞氣多，絕代奇才生有自，天時地利與人和。（發端）／粉黛英聲冠九州，御書獨捧聖恩優，儘教子瞻山斗，遙指青天玉尺樓。（山黛）／英雄巾幗算文姬，才貌難描困畫師，雨露仁霑香錦里，子榮父貴領中書。（冷絳雪）……」、「重謳帝德向長安，行旅蕭蕭帽影寒，一樣宦塗心思異，報君容易選婿難。（入京）／翩翩才調白家姝，詩思希奇壓鬢鬚，配得蕭郎爲婿好，樓頭笙管月明孤。（白紅玉）／書香一瓣出東坡，巴蜀由來僑傑多，豔福眞同司馬氏，翰林新配兩嬌娥。（蘇蓮仙）……」這些詩作分別是吳景箕閱讀完《平山冷燕》和《玉嬌梨》所作，藉由詩來描述小說情節或是人物遭遇。在張麗俊日記中也可以見到這樣的例子，例如「見楚平王之無道，被佞臣費無極顛倒亂倫，讒殺忠良伍奢，又欲誘殺其子伍尚、伍員。員字子胥，員智不肯同赴其難，尚曰：我以殉父爲孝，弟以報讎爲孝，尚到楚庭，果與父並受戮。又欲擒員，員遂逃宋鄭，後欲入吳，因昭關懸像嚴察未能混過，幸遇東皋公暫留密室設計，又得皇甫訥貌似員，訥裝作員，員爲御，混

〔註45〕沈家本，〈借書記〉，《沈家本未刻書集纂（下）》（北京：中國社會科學，1996年），頁1812。

〔註46〕鄭用錫，〈讀劍俠傳題後〉，《北郭園全集（上）》（臺北市：龍文，1992年6月），頁101。

〔註47〕施士洁，〈「花月痕」題後〉，《後蘇龕合集（上）》（臺北市：龍文，1992年3月），頁70。

〔註48〕吳景箕，〈讀平山冷燕〉、〈讀玉嬌梨〉，《吳景箕全集（下）》（臺北縣板橋市：龍文，2006年），頁119～120、145～146。

過昭關，到江邊，又遇一漁丈人渡之至吳。予乃將此數人各贈一絕。」詩云：「終天恨抱父兄仇，羈旅他邦願未酬，豈料東皋皇甫外，伸冤幸得一漁舟。（伍子胥）／密室無心寓楚仇，昭關嚴察為擔憂，一朝計破天羅網，放出蛟龍大海遊。（東皋公）／原來任託為相如，況是英雄末路時，小恥何嫌成大志，停看楚子慘鞭尸。（皇父訥）……」〔註49〕

　　透過詩文來表述小說閱讀感受的方式，隱微地反映出文人士紳對「文學」的認知；大抵可以說，詩作講究用典、押韻的修辭技巧，對文人士紳來說才具有藝術創作的成分（或樂趣）。由此觀之，我們也就能夠稍稍理解吳子光所說的「涉獵稗官小說乃為制舉」之原由：透過小說閱讀，文人在情感上起了共鳴，乃藉由琢磨詩作以表達其心理感受，此不啻為一種詩文鍛鍊的方式。

二、教 化

　　除了小說的藝術感染，透過通俗小說以行教化，也是儒家士紳接受小說的另一文化心理。針對此點，我們可以從兩個面向來看。

　　首先，是明清通俗小說所具備的特性。黃書光在研究中以宗教性的「儒釋道外的『第四教』」來比喻通俗小說的教化功能，其著眼點即在通俗小說所具有的「通俗」之特性。他指出正是通俗小說擁有的讀者最多，「對人的精神生活、道德情操影響之大，所以通俗小說又被看作是統治者用於社會教化的得力工具。」〔註50〕由此可見，通俗小說與教化最為基本的連結，正在於它的傳播力和感染力；可謂在地方社會上，通俗小說如同宗教一樣，具有貼近於民眾的特性。

　　不過，就教化來說，勢必也涉及到小說的題材和內涵。根據黃書光的研究，清代的通俗小說——包括講史類小說、俠義公案類小說、諷刺譴責類小說和人情小說，在內容上都或多或少地共同體現出儒教的人倫綱常價值觀。例如《封神演義》、《東周列國傳》等講史小說，透過將經史通俗化來傳達歷史和道德的正統觀念；而最為廣大民眾喜愛的俠義公案類小說，諸如前述的《岳武穆全傳》、《七俠五義》、《施公案》等，則通過講述英雄豪俠的故事，以及清官的懲奸除惡，來宣揚忠烈俠義精神及善惡果報的道德觀；又如多取

〔註49〕張麗俊，《水竹居主人日記（三）》，明治44年（1911）5月25日日記。
〔註50〕參見黃書光主編，《中國社會教化的傳統與變革》，頁259、260。

材自現實生活的人情小說，則藉由男女角色愛恨情仇的糾葛，更加集中地體現出因果報應的道德觀念及勸善懲惡之意圖〔註 51〕。因此，通俗小說作為儒教網絡之一環，乃是建立在其題材、內涵體現出儒教價值，以及貼近於民眾生活之特色上；而這也是一向鄙薄通俗文藝的儒教士紳接受小說的主因。

　　其次，是文人士紳對通俗小說教化的援用。王爾敏在一篇研究中曾對鄉紳的教化有過詳盡的析論〔註 52〕，在文中他精闢地指出儒教士紳乃是「以熟誦五經為一生根基，以明悉禮儀為處世準則」，其對儒教價值的奉行，展現在對於世俗風教的承擔上：「儒生檢點修養，提示道德規範，維持社會秩序，多是由己身而及於家，由家而及於鄉，由鄉而及於國。」儒家士紳對於地方風教責任的自覺承擔，是其援借通俗小說以行教化的舉措動機，如前所述，不論是落拓文人藉由參與小說的創作來發抒情感、情緒，或是透過小說對社會群眾宣揚倫常價值，所展現的都是儒家文人士紳對於教化傳統的實踐。

　　透過從娛情和教化兩種文化心理來詮釋文士與小說的連結，我們看到其實是很難將文士的這一心理做明確的劃分。作為教化結構中一個特殊的階層，士紳在享有獨特的權利同時，也必須承擔作為一種道德價值標準、模範的責任，在自身身行、家庭和職業中，自覺或不自覺地展現出來；因此，我們可以說文人士紳與小說的關連，是一交雜的心理連結：不僅從娛情上受到小說藝術的感染，也在教化實踐上，看到了小說通俗的內涵和傳播特性。儒教士紳對小說的這一複雜心態，正如王爾敏所指出的：「塾師先生負道學使命，謹學慎行，不免嚴肅自律，循規蹈矩。除儒家經典，辭章詩賦之外，不多再研考其他事物知識。惟為怡情悅性，往往涉獵說部，兼及戲曲。實亦未遠離儒生知識。」〔註 53〕可見文士對於通俗小說這一交雜的接受心態，最終仍多以「裨益教化」作為標榜，而深藏其娛情之情。

第三節　文人士紳小說接受內涵之考察

　　考察過文人士紳的「在地性」與小說接受心理，我們理解到教化價值對

〔註 51〕同上註，頁 269～274。
〔註 52〕參見王爾敏，〈儒學世俗化及其對於民間風教之浸濡——香港處士翁仕朝生平志行〉，《明清社會文化生態》（台北市：台灣商務，1997 年）。
〔註 53〕同上註，頁 44。

小說發展的影響，除了是意識上勸懲的小說觀念對小說的束縛之外，在小說實際發生的場域中，儒教思想更透過文人士紳的在地性而更加實在地影響著小說的發展。可以說，儒教意識對小說的實際影響，是透過士紳對小說的接受而展現出來。因此，在本節，我們將具體考察清末、日初台灣士紳的小說接受情形，以進一步了解儒教對小說發展的制約。

一、以張麗俊、黃旺成、賴和為對象的小說閱讀考察

文人的藏書往往是了解其知識建構和閱讀品味的最佳材料。然則，藏書一則講求發達的文教意識；一則需求一定的經濟能力，在台灣移墾社會文教發展遲緩的條件下，傳統文人在生平著作中談及自身藏書的例子並不多見，再加上小說乃「不入文學之流」，也因此欲透過文人藏書來窺探清末、日初文人的小說接受情形，實非容易〔註 54〕。由是之故，筆者僅能略陳藏書探索，而轉以文人士紳的日記記載為主要材料，來處理此一議題。

文人藏書部分，吳子光〈筱雲軒藏書記〉〔註 55〕為呂氏的筱雲軒藏書作了略要的交代：經部——詩、書、易、春秋三禮、三傳、語、孟、孝經、爾雅、十三經等，共四千五百一十四卷；史部——紀傳、正史、馬班以下至明史、編年、資治通鑑、紫陽綱目、古史、竹書紀年、雜史、吳越春秋等，共六千二百六十卷；子部——老、莊以下至稗官、百家，共三千六百七十五卷；集部——漢唐宋明諸大家文集、本朝諸名家文集、李杜韓蘇庾子山白香山李樊南諸大家詩集、本朝諸家古今體詩集，共五千一四十二卷；另有金石文字、山經地志、字典會典、淵鑑類函、滿漢名臣傳等共一千五百九十卷；總計藏書共二萬一千三百三十四卷。以日治二十年代的「石坂文庫」作為參照，當時為台灣公私立圖書館藏書最多的「石坂文庫」，其藏書量亦僅為二萬餘冊〔註 56〕，由此可見筱雲軒藏書規模之龐大；但甚為可惜的，是這一規模龐大的藏書今已散佚〔註 57〕，並且未留下相關的書目記錄，以作為我們進一步考

〔註 54〕關於清代藏書概況可參閱楊永智，〈清代臺灣藏書考略〉，《東海中文學報》16 期，2004 年 7 月。

〔註 55〕參見吳子光，〈筱雲軒藏書記〉，《一肚皮集（二）》（台北縣板橋市：龍文），頁 442～447。

〔註 56〕參見林景淵，《日據時期的台灣圖書館事業》（台北市：南天，2008 年），頁 153。

〔註 57〕參見「吳三連臺灣史料基金會」網站資料：
http://www.twcenter.org.tw/g03/g03_07_03_10_2.htm。

察小說接受之材料。

其次，張純甫亦為一藏書家，其藏書相關的記錄有〔註58〕：〈守墨樓藏書目錄〉──群經部、史鑑部、小學及諸子部、雜說部、碑法帖部；〈守墨樓書目‧叢書部〉──經、史、子、集類；〈守墨樓書目‧卷密書室之部〉──總彙類、群經類、歷史類、諸子類、總集類、全集類、別集類、詞曲類、圖譜類、方言類、辭典類、雜說類、語記類、雜著類、雜誌類、佛學類、雜刊類、小說類、演義類、稿本類、帖本類、影帖類、書畫帖類、醫數類。

在〈叢書部‧子類〉中分有「小說家雜事類」和「小說家異聞類」概為《燕丹子》、《穆天子傳》、《搜神記》、《述異記》等漢魏晉時期的志怪小說；而〈卷密書室之部‧小說類／演義類〉則可見如下明清通俗小說：《三國演義》、《水滸傳》、《金瓶梅》（以上三本有目，但又劃掉）、《聊齋志異》、《情天寶鑑》、《宣和遺事》、《紅樓夢》、《儒林外史》、《鏡花緣》、《西遊記》、《封神傳》、《南史演義》、《花月痕》、《東周列國》、《今古奇觀》、《義俠女子》、《宋宮十八朝演義外集》和清末小說《官場現形記》、《金魁星》、《老殘遊記》、《二十年目睹之怪現狀》、《西洋通俗演義》等。

守墨樓的小說藏書顯露出小說的經典傳統性以及時代性的特色：四大名著及《紅樓》、《儒林》等通俗經典仍是中心書籍，而晚清的《鏡花緣》、《老殘遊記》、《官場現形記》，乃至台灣文人佩雁的《金魁星》等，則是時行的小說書籍；小說閱讀既舊也新的包容，可見一斑。底下，透過張麗俊、黃旺成、賴和的日記記載和藏書情形，我們進一步從各人的小說閱讀情形來拼探整體小說接受的概勢。

筆者首先以張麗俊（1868～1941）〔註59〕、黃旺成（1888～1979）〔註60〕

〔註58〕為筆者之抄錄。影稿現藏於新竹市文化中心圖書館文獻室。

〔註59〕為張麗俊之日記──《水竹居主人日記》一至三冊（南港市：中研院近史所；台中縣文化局，2000 年／2001 年），日記時間為明治三十九年（1906）二月至大正三年（1914）元月。關於張麗俊日記的相關研究及史料價值，可參閱台中縣文化局編印之《水竹居主人日記學術研討會論文集》（台中縣清水鎮，2005 年 9 月）。

〔註60〕資料為許雪姬編著，《黃旺成先生日記（一）、（二）》（台北市：中研院台史所；嘉義縣：中正大學，2008 年 9 月），日記記載時間為大正元年（1912）一月至大正二年（1913）十二月。在這兩冊日記中，可見到黃旺成先生若干閱讀的情形，除了古典小說之外，黃旺成也常涉獵日文書籍、雜誌；此外，還有報紙連載小說〈桃花緣〉、〈俠鴛鴦〉，以及觀看布袋戲、改良戲、歌仔冊（詹典

及賴和（1894～1943）三位新舊文人爲對象，整理他們所閱讀、購買的小說書目，以作爲論析小說與社會關係之文本。

賴和所購有的古典小說書目已表列於前，黃旺成在日記中所提及閱讀的古典小說書目，則如下列（依日期排列）：《八美圖》（1912/7/22、24～26）、《紅樓夢》〔註61〕、《再生緣》（1912/11/14、17 向同事李氏招女借得）、《西廂記》（1913/1/14 日記「所感欄」所記）、《花月痕》（1913/5/3 向同事張麟書借得）、《三國演義》（討論三國的人物）等諸小說；至於水竹居主人張麗俊的古典小說閱讀書目則有：《說岳全傳》（1907/6/7、6/9、1908/2/18、2/28、3/3、5/12）、《八美圖》（1908/4/14、4/19）、《西遊記》（1908/7/5～5/7、5/9）、《天豹圖》（1908/7/26、7/27）、《東周列國誌》（1910/9/2、1911/5/17、5/18、5/23、5/25～5/30）、《紅樓夢》（1911/2/21）、《平山冷燕》（1911/8/20）等。

我們先從幾個面向將書目做一分類和歸納

1、依成書、印行年代劃分

（1）元、明小說——《西廂記》、《三國演義》、《西遊記》、《醒世恆言》、《今古奇觀》、《十二樓》；

（2）清代小說——《平山冷燕》、《說岳全傳》、《東周列國志》、《濟公傳》、《野叟曝言》、《儒林外史》、《紅樓夢》、《歧路燈》、《蕩寇志》、《天豹圖》、《鏡花緣》、《閱微草堂筆記》、《子不語》、《再生緣》、《兒女英雄傳》、《花月痕》、《白牡丹傳》、《八美圖》、《彭公案》、《玉燕姻緣全傳》、《七劍十三俠》、《風塵劍俠傳》。

2、依內容、題材劃分：

（1）明清奇書、名著——《西廂記》、《三國演義》、《西遊記》、《儒林外史》、《紅樓夢》；

（2）英雄俠義小說——《蕩寇志》、《天豹圖》、《兒女英雄傳》、《彭公案》（俠義公案類）、《七劍十三俠》、《風塵劍俠傳》；

嫂）等通俗娛樂和刊物。

〔註61〕《紅樓夢》可說是黃旺成的最鍾愛的小說，日記中記載閱讀的次數甚多：1912/7/28、8/1～4、8/6、8、11、16、19、20、23、8/25～28、31、9/1、3、10/17、18、20、27、28、30、31、11/1、1913/7/4（重看）、7/5、8、9、12、15、7/24～26、8/6～9、8/13、14、8/17～20等，從其再三閱讀的情形，可看出黃旺成對《紅樓夢》的喜愛。

（3）才子佳人小說——《平山冷燕》、《再生緣》、《花月痕》、《白牡丹傳》、
《八美圖》、《玉燕姻緣全傳》；

（4）講史小說——《說岳全傳》、《東周列國志》；

（5）神怪小說——《濟公傳》、《鏡花緣》、《閱微草堂筆記》、《子不語》；

（6）文人小說——《醒世恆言》、《今古奇觀》、《十二樓》、《野叟曝言》、
《歧路燈》。

從上述分類來看，可知台灣文士階層所接受的中國古典小說，主要以清代的白話章回小說爲主（四大奇書除外），三位文士對象中，只有賴和的藏書目錄存有清代文言的筆記小說；其次，《三國》、《西遊》、《紅樓》等明清名著，仍是最爲流傳、普遍獲得接受的書類；餘外，新舊文人們所主要接受的小說類別，則有：懲奸除惡、伸張正義的「英雄俠義／公案類」小說；講述文士才子（帝王）和風流佳人曲折姻緣的「才子佳人類」小說；講演歷史脈絡或歷史英雄人物的「講史類」小說；以及包括文言筆記體和白話章回的，以談鬼說神、展演荒誕怪奇的「神怪類」小說；最後，爲文人所創作，以抒發其懷思、意志爲主的「文人小說」，則主要見於賴和之藏書。

二、文人士紳小說接受的內涵分析

接著，我們就從這些類別的小說，來分析小說的社會性內涵。在上述六類中，明清奇書、名著因爲受到普遍的接受和已累積豐厚的研究成果，所以在此處已不具分析的效用，故捨之不論。

（一）英雄俠義類小說內涵分析

1、《蕩寇志》——賴和藏書

清代俞萬春所作，又名《結水滸傳》。《蕩寇志》接續在《水滸傳》七十一回之後，主要寫希眞、陳麗卿將梁山一百零八人如何一一誅滅。俞萬春寫作《蕩寇志》是因爲面對清中葉農民起義此伏彼起、嚴重威脅清朝統治的局面，深感「殄滅妖氛」、維持世道人心的必要和重要，於是以世人皆知的《水滸傳》爲題，「以尊王滅寇爲主，而使天下後世，曉然於盜賊之終無不敗，忠義之容假借混濛，庶幾尊君親上之心，油然而生矣」〔註62〕。

〔註62〕石昌渝主編，《中國古代小說總目‧白話／文言卷》（太原：山西教育，2004年），頁45。

2、《天豹圖》——賴和藏書、張麗俊閱讀

故事主要講述小孟嘗君李榮春為奸相花錦章及其子花子能所陷害之施廷棟一家打抱不平、濟困扶危，以及御史田大修、英雄陶天豹查明通奸案情，後因得罪奸相花錦章、花子能而遭其誣陷入獄。後施廷棟之子施必顯及陶天豹將田、李等人救出，齊聚蟠蛇山寨，並三次抵禦朝廷的圍剿。最後奸相花錦章陰謀篡位，遭蟠蛇山眾英雄所破，李榮春奏明事件始末，眾英雄皆得冊封。

《天豹圖》是一部英雄傳奇。寫英雄被逼聚嘯山林，除奸鋤霸，主題具有一定的積極意義，其書序作者則言：「此天豹圖一書，包羅忠孝、罔乖大雅，雲膽豪種，雋可及也，雲浩然之氣，不可及也。」〔註63〕亦因情節緊湊而被改編為彈詞《天寶圖》（一名《英雄奇緣傳》）。小說和彈詞皆在同治七年（1868）丁日昌的淫詞小說查禁書單內，其遭查禁之原因，當是本書宣傳以武犯禁、鼓吹造反的緣故〔註64〕。

3、《兒女英雄傳》——賴和藏書

長篇章回小說。講敘才子佳人為父輩報仇的曲折經歷。在《古本小說集成》的版本中，〈觀鑑我齋序〉道出是書的藝術特色，以及重要的小說閱讀觀點，頗值得參考。其言：「吾受而讀之，其書以天道為綱，以人道為紀，以性情為意旨，以兒女英雄為文章。其言天道也，不作玄談；其言人道也，不離庸得；其寫英雄也，務摹英雄本色；其寫兒女也，不及兒女之私；本性為情，援情入性，有時詼詞諧趣，無非借褒彈為鑑影，而指點迷津；有時名清言，何異寓唱歎於鐸聲，而商量正學。是殆亦有所為而作，與不得已於言者也。」〔註65〕

序者所謂「有所為而作，與不得已於言者」即指「稗史」（小說）。他認為「旨少遠，詞近微，文可觀，事足鑑者，亦不過世行之《西遊記》、《水滸傳》、《金瓶梅》、《紅樓夢》數種。」這些小說著作的意旨，則在教人「明心性，本誠正以立言也」、「教忠，本平治以立言也」、「教孝，本修身以立言也」、「教之以禮與義，本齊家以立言也」；而《兒女英雄傳》則補足「以格致而立

〔註63〕古今小說集成編委會編，《古今小說集成——天豹圖》（上海，上海古籍，1990年）。

〔註64〕參見李夢生，《中國禁毀小說百話》（上海，上海古籍，1998年），頁502。

〔註65〕參見《古本小說集成——兒女英雄傳》（上海：上海古籍，1990年）。

言也」。

4、《七劍十三俠》——賴和藏書

作者生平事跡不詳。故事主要敘述明朝正德年間，小孟嘗徐鳴皋棄文習武，拜海鷗子為師，習得一身武藝，後與玄貞子、飛雲子等七子，及傀儡生、漱石生、鷦寄生等十三生，還有一枝梅、焦大鵬、徐慶等豪杰行俠江湖、濟弱扶危，最後並幫王守仁平定叛亂，七子十三生皆獲功勳。

七子十三生原本都是凡人，具有俠義心腸，經修練得道，遂成口吐白丸，可以千里飛劍斬敵的異人超人。自《七劍十三俠》肇啟其端後，清末民初大量劍俠小說如《蜀山劍俠傳》等應運而生，形成了一個新的流派。

（二）才子佳人類小說內涵分析

1、《平山冷燕》——張麗俊閱讀

為才子佳人小說的代表作之一。清代天花藏主人撰，二十回，成書於順治五年（1658）。主要講敘平如衡與山黛、冷絳雪與燕白頷兩對才子佳人的婚戀故事，書中男女以詩相識、相知、相戀，雖歷經曲折，但有情人終成眷屬。

此書乃作者用以抒發懷才不遇，澆沃心中塊壘之作。在序中，其言：「每當春花秋月之時，不禁淋漓感慨。此其才為何如，徒以貧而在下，無一人知己之憐，不幸憔悴以死，抱九原埋沒之痛，豈不悲哉？予雖非其人，亦嘗竊執雕蟲之役矣。……欲人致其身而既不能，欲自短其氣而又不忍，計無所之，不得已而借烏有先生以發其黃粱事業。」〔註66〕作者之作雖然是取材才子佳人、男女之故事，但其自言：「有時色香援引兒女相憐，有時針芥關投友朋愛敬，有時影動龍蛇而大臣變色，有時氣衝牛斗而天子改容，凡紙上之可喜可驚，皆胸中之欲歌欲哭……上可佐鄒衍之談天，下可補東坡之說鬼，中亦不妨與玄皇之梨園集奏，豈必俟諸後世……」可見作者認為此抒情之作仍然具備了一定的價值，「雖不如忠孝節義之赫烈人心，而所受於天之性情亦有所致矣」。

2、《五美緣》（《再生緣》）——黃旺成閱讀

不題撰人，八十回，成書約在道光之前。主要講敘明正德年間錢塘書生馮旭與五個女子的姻緣。小說情節雖較為曲折，但終不脫才子配佳人「始或

〔註66〕參見古今小說集成編委會編，《古今小說集成——平山冷燕》（上海，上海古籍，1990年）。

乖違，終多如意」之俗套，主角馮旭不僅試中狀元，最後更回朝奉旨完婚，取月英、翠秀、落霞、與惠蘭、哈飛英，成就「五美緣」。

對於這樣俗套的才子佳人故事，文人讀者抱持怎樣的閱讀心理來接受此類的故事是頗爲有趣的問題。本書書前寄生氏所寫之序，或許透露出一些端倪。序言：「美人者，天之靈秀所鍾，一已難，況倍之而複徙之乎？……竊思錢月英之純貞，趙翠秀之純烈，錢落霞之純謹守志、完身仗義除逆，俱巾幗中僅見者。至若蕙蘭堅隨寒士，飛英愛服將材，亦不愧美人之號。馮生何福，書儒消受如許溫柔鄉？……信乎天生才子必配佳人，鍾靈毓秀，天之所以成全美人也。」可見「美人」者，乃在於其品格、德行，符合了儒教爲女子所訂立之道德標準，因美人具有這樣崇高的美德，故足與文士相匹配。佳人配才子，雖是天所成全，但擁有爲封建男性所認定的美德，則是天定結局之前提。

3、《花月痕》——黃旺成閱讀

清道光舉人魏秀仁著。十六卷五十二回，又名《花月姻緣》，乃講述韋痴珠與劉秋痕、韓荷生與杜采秋兩對才子與名妓的故事。痴珠與秋痕悲劇結尾，而荷生高中探花，又得俠女柳春纖傳授武藝，後平寇有功，得朝廷封贈，終與名妓采秋結爲佳偶，衣錦還鄉。

從自序中，實能看出作者此書不無演繹人生離合莫定、寄寓人意難全之至理。在〈前序〉，其言：「夫固謂天下古今之大，必有如韓、杜之合者，而現韓、杜身而爲說法也。天下古今之大，又必有如韋、劉之離者，而現韋、劉身而爲說法也。他日者，春鏡樓空，秋心院古，蕭葭碧水，難招石上精魂，楊柳青山，徒想畫中眉嫵。抑或鍾情寄恨，略同此日之遭逢，定知白骨黃塵，更動後人之憑弔。是是非非，離離合合，言之者無罪，聞之者足戒已。」〔註 67〕作者之勸戒，寓意在「痕」的書寫。「痕」（或者解爲「恨」亦無不可）之所生，乃在於人以己意強求常之事理（即無常），不可得、看不破，乃有「痕」。作者於〈後序〉言：「余固爲痕而言之也，非爲花月而言之也。……夫所謂痕者，花有之，花不得而有之；月有之，月不得而之者也。何謂不得而有之也？開而必落者，花之質固然也，自人有不欲落之之心，而花之痕遂長在矣。圓而必缺者，月之體亦固然也，自人有不欲落之之心，而月之痕遂長在矣。故無情者，雖花妍月滿，不殊寂寞之場；有情者，即月缺花殘，仍

〔註67〕參見魏秀仁著，《花月痕》（臺北市：三民，1998 年）。

是團圓之界。」〔註68〕

4、《八美圖》——賴和藏書、張麗俊、黃旺成閱讀

《八美圖》是唯一一本賴和、張麗俊、黃旺成三人皆共有之小說，但卻也是唯一一本在上述參考書籍中遍尋不得的小說，這一十分有趣的情形或許顯示出《八美圖》獨獨風行於台地而不盛於中國。《八美圖》全書三十二回，有清代刊本。書中不題撰人，故不知作者為何人。主要描寫宋代杭州人柳樹春經歷的悲歡離合故事。書中雖不脫忠孝節義的舊套，但情節曲折，結構得當，頗能吸引讀者。特別是書中的八位美女形象，叛逆反抗，不屈不撓，尤為感人至深。張麗俊對於此書留有「柳樹春是個縉紳之子，文武全才，但涉於淫逸，雖後來與八美結為夫妻，而與沈月姑乃先奸後娶也」〔註69〕的評論。

（三）講史類小說內涵分析

1、《說岳全傳》（全稱為《精忠演義說本岳王全傳》）——張麗俊閱讀

張麗俊在日記中，記為《岳武穆全傳》或《岳武穆小（少）傳》。說岳之故事，派生頗眾。朱玲球指出敘寫岳飛抗金及其冤獄事的小說，最早的刊本是明代熊大木編的《大宋中興通俗演義》，初刊於嘉靖年間。嗣後，屢經翻刻易名，而存有數種版本，如托名鄒元標編訂之刪節本《岳武穆王精忠傳》和崇禎末于華玉編訂之重訂本《岳武穆王精忠報國傳》等等。這些刪節、重訂本乃是刪訂熊大木本中的傳說成分，其目的是要「與正史相符」，結果卻是流於史傳的重複，缺乏小說的趣味，因而後世流傳不廣。

清代錢彩、金豐鑒於明代諸本說岳傳的得失，認為「從來創說者，不宜盡出於實，而亦不必盡由於虛。苟事事皆虛，則過於誕妄，而無以服考古之心；事事皆實，則失於平庸，而無以動一時之聽」〔註70〕，於是博采眾書進行聯貫、潤飾，增入了諸如赤鬚龍變化而為金兀术，女土蝠變化而為秦檜妻，大鵬鳥臨凡而為岳飛等「神話」，成為一部集史傳、傳說、志怪於一體的《說岳全傳》。全書情節繁富而有波瀾，敘述詳細而時有感動人處，人物性格亦不乏鮮明生動者，可讀性、趣味性大大增強，所以在民間廣為流傳。張麗俊所閱讀者，即為清代錢彩所編的《說岳全傳》，而張麗俊讀後也記下如下的心得

〔註68〕同上註。
〔註69〕參見《水竹居主人日記（二）》，明治41年（1908）4月14日日記。
〔註70〕參見古今小說集成編委會編，《古今小說集成——說岳全傳》（上海，上海古籍，1990年）。

和抄錄：「數日來閒玩《岳武穆全傳》，見岳飛一班英雄豪傑，而被權奸陷害，真令人怒髮沖冠。見秦檜一夥蠱害陰邪，而將忠良凌夷，更使我廢書打案。觀康王跨泥馬渡夾江，頗有氣色，迄困牛頭山，回金陵都臨安，以後仍是一個庸主。所最奇者，臨安一書生，姓胡名迪夢睫，生平忠直，見岳少保被害死後，心抱不平，遇紙筆則書『天地有私，鬼神不公』兩句，書完輒付丙丁。一日，聞化外國黑蠻龍興兵與岳爺報仇，幾陷臨安，聲聲要弒昏君，並誅奸賊。……」〔註71〕、「錄胡夢睫供狀及訴秦檜夫妻父子之惡判文」〔註72〕可見，融合史傳、傳奇和神怪於一體的歷史演義，真能吸引文人士紳的喜好。

值得注意的是，這類以傳說、神怪加工的歷史「演義」──演述真義，其真正的用意乃出於宣傳故事中所隱涵的忠孝節義之價值觀，藝術性的加工，仍只是助長達到目的之手段，如熊大木在〈序武穆王演義〉即記述：「《武穆王精忠錄》，原有小說，未及於全文。今得浙之刊本，著述王之事實，甚得其悉。然而意寓文墨，綱由大紀，士大夫以下邐爾未明乎理者，或有之矣。近因眷連楊子，素號湧泉者，挾是書謁於愚曰：敢勞代吾演出辭話，庶使愚夫愚婦亦識其意思之一二。……」〔註73〕由此可知文人演述歷史的真義。

2、《東周列國志》──張麗俊閱讀

《東周列國志》的成書，乃清代蔡元放評點，並刪改明代馮夢龍的《新列國志》所成。馮夢龍所著的《新列國志》之所以名「新」，則乃是在馮夢龍之前，余邵魚在嘉靖、隆慶年間，已寫著一部關於春秋戰國列國的小說──《列國志》；但馮夢龍認為《列國志》從武王伐紂開始寫起，且兼文筆樸拙、敘事多所錯亂，故另寫就一部東周列國的小說，取名為《新列國志》，以與余邵魚的《列國志》區別〔註74〕。

胡萬川言蔡元放評點、刪改馮夢龍的《新列國志》乃出於「有益教化」〔註75〕。於此，蔡元放在《東周列國志》序中對於其評點和刪改，則略有

〔註71〕見張麗俊明治41年（1908）2月28日日記，《水竹居主人日記（二）》，頁13～15。

〔註72〕同上註，明治41年3月3日日記，頁18。

〔註73〕熊大木，〈序武穆王演義〉，古今小說集成編委會編《大宋中興通俗演義》（上海，上海古籍，1990年）。

〔註74〕對於《列國志》小說的衍變，可詳參胡萬川的〈新列國志的介紹〉一文，收於馮夢龍，《新列國志》（臺北市：聯經，1981年）。

〔註75〕同上註。

說明〔註76〕。他認爲歷史是「盛衰成敗廢興存亡之跡也」，透過讀史，我們得知「天道之感召，人事之報施，知愚忠佞賢姦之辨」；然而，「制舉藝出，經學遂湮；至於史學，書既灝瀚、文復簡奧，又無與於進取之途，故專門名家者，代不數人。學士大夫，則多廢焉置之。」由是之故，蔡元放將眼光移至稗史之上，他認爲「顧人多不能讀史，而無人不能讀稗官……善讀稗官者，亦可進於讀史。故古之不廢《東周列國》一書，稗官之近正者也。……而一變爲稗官，則童穉無不可讀。」至於其評點之用意，則爲「條其得失，抉其隱微」，使演義中忠孝、果報的道德價值得到彰顯。

　　基於教化的用意，幾乎是文人刪訂、評點演義的原因，明清講史小說也多半被視爲「正史宣教的代替品」被看待和接受。比如一則《東周列國志》的〈讀法〉，即認爲《東周列國志》乃一部「勸懲之書」：「列國志之善惡施報，皆一本於古經書，眞所謂善足以爲勸，惡足以爲戒者……忠奸厚薄，無有不報，即不報之於身，子孫也終久逃不過，眞是有益世道人心不小……。」〔註77〕

（四）神怪類小說內涵分析

1、《鏡花緣》——賴和藏書

　　二十卷一百回，清李汝珍撰。關於《鏡花緣》，尤信雄認爲乃是作者李汝珍借以「抒其苦悶抑鬱，用幽默活潑的文筆來諷刺譏評現實的社會人生，而且更進一步的提出個人的主張和理想，以警世以淑世；而不僅僅在於膚淺的譏諷和諧謔，也不斤斤於論學說藝以炫能」，其主旨和精神主要在「表現民族氣節」，「表露那些失意的文人和被迫害的知識分子的心聲，對清廷作一『精神上的抗暴』」〔註78〕。

　　至於《鏡花緣》的價值，尤信雄則認爲其「具有倫理教化和社會改革的意義」，而在夏志清精闢的解讀中，他也認爲《鏡花緣》主要在於頌揚儒、道之思想，其主要情節「乃紮根於對忠、孝、仙三種首要理想的頌揚上」，因而體現出濃重的教誨意味〔註79〕。觀乎許石華寫在書前的序，他說到：「《鏡花

〔註76〕參見馮夢龍原著，蔡元放改撰，劉本棟校注，《東周列國志》（臺北市：三民，2007年）。

〔註77〕未見著者。參見余邵魚著、蔡元放評點，《東周列國志》（台北市：文政，1972年5月）。（原書作者誤植爲邵魚）

〔註78〕參見李汝珍著、尤信雄校注，《鏡花緣》（臺北市：三民，2007年）。

〔註79〕參見夏志清，〈文人小說家和中國文化——「鏡花緣」研究〉，《文人小說與中

緣》一書……觀者咸謂有益風化。……綜其體要，語近滑稽，而主意勸善；且津逮淵富，足裨見聞。」〔註80〕大抵可知《鏡花緣》雖然融匯了海外奇談和才子佳人的元素，但寄寓勸懲教化仍是其主要的用意之一。

2、《閱微草堂筆記》——賴和藏書

乃清代紀昀所作，二十四卷。書中所記多爲怪異故事，據紀昀自序，其寫作意圖不外維護風教，進行勸懲；故書中頗多忠孝節義、勸善懲惡、因果報應之談。

3、《子不語》——賴和藏書

清代袁枚所作的筆記小說集，全書二十四卷，又續編十卷，共三十四卷。袁枚自述寫作此書之用意，乃「文史外無以自娛，乃廣采遊心駭耳之事，妄言妄聽，記而存之，以妄驅庸，以駭起惰」，亦即用來自娛或娛人，起到消遣或者陶冶性情、振奮精神之作用。

（五）文人類小說內涵分析

1、《今古奇觀》——賴和藏書

明代抱甕老人輯。集中所收作品四十篇，均出自「三言」、「二拍」，計：《喻世明言》八篇、《警世通言》十篇、《醒世恆言》十一篇、《拍案驚奇》八篇、《二刻拍案驚奇》三篇。對於所選各篇，編者在文字上可能略有修改，並偶有眉批。孫楷第以爲本書的選編標準大致爲：「一曰著果報，二曰明勸懲，三曰情節新奇，四曰故典瑣聞，可資談助。」〔註81〕

書中的四十篇作品，從各種角度廣泛而深入地反映了明代的社會風貌，尤其是商人、小市民等的生活狀態和思想情感。之中，既有宣揚鼓吹忠孝節義者；有刻劃男女情愛恩怨者；有揭露社會、政治怪現狀者；大抵都是曲盡人情、反映現實的優秀作品。

2、《十二樓》——賴和藏書

「覺世稗官」李漁所作。每卷一篇小說，卷爲三字標題，每卷分一、二、三、四、六回不等，全書共三十八回。每篇故事中都有一座樓，故題書名《十二樓》。

國文化》（臺北市：勁草文化，1975 年），頁 232。

〔註80〕同註 55。

〔註81〕參見石昌渝主編，《中國古代小說總目·白話卷》（太原：山西教育，2004 年），頁 160。

《十二樓》在寫法上依據作者戲曲創作法，關目新奇，人物配置多樣而統一，情節曲折而結構單純，以纖巧取勝。每篇故事的情節都是波瀾起伏而出人意表，不到故事末尾不能預知結局，但情節發展和轉折又都處理得合情合理；但由於作者偏重於情節，人物性格就不夠豐滿，也缺乏深度。總的來看，《十二樓》的每一篇作品都是要演繹某一種觀念，以達到道德勸懲的目的，情趣不高〔註82〕。

3、《歧路燈》──賴和藏書

清代李綠園撰，一百零八回。本書是一個浪子回頭的故事，敘明朝嘉靖年間河南祥符世家子弟譚紹聞在父親去世之後，結交匪類，放縱物欲，蕩檢越範，致使傾家蕩產。在備嘗貧苦屈辱之後，始幡然悔悟，改志換骨，終於重振了門庭。在書前李綠園的自序中，他提到自己撰述此書乃是有意效仿《西廂》、《燕子箋》等通俗文藝，「藉科諢排場間，寫出忠孝節烈，而善者自卓千古，醜者難保一身，使人讀之為軒然笑，為潸然淚，即樵夫牧子廚婦爨婢，皆感動於不容已」〔註83〕，李綠園期冀透過《歧路燈》的創作，能夠達到「善者可以發人之善心，惡者可以懲創人之逸志」、「發明綱常彝倫」之作用〔註84〕。

經過上述各類小說內涵的簡要分析，我們大抵可以歸納出台灣文人士紳小說接受內涵的幾點特徵：

1、發微經世、教化之精神

清代台灣士紳階層的形成雖然遲晚，但在通俗小說價值觀的接受上，台地文人並無異於中土；經世濟民、勸諭風化的「化民成俗」理念，仍是小說接受相當根本的標準和考量。以小說來看，不論是歷史英雄或是身懷絕世武藝的俠士，其對忠孝節義的恪守，對不公不義的社會行為、秩序的撥正，以及對罪惡的懲治、危弱的扶持，其剛正、俠義等行為，適足體現出文人訴求

〔註82〕同上註，頁334。
〔註83〕古今小說集成編委會編，《古今小說集成──歧路燈》（上海，上海古籍，1990年）。
〔註84〕在新文豐出版的《歧路燈》序中，序者亦認為李綠園顯然是一個載道派的小說創作家。他指出李綠園文學主張的一個基本立足點，乃是「道性情，禪名教」，也就是「惟其於倫常上立得足，方能於文藻間開得口」。所謂「道性情」，是道名教中的至性，寫倫常上的至情，不能游離傳統宗法制度道德觀的基礎。參見李綠園著，新文豐校注，《歧路燈》（台北市：新文豐，1983年）。

「道義」和維繫社會良善秩序的價值實踐精神。

2、講求經史、詩文之品味

觀乎三人的小說閱讀，雖然多為白話的章回小說，但在閱讀上仍顯現出講求經史和詩文的文人品味。如賴和對文人創作小說，諸如紀昀、袁枚的筆記小說或是李汝珍之《鏡花緣》和李綠園的《歧路燈》等之偏好，即顯示賴和對於文人在小說作品中馳逞其廣博的學識見解或展現深厚的詩詞功力之藝術加工情形，具備一定的理解、欣賞能力，更進而透過撰文寫詩的方式加以評價或抒發閱讀感受；就這個層面來說，作為讀者的賴和以其等同的文人學養，和作者建立了相互理解、溝通的連繫。

其次，張麗俊的小說閱讀特色，可謂偏好歷史演義小說。對儒家士紳而言，熟諳經史知識本就是學養的基礎，士子此點需求或偏好，正是促進明清講史演義小說發達的原因之一。明清講史演義小說的發達，產生了向一般群眾傳授歷史知識的功效，通俗小說透過對情節和人物的藝術渲染、加工，替代了經史的嚴肅和乏味，更加有效地傳播了正史的知識和價值觀。可說明清的講史演義小說，程度上扮演了正史的角色。

3、文人現實、想像情懷之感同

在上述的小說中，不少創作乃出於作者對人生現實之感憤，可說是藉小說創作抒發心中之塊壘、渲洩心中之情懷。這些小說相較於歷史、英雄和衛道者，更加貼近文人讀者；才子佳人的圓滿或悲離、文人科場的失意，或個人家族之興衰、際遇，都訴諸以情懷的感同身受而受到了文人讀者的喜愛。

總括上述分析來看，文人士紳的小說接受雖然包含了多面向的涵義，但整體來說，儒家教化的價值觀仍是影響小說在儒教社會發展最為深刻的元素，無論是講史、英雄俠義、神怪、才子佳人或是文人教化等小說類別，其中心主旨和創作意圖，大抵都指向裨益於社會教化，有利於世道人心，訴諸講善、勸懲和果報之教化觀點，仍是古典小說主要的社會性內涵。

三、傳統「講說」——教化與小說通俗意識共同的傳播形式

緣於「說唱」已是常民社會小說意識傳播的主要形式，也是庶民大眾接受娛樂與教化最為直接有效的方式，因此，文人士紳——不論是從作為文化結構個體之一份子的角度，還是從作為地方社會秩序和風俗教化主要維繫者之角度——在現實的娛樂和文教生活場域中，他們自身也多透過傳統的「講

說」方式來實踐教化或傳播小說意識。

我們可以在黃旺成的日記中,看見他以「講說」的方式,向其太太轉述報刊小說的記載[註85]:「寫完教案後,讀小說《桃花緣》給妻子聽,然後打掃⋯⋯」這典型的表現出文人士紳在閱讀後,透過講說的方式將小說情節轉達給缺乏閱讀能力者的傳播情形。而在上述張麗俊的日記中,也可見諸如「聞謝先生說《水滸傳》」、「因談及第一才子書,讀之者甚有利益,才被他弄得興發,便將曹操下江南,演說到敗赤壁一番大局⋯⋯」[註86]等記載,可見在小說通俗意識的傳播上,士紳在閱讀小說之後,往往轉以更直接的講說方式,向他人傳達小說的情節內容或主旨大意。在這一傳播形式上,可說文人士紳乃扮演了如同說書者般的角色。

這樣的方式,其實也兼具了傳播教化意識的功能。如張麗俊日記中即記載黃玉階的講善:「午后來慈濟宮,見黃玉階先生在此宣講善事,侃侃而談,縷析條分,使人人能如所言,則當今之世依然三代上矣,⋯⋯」[註87]這個例子或許難以說明講善形式也傳播了小說的教化意識,因為我們無法確定黃玉階用以講善的內容,不過,結合上述謝先生(謝頌臣)說《水滸》等例子,我們可以推論說:在以士紳為主導的教化「宣講」,其實也借用了民間的「說唱」形式來傳達教化意識和內容。以黃書光書中郭沫若的例子為證:

> 我們鄉下每每有講「聖諭」的先生來講些忠孝節義的善書,這些善書大抵都是民間的傳說。敘述的體裁是由說白和唱口合成,很像彈詞,但又不十分像⋯⋯在街門口由三張方桌品字形搭成一座高台,台上點著香燭,供著一道「聖諭」的牌位。⋯⋯說法是照本宣科,十分單純的;凡是唱口的地方總要拖長聲音唱,特別是悲哀的時候要帶著哭聲。⋯⋯這種很單純的說書在鄉下人是很喜歡的一種娛樂,他們立在「聖諭」台前要聽三兩個鐘頭。講得好的可以把人的眼淚講出來。在我未發蒙以前,我已經能聽懂這種「聖諭」先生的善書了。[註88]

〔註85〕見 1912 年 5 月 26 日日記。許雪姬編著,《黃旺成先生日記(一)》(台北市:中研院台史所;嘉義縣:中正大學,2008 年 9 月),頁 252。

〔註86〕見張麗俊明治 40 年(1907)2 月 3 日的日記。《水竹居主人日記(一)》,頁172。

〔註87〕見張麗俊明治 41 年(1908)5 月 6 日的日記。《水竹居主人日記(二)》,頁 43。

〔註88〕參見黃書光編,《中國社會教化的傳統與變革》(濟南:山東教育,2005 年),頁 211。

　　由此可見，在教育不普及、階層化明顯的封建社會，傳統的「講說」傳播方式，無論是在教化知識的宣導上，還是通俗娛樂的傳播上，都是最為普遍且重要的傳播形式。

　　本章節，透過對文人士紳的地方教化實踐，以及小說接受情形的考察，我們瞭解到文人士紳的小說接受心理，交雜著對小說的娛情感知和教化的宣揚功能。儒教價值雖然鄙薄通俗、虛構、談鬼述異的小說，但小說以其接近庶民大眾的特性，而與儒教價值建立了基於教化功能的連結。

　　儒教社會與小說的這一連結，正是文人士紳接受小說的基本心理。唯有標榜教化的價值，文人士紳才能在「裨益於人心勸懲」的道德藉口下，閱讀並感受小說的魅力，正如蒲松齡、李漁等通俗文藝作家，往往揭櫫以教化，來隱匿其揭示人生百態的小說、戲曲創作。文人士紳這一交雜的小說閱讀和創作心理，正是儒教價值對小說發展和影響的具體表現。

第四章　殖民儒教的移植與近代台灣報刊小說的發生

在日治初期的台灣社會文化語境下，誕生了報刊小說。台灣報刊小說的發生，顯而易見的條件，是「新聞紙」為小說的生產和傳播提供了新的環境，新聞紙訴諸大眾傳播的目的，不僅使得「通俗」本質的小說獲得刊載的機會，也促使小說吸收探偵、武俠等新元素，開展由舊到新的轉化。

「報刊」誠然是考察報刊小說發生的一個基點，但重要的是，我們應當將報刊置放在其殖民語境中來加以考量，方能看清報刊小說發生的複雜內涵。殖民語境下報刊的思索，推衍出我們探察近代台灣小說發生的幾個切入點：首先，報刊的殖民者位置，讓我們考量到報刊的語言、政治意圖，進而關注報刊小說的創作語言、意識和內涵問題；其次，報刊的新聞記者，則讓我們關注到傳統文人擔任報刊記者，並進行小說創作的角度，來探索報刊小說的發生。

本章節，我們即要在殖民者儒教移植的文化背景下，透過上述兩個面向的探討，試圖為近代台灣報刊小說的發生作一闡釋。

第一節　日治初期殖民者的儒教移植

對於日本殖民者的文教統治策略，從國語教育和文人詩社視角切入探討的研究，已為我們畫出一個概廓〔註1〕。殖民者一條清楚的文化統合主軸，即

〔註1〕 諸如陳培豐，《「同化」的同床異夢：日治時期臺灣的語言政策、近代化與認同》（臺北市：麥田，2006 年）、楊永彬，〈日本領臺初期日臺官紳詩文唱和〉，《臺灣重層近代化論文集》（臺北市：播種者文化，2000 年）、川路祥代，〈殖民地

是以共通的儒學和漢文爲背景、手段同化被殖民者，進而達到認同殖民者統治之目的。文化統合的眞正目的，即在於完成政治之統合；因此，即便統治者在「同化」的議題上存在著歧義，但作爲「同文」背景的儒教思想和漢文，仍在政治統合的考量下，被予以工具性的利用。

川路祥代指出，日治初期的統治者雖然維繫了台地傳統的儒教社會形態，但這樣的儒教社會「已非清朝科舉體制下的儒學社會，而是日本統治下的儒學社會」〔註 2〕，「日本統治下的儒學社會」意味著支配社會文化生活的儒教價值，已是經過統治者所移植、轉化，進而再塑建起來的新意識準則。這樣的儒教價值具有怎樣的殖民性內涵與特質？它的移植、轉化到建立之歷程，又是透過怎樣的方式？本節，我們就以「明治儒教」作爲探究的起點。

一、明治儒教的復起與內涵特徵

（一）明治儒教復起的社會文化背景

明治儒教復興的背景，乃是歐化風潮之衝擊。鑑於歐化風潮引起社會價值、秩序的失調和人心道德的日趨敗壞，儒教所具有的維繫傳統道德精神和重建社會秩序的功能，再度得到關注。

明治前期歐化的風潮使得日本傳統的精神氛圍大爲改觀，儒學家們對於日本能否保持優越的國體和良風美俗十分擔憂，如身爲泊園書院山長的藤澤南岳（1842～1920）即對廢藩置縣和四民平等後的士風頹廢情形感到憂心。其言：「而今察海內。恥風大馳。棄暴自安。蓋大綱更張。封建廢而郡縣成。失職之士徒食於縣下者以萬數。其能自奮於本朝之上。千百之一耳。餘則勢格意沮。胥共淪溺於怠惰之淵。亦勢之所致與。」〔註 3〕爲了重振士風，南岳於明治十六年（1883）出版了《修身新語》，表明「欲爲士大夫說其教旨」、「以示本之本」〔註 4〕。除了擔憂士風頹廢之外，南岳更在不少場合大聲疾

臺灣文化統合與臺灣傳統儒學社會〉（成大中文所博論，2002 年 6 月）、陳瑋芬，《近代日本漢學的「關鍵詞」研究：儒學及相關概念的嬗變》（臺北市：臺大出版中心，2005 年）、黃美娥，〈日、臺間的漢文關係：殖民地時期臺灣典詩歌知識論的重構與衍異〉，《台灣文學與跨文化流動》（臺北市：文建會，2007 年）。

〔註 2〕 參見川路祥代，〈殖民地臺灣文化統合與臺灣傳統儒學社會〉（成大中文所博論，2002 年 6 月），頁 103。

〔註 3〕 參見陶德民，《日本漢學思想史論考》（吹田市：關西大學，1998 年 3 月），頁87。

〔註 4〕 同上註。

呼，企圖阻止日本魂爲西洋魂所取代，從而喪失精神上的自主性。不僅如此，他還依據孔子「君子不器」的理念，批判了明治五年以後 20 年間的學制「捨本逐末」——提倡實利而輕視道德，只注意培養具有一技之長的專門人材。其批評說：

> 近歲學校制定，殆復先聖之美，而竊恐其重末忘本也，蓋人之所可學而知者極多，……而非人人必學之要者抑末也，何謂本者，國體也，人倫也，法制也，禮義也，竊願設師教之也，亦唯風俗敦厚，……〔註5〕

對此，南岳主張應以國體士氣風俗爲重，並提出「立國教，明倫理，教德義」等三條建議〔註6〕；而對於日益流行的自由民權思想，如「天賦人權」、「社會契約」說等等，南岳尤其痛恨，視之爲洪水猛獸。在《修身新語》的〈全天〉篇中，他指出：「聖人制禮建法以教之。正名定分以導之。自主自由說一行天下。縱情棄制者。往往乎有之。其言曰。天付在焉。天權存焉。何受他人之制御爲乎。亢然矯舉。至視其主若父如等夷。亦何不思之甚。」〔註7〕觀乎南岳的論述，其是把儒教當作對抗社會變異風潮的最爲有力之武器，期盼透過宣揚儒教的價值以克服士風頹廢、國將不國的精神危機。

除了南岳，明六社成員西村茂樹（1828～1902）也同樣不滿於明治五年學制只講立身出世而不講忠孝仁義。他深信儒教可作爲日本道德的根幹，並在任職文部編輯局長期間，先後編纂《小學修身訓》和《小學修身書》等具有儒教色彩的教科書，以抵制歐化思潮。公務之外，西村更決心「獨力維持國民道德」，於明治八年（1875）集合同志成立「東京修身學社」，後改名爲「日本講道會」，最後定名爲「日本弘道會」。該會的宗旨主要在於「重視大義名分，擁護國體」、「涵養國民性，振興國民道德」〔註8〕。

當時具有南岳、西村這樣思想的人爲數不少，眾多的儒學家，儒學、洋學兼修者，以及一部分有儒學教養的政治家，如明治天皇的御用儒者元田永孚、法制官井上毅、內閣總理山縣有朋等，都主張闡揚儒教價值，以對抗歐化風潮，維繫並重建社會秩序和傳統的道德精神。如元田永孚之嘆言：「晚近之上專尙智識才藝，傷風敗俗者眾。維新西化雖奏日新之效，所招流弊亦多。

〔註5〕 同上註，頁 88。
〔註6〕 同上註，頁 92。
〔註7〕 同上註，頁 89、90。
〔註8〕 同上註，頁 93、94。

罔顧仁義忠孝、君臣大義莫明，非吾邦教學之本意也。故自今而後，需基於祖宗之訓典，通曉仁義忠孝之道，道德之學以孔子爲宗尚。」〔註9〕可謂即是明治儒學者儒教思考的典型。

上述是明治儒教復起的時代背景和原因。從歷史角度看，歷史所提供給儒家教化的條件並無不同，諸如中國東周時期的禮崩樂壞、明治前期的價值混亂的歐化社會，或是兵荒馬亂、土匪橫行的日本領台初期，歷史所給予儒教的，都是一個急遽變動而秩序脫節的社會環境，而這樣的社會文化情勢則適足儒教發揮其社會控制的功能。所以，明治儒教復起的原由，其實也就是殖民者移植儒教至台的原由；當然，其更深層的意圖和目的，乃在於明治儒教所蘊含的精神內涵。

（二）根植於〈教育敕語〉的明治儒教內涵

復起的明治儒教之精神內涵，可謂匯集在〈教育敕語〉之上。明治十年代後，上述主張以儒教道德來導正歐化後所造成的社會風氣、道德淪喪的思想，逐漸取得主流地位。天皇本人也在十一年（1878）的東山、北陸、東海等地的巡幸之後，因感於國民勤勉的風氣已經衰退，而頒佈「勤儉詔敕」以期革除社會的奢華之風〔註10〕。在親自訪視各級學校的教學方法及內容後，天皇也指示改善國民教育，委請元田永孚規劃新方案〈教學大旨〉。元田則建議將儒教定爲國教，主張「國教以仁義禮讓、忠孝正直爲主」〔註11〕。同時，自明治十五年（1882）到二十三年（1890）間，教育家、漢學者、啓蒙思想家等陸續針對道德教育的課題，發表論述。儒教道德論在這樣的政治社會氛圍下成爲主流思想，但也因德育方案歧見甚多，宮內省遂以天皇之名頒佈〈教育敕語〉，宣告官方意旨。

在〈教育敕語〉頒佈之前，明治儒教的精神內涵就首先體現在天皇於十五年（1882）一月所頒行的〈軍人敕諭〉中。敕諭裡已顯示出明治儒教別於江户時期儒教的內涵特徵。〈軍人敕諭〉開宗明義即言：「我國軍隊世世代代爲天皇所統率」，此乃日本的「國體」。在強調天皇對軍隊的絕對統率權，宣布「朕是爾等軍人的大元帥」同時，也指出天皇與軍人一心相連，榮辱與共，

〔註9〕 參見陳瑋芬，《近代日本漢學的「關鍵詞」研究：儒學及相關概念的嬗變》（臺北市：臺大出版中心，2005年），第五章　井上哲次郎的《敕語衍義》，頁198。
〔註10〕 同上註，頁199。
〔註11〕 同上註。

「朕賴爾等爲股肱，爾等仰朕爲頭首，其親特深」，並對軍人精神提出五條標準，即「忠節」、「禮儀」、「武勇」、「信義」、「質樸」。在結尾處則以「誠心」歸結五條標準，指出「心誠則無不成」，並將五條標準推及至綱常的位置——「天地之公道、人倫之常經」〔註12〕。〈軍人敕諭〉顯現出以天皇爲首的國體性的儒教綱常價值，其不僅標誌著以儒學理念爲核心的傳統武士道精神的新發展，也爲日本軍國主義的發展奠定了廣泛而堅實的思想基礎〔註13〕。

與〈軍人敕諭〉相較，〈教育敕語〉具有更濃的儒教色彩。上述提到，在〈軍人敕諭〉和〈教育敕語〉頒布之前，元田永孚在〈教育大旨〉（1879）中已擬以儒教的仁義、忠孝價值爲國教之核心精神，其明言：「教育之要，在於明仁義忠孝」，「是故自今以往，應基於祖宗訓典，專一於闡明仁義忠孝，道德之學以孔子爲主，使人人崇尚誠實品行。」〔註14〕頒布於明治二十三年（1890）十月三十日的〈教育敕語〉，則更進一步將儒學精神融入日本「國體」之中。儒教精神的「融入」國體，體現在「『忠孝』進、『仁義』退」的價值取捨上。針對此，陳瑋芬有詳細的論述可茲參考。其大旨指出：〈敕語〉的儒教價值理念，要統歸在以天皇爲首的日本國體內，要能凸顯出「皇國」的特殊性〔註15〕。「仁義」的道德根本性因與日本國體意義下的「忠孝」原理有所衝突，而「仁」可上貫天道、下達人道的包容性，又脫出天皇國體架構，因此，最後乃被捨棄而未能出現在〈教育敕語〉之上。

〈教育敕語〉最終由井上執筆、元田修正和潤色，體現出元田一貫的立場：立足於儒教主義，以「五倫之道」爲本，明示日本國體之大道。全文如下：

> 朕惟我皇祖皇宗肇國宏運，樹德深厚，我臣民克忠克孝億兆一心，
> 世濟其美，此我國體之精華，而教育之淵源亦實存乎此。爾臣民孝
> 於父母、友於兄弟、夫婦相和、朋友相信、恭儉持己、博愛及眾、
> 修學習業以啓發智能、成就德器。進廣公益、開世務、常重國憲、
> 遵國法。一旦緩急則義勇奉公以扶翼天壤無窮之皇運，如是者不獨
> 爲朕忠良臣民，又足以顯彰爾祖先之遺風矣。斯道也實爲我皇祖皇

〔註12〕 參見劉岳兵，《日本近代儒學研究》（北京：商務，2003年），第二章　日本近代的軍國主義與儒學，頁100。

〔註13〕 同上註，頁99。

〔註14〕 同上註，頁101。

〔註15〕 參見陳瑋芬，前揭書，第五章　井上哲次郎的《敕語衍義》。

宗之遺訓，而子孫臣民之所當遵守。通諸古今而不謬，施諸中外而不悖。朕庶幾與爾臣民俱拳拳服膺咸一其德。〔註16〕

〈教育敕語〉之融儒教倫常於國體，建構了日本天皇制國家體制的價值意識，使得天皇的權威無論是在軍事、政治，還是在道德、宗教方面都更加堅實，牢不可破。

明治儒教的內涵特徵即是以天皇國體作爲根幹的道德倫常價值。〈教育敕語〉在經過眾多版本，而終以井上哲次郎之衍義爲宗後，確立了以天皇家族國家爲根本的「忠孝」觀——以家族血緣爲連繫，強調盡忠孝、移孝作忠於家族、國家之首的天皇，此乃成爲明治儒教的核心價值。而這一核心價值正也是日本統治者所援以嫁接中國儒教、移植到殖民地台灣的新的支配性價值觀。由此可知，殖民者所用以拉攏士紳，取得士紳階層認同的儒教精神，已不單純只是強調個體道德修養和倫理維繫的傳統儒家教化價值，而是融以日本國體，強調效忠於天皇的儒教精神。

二、明治儒教的殖民地移植

對於統治者明治儒教的移植，相關研究大抵都指出日治初期的統治者透過對傳統耆老、士紳階層的以禮相待，來減低他們對異族統治的疑懼，拉攏他們對統治者政治、文化政策的認同。在這一策略中，訴諸傳統儒教道德價值、詩文修養，以及透過報刊媒體之傳播，都是相當重要的轉介元素。底下我們就從這幾個面向，來闡析統治者明治儒教移植台灣的情形。

（一）價值平台的建立

1、訴諸傳統儒教價值認同的策略

統治者訴諸儒教傳統精神，是其移植明治儒教首要的策略。這一價值認同的策略，包含有儒士「化民成俗」的地方教化理念，以及禮遇地方耆老、士紳的「敬老尊賢」傳統。

（1）士紳「化民成俗」、維繫鄉土秩序之價值觀

日本領台之初的綏靖，造成台地社會秩序劇烈的變動。自清代已來，台灣移墾社會即有「三年小叛、五年大亂」和族群械鬥的「名聲」，多元的族群組成、逐利的社會風氣、游蕩結盟的「羅漢腳」，再加上行政體制的缺陷、地

〔註16〕同上註，頁205、206；標點部分則參照劉岳兵，前揭書，頁101。

方官吏的腐敗，清代整體台地的秩序可謂並不安定。及至日本登台、台灣民主國的旋立旋滅、大量官紳的內渡、士兵土匪的趁火打劫，以及在接收過程中所發生的戰爭……，上述敘述在在讓人感受到當時台灣社會兵馬倥傯、失序混亂的情形。

社會失序的背景，雖成為統治者治台初期的困擾，但也提供了儒教一個發揮其社會控制作用的場域。透過兒玉、後藤對台灣傳統儒教社會的保存，和「保甲」、「警察」等地方基層制度的建立，台灣社會秩序逐步趨向穩定，而統治者也因此獲得士紳、民眾的認同。吳德功〈送台中知縣村上義雄君榮遷序〉即言：

> ……乃丁酉（1897）公來蒞斯土，創設辦務署，遴選區長，百戶之內置一保正，招流亡，撫凋殘，從容部署。……於是民之歸也已有十之六七矣。越一年再設公學校於各區，躬親督巡，招集幼稚，教以國語，與夫孝悌忠信之道，詩書六藝之文，……於是民之歸也已十之八九矣。又越一年，時大雨滂沱，中部數圳，崩壞難堪，兼溪邊廬舍漂沒垣牆傾圮，民不聊生。公親行巡閱，問民疾苦，又令官吏興修圳務。時復蝗蛾叢生，公又令官吏燃燈撲蛾。是歲雖遇災而不至飢饉。邑中民又欣欣有喜色而相告曰：「我有田疇，惟公其殖之。盍歸乎來。」於是民散之四方者，咸歸於公野矣。〔註17〕

可看出吳德功對於日官員能夠恢復、維持地方秩序，以及重視儒家教育、愛民如己、解民倒懸之心意和作為，深感敬佩。可說日官員之作為，乃因符合傳統儒教中「化民成俗」、「作育鄉里」的「良吏」形象，而獲得部分鄉紳的肯定和認同。從這個角度來看被殖民者對統治政權的認同頗有意思，它有助於我們跳脫「民族」視野的刻板劃分，從更多元的角度來闡析傳統士紳的認同問題。

（2）「敬老尊賢」之傳統美俗

對於日治初期兒玉、後藤所舉辦的「饗老典」、「揚文會」，研究者多半解釋為是統治者對殖民地士紳的「籠絡」、「懷柔」，統治者透過宴會中「以詩會友」、「風雅交接」的方式，來取得傳統士紳的認同〔註18〕。若從殖民者儒教

〔註17〕 吳德功，《瑞桃齋詩稿》，頁137～139。轉引自川路祥代，〈殖民地臺灣文化統合與臺灣傳統儒學社會〉（國立成大中文所博論，2002年6月），頁92、93。

〔註18〕 楊永彬，〈日本領臺初期日臺官紳詩文唱和〉，《臺灣重層近代化論文集》（台

移植的視角來看，我們可以將之解釋爲是統治者對傳統漢文化「敬老尊賢」美俗的一種策略性應用。

首次的「饗老典」於明治三十一年（1898）七月十七日，在總督府內舞樂堂舉辦，第二次的時間則爲次年（1899）四月九日，於彰化文廟舉行。「饗老典」上，總督兒玉的祝辭如下：

> 夫人生之至幸至福莫如長壽，然長壽縱求之也不可得，其能保之者，必在素行之表旌，是以事君忠，奉親孝，加以德行須堅貞，其有至福之應報，豈非偶然哉？余敬此德行，欣此幸福，爰舉薄儀，聊表敬意。〔註19〕

兒玉之祝辭表面訴諸德行的修養，指出長壽強求不得，只能是良好德行的善報；但其真意——「修養有善報的德行」，則指向「忠君」、「孝親」的儒教倫理價值；而就統治而言，忠「君」與孝「親」的對象乃皆歸結到萬世一系的天皇。所以可說，兒玉之「饗老典」只是一場嫁接日本天皇國體的儒教展演，「饗老典」或兒玉本人的高明之處，是其儀式、祝辭本身也體現出「敬老尊賢」的良好德行，此無疑昭顯出新統治者無背於儒家文化禮儀的風度，而誠然能夠達到其懷柔、籠絡之目的〔註20〕。

2、以漢詩文學作爲移植的文化中介

漢詩——作爲統治者協同教化、治理之工具，已是學界普遍的論述和認知。王幼華即指出：「日本帝國佔領台灣後，統治者運用了兩地相通的漢語詩文背景，模仿滿清入主中國的文化控制模式，以惠寵及框架兩種手法，進行文化構接的行動。」〔註21〕統治者以漢詩作爲文化構接策略的準備，乃是對殖民地官員要求漢學素養和漢詩的能力。此舉不僅有助於日官員得到地方士紳的認同——「足見日東文教振興，講究音律，所以此翻來台兵士，多能吟詠，知其平居揚扢於詩教也深矣。」〔註22〕更藉由與台地文人的「風雅」交

北市：播種者文化，2000 年）。

〔註19〕參見王詩琅，《三年小叛五年大亂》（高雄市：德馨室，1980 年 3 月），頁 77。

〔註20〕川路對於兒玉、後藤舉辦「饗老典」之意圖，另指出其以「王化」（或「皇化」）區別「日本臣民＝良民」與「非日本臣民＝土匪」，進而合理化消滅「非日本臣民」的目的。參見川路祥代，〈殖民地臺灣文化統合與臺灣傳統儒學社會〉，頁 96、97。

〔註21〕參見王幼華，〈日本帝國與殖民地臺灣的文化構接——以瀛社爲例〉，《臺灣學研究》第七期，2009 年 6 月。

〔註22〕吳德功，《瑞桃齋詩話》，頁 220～223。轉引自川路祥代，前揭文，頁 89。

際，來消減其與殖民政權之間的隔閡。

殖民者以漢詩作為文化統合的策略，對台地文學場域的發展作用甚大。黃美娥即指出殖民者切斷漢詩與科舉的連繫，造成詩歌轉向現代文明，在促使文學知識新秩序生成的同時，詩歌本身也達到前所未有的蓬勃發展景況〔註23〕。當然，這樣的知識重組是否真正促使通俗文藝——小說、戲曲，從文學結構的邊緣移向中心，而成為受到重視的新文類？此說或許更需深論；但漢詩因作為殖民者協同統治之工具而涉入民族認同的爭議，則殆無疑義。

游勝冠〈同文關係中的台灣漢學及其文化政治意涵〉一文即在指出：漢詩文保存雖具有「民族主義」正向的涵義，但也不能忽視其趨附於殖民政權，援以進行文化權力爭奪之另一面〔註24〕。游勝冠的觀點檢視出漢詩文文化統合複雜的內涵，這一觀點的重要性是指出這些以殖民者報刊為載體的近代台灣文學創作，也隱含有傳統文人對天皇國體儒教價值認同之涵義。

以漢詩作為文化中介的策略不見斷於日本領台時期，不僅初期報刊漢文欄以漢詩刊載為主流，即便在後期皇民化漢文、漢文欄遭到禁絕的階段，漢詩卻未見被列於禁絕行列之中〔註25〕；由此可知，漢詩的命運或許是「流通與切斷」，但實不能否認在日治時期，其有著相當重要的文化、政治性意涵。

（二）總督府之〈漢譯教育敕語〉：日本國體儒教價值的確立

1、作為類西方「非宗教之『宗教』」的精神教化核心

體制性教育的灌輸，無疑是建立核心精神和意識形態的最佳方式。許佩賢指出：「學校做為一個有組織、有計畫的教育場所，藉由在學校中舉行各種儀式，以及對教育內容的掌控，最能有效且集中地傳達統治者的意圖。」〔註26〕於台灣引進近代教育體系的日本殖民者，也理所當然透過教育體系灌

〔註23〕　參見黃美娥，〈從詩歌到小說——日治初期台灣文學知識新秩序的生成〉，《當代》第 221 期，2006 年 1 月。

〔註24〕　參見游勝冠，〈同文關係中的台灣漢學及其文化政治意涵——論日治時期漢文人對其文化資本「漢學」的挪用與嫁接〉，《台灣文學研究學報》第八期，2009 年 4 月。

〔註25〕　見陳培豐，〈日治時期的漢詩文、國民性與皇民文學——在流通與切斷過程中走向純正歸一〉，《跨領域的台灣文學研究學術研討會論文集》（台南市：國立國家台灣文學館，2006 年）。

〔註26〕　參見許佩賢，〈殖民地臺灣的近代學校——其實像與虛像〉，收錄於若林正丈、吳密察主編，《跨界的臺灣史研究》（臺北市：播種者文化，2004 年），頁 181。

輸其統治意識形態。陳培豐即指出，國語教育是「在同化中，消除台灣統治殖民地之形象、解釋台灣人爲大和民族、掩飾管轄異民族事實」之不可或缺的媒介〔註27〕。

　　首先，我們針對〈教育敕語〉移植殖民地的條件來看。駒込武指出，日本對台灣的統治自始至終都面臨著「國民統合」上的矛盾，亦即在「國民統合」的層次上排除台灣人，卻又在「文化統合」上標榜容納台灣人〔註28〕。簡單來說，殖民者的矛盾即是「標榜同化，卻又不接受同化台灣人」。這樣的矛盾，顯然發生在殖民者以日本國體套在台灣人身上之時，陳培豐對比西方殖民國的殖民策略指出：日本帝國缺乏西方殖民國以基督宗教教化被殖民者的精神力量，深具國體性的〈教育敕語〉因此被當作替代基督教的「非宗教式的宗教」，而充當教化台灣人的工具〔註29〕。於此，駒込武亦言及：「日本並沒有像歐洲列強擁有像基督教那樣具有『普遍性』的支配教義，……因此，日本發明以皇室爲中心的『君民同祖』的『血統團體』的說法，作爲『膚色』的代替品，找出將統治者與被統治者差異化的標準。」〔註30〕由此可知，〈教育敕語〉不單只是標舉殖民地教育目標之方針，更是殖民地統治的精神教化聖旨；對於殖民地人民，它是同化的精神範本，而對於統治者而言，它又是凸顯與被殖民者差異的象徵。

2、明治〈教育敕語〉的神聖性和教化性

　　接著，我們來看〈教育敕語〉所具有的神聖性和教化性。劉岳兵指出：〈教育敕語〉在近代日本思想史上具有極爲重要的意義。起至發布之日，迄至二次世界大戰結束，有關解釋它的文獻就達六百餘種，解釋的立場有神道家從神道的立場、儒學者從儒學的立場和佛家從佛學的立場，而最後則以井上哲次郎的國家主義解釋，獲得了正統性。井上的〈敕語衍義〉從明治二十四年（1891）出版到明治四十年（1907）八月，即重印了 31 次，可見其重要性和影響之深。

〔註27〕參見陳培豐，《「同化」的同床異夢：日治時期臺灣的語言政策、近代化與認同》（臺北市：麥田，2006 年），序論部分，頁 17～65。

〔註28〕參見何義麟，〈評駒込武，《植民地帝國日本の文化統合》〉，《新史學》第十一卷四期，2000 年 12 月。

〔註29〕同註 27。

〔註30〕駒込武，〈臺灣的『殖民地近代性』〉，收錄於若林正丈、吳密察主編，《跨界的臺灣史研究》（臺北市：播種者文化，2004 年），頁 165。

　　〈教育敕語〉的主要目的乃在宣揚忠孝的國民道德，以凝聚民心；雖然僅有短短三百數十字，但是它所引發的迴響、導致的影響之強，國際間罕見其例。它不僅規定了學校的德育方針，也是全體日本國民必須遵行的道德準則，它被經典化、神聖化，書寫在金色的紙卷上，置於塗黑漆的匣櫃中，頒發到各個公私立學校、幼稚園、圖書館、感化院、養育院等，有些學校甚至在校內建造「奉安殿」，懸掛天皇、皇后肖像及〈教育敕語〉，學生與教職員晨昏皆須朝「奉安殿」方向行禮，節日則舉行〈教育敕語〉的「捧讀式」。1945年為止，日本所有的教育敕令和法規，都反覆表明要遵行〈教育敕語〉，「修身」教科書首頁也都刊載有〈教育敕語〉〔註31〕。

　　而如前述的，〈教育敕語〉在經過井上「引經據典、羅列各朝史實」，寫成「有如一部日本忠君尊王史」的衍義之後，「孝悌忠信」、「忠君愛國」的道德價值遂成為日本國體之根本精神。

3、〈漢譯教育敕語〉與日本國體儒教價值之確立

　　身為殖民地的台灣亦不例外。明治三十年（1897）二月，乃木總督以「台灣總督府訓令第15號」通令「自今於公私立各學校接著恭讀〈教育敕語〉」，同時頒佈總督府版本官定的〈漢譯教育敕語〉〔註32〕。明治三十二年（1899）八月十八日的《台日報》刊有〈敕語下頒〉一文，指出〈敕語〉下頒書房的情形：

> 全台各書房日課生徒者不外四書五經耳今台灣遵我國範圍本島師長及生徒皆周知　帝教育之宗旨茲聞當軸專用漢文翻譯一書名曰敕語義述既經運到台灣分配各縣著令各地辦務署將是書發送各書房以便教授生徒今而後自然能知其梗概矣。

　　殖民者頒行〈漢譯教育敕語〉的目的，即在傳導天皇〈教育敕語〉的精神。同年（1897）五月，伊澤修二（1851～1917）於「帝國教育會」對日本教育者演講時即說：

> 〈教育敕語〉部分內容與現在台灣流行的儒學所倡內容，可以說其主意幾乎相同。所以，相同之處，毫無困難。然而台灣人士並不容

〔註31〕陳瑋芬，前揭書，第五章　井上哲次郎的《敕語衍義》，頁197。
〔註32〕台灣總督府頒佈的〈教育敕語〉除了少部分用字、助詞不同以外，幾乎與〈教育敕語〉無異，並未因族群、人種、文化的不同而有所修正。見陳瑋芬，前揭書，頁206。

易理解「我（國）國體」一事，令他們貫徹此主意是一件相當艱苦
的事情。但台灣與我們完全是「同文之國」，受過教育的台灣人大概
能夠了解漢文所寫的內容。因此，我們首先要做以漢文來解釋〈教
育敕語〉，……我國皇室的恩德，絕非限制於那麼狹窄的範圍，而是
天壤般的龐大。一視同仁，世界各國人民視爲（天皇之）子，若要
服從則任何人都爲臣民。〈教育敕語〉含有帶到何處都不相悖之旨
意。……尤其令新領土的台灣人民，十分貫徹皇室一視同仁之旨意，
是最必要的。……〔註33〕

由此，我們可以明顯看出伊澤的思考，乃是假借儒學和漢文來移植「國
體」，達到同化的目的。川路精闢地分析說：「（伊澤）認爲由儒學來解釋〈教
育敕語〉就能夠超越台灣與日本之間的文化差異，讓日本人民認同台灣人民
是日本國民之一部分，同時讓台灣人民認同『天皇國家』統治台灣之正當性。」
〔註34〕

透過〈漢譯教育敕語〉及殖民地教育體制，以天皇國體爲核心的殖民儒
教價值於焉在殖民地社會建立起來。如同游勝冠所質疑的，在這樣的文化背
景下所塑立著的儒教，實已非傳統中國儒教，而是帶有皇國歷史、民族性和
高揚天皇價值的儒教。其對殖民地人民教化之深，陳瑋芬有言：「今天許多年
長的日本人或曾接受日治教育的台人、韓人，尚能一字不漏地背誦〈教育敕
語〉。可見近代漢學借助天皇的權力與權威被政治化的程度，較封建的德川時
代遠有過之。」〔註35〕

（三）以報刊爲媒介的日本儒學移植

1、1920 年代前報刊漢文欄的「殖民者」性質

明治二十九年（1896）六月《台灣新報》發行，成爲台灣近代媒體之嚆
矢。李承機指出，《台灣新報》在創刊之時，就已經採取和漢文並列的方式出
刊，「它所具有的意義就是，被台灣人當作書寫語言的漢文第一次被使用到台
灣發行的媒體之上。」〔註36〕然而，這樣漢文、漢文欄的存在卻主要是對台

〔註33〕引自川路祥代，〈殖民地臺灣文化統合與臺灣傳統儒學社會〉，頁 130。

〔註34〕同上註，頁 131。

〔註35〕陳瑋芬，前揭書，第五章　井上哲次郎的《敕語衍義》，頁 198。

〔註36〕參見李承機，〈殖民地臺灣媒體使用語言的重層構造〉，收錄於若林正丈、吳
密察主編，《跨界的臺灣史研究》（臺北市：播種者文化，2004 年），頁 202。

灣人宣達統治者的政令與政策；因此，1920 年代前台灣北、中、南的「御用三大報」雖都設有漢文欄，並且在明治三十八年（1905）七月到四十四年（1911）十一月之間還曾獨立刊行《漢文台灣日日新報》，這些漢文版面的存在無不隱含著統治者透過報刊媒體的控制以穩定統治局面﹝註 37﹞，以及藉以宣揚教化之企圖。

　　因此，在看待由台灣近代報刊漢文欄所衍生的子議題，諸如漢文人擔任漢文欄記者或主編、刊載在漢文欄上的日人作品或漢文人之詩詞、小說創作時，就必須存有「認同或理解日本統治者欲以爲教化」這樣的假設意識，而不能僅以近代報刊「啓蒙兼通俗」之性質來理解這些參與殖民者報刊事務的漢文人及其文藝創作。

2、《台日報》漢文欄的日本儒學移植

（1）「說苑」欄〈院本忠臣庫〉一文的刊載

　　明治三十二年（1899）八月至十二月，《台灣日日新報》「說苑」欄刊載了日本有名的赤穗浪士爲主公復仇的故事——「忠臣藏」。故事主要描寫赤穗藩遭廢後，四十七名浪士謀畫爲藩主復仇，最後在完成復仇後從容接受幕府切腹處置的義行。「忠臣藏」是日本史上最著名的爲主上復仇的忠義故事，其在江戶時期經由歌舞伎、小說等媒介而廣植於人們心中，成爲日本家喻戶曉的忠義故事，茂呂美耶即指出：「三百多年來，《忠臣藏》始終是日本人百看不厭的羅曼史。而四十七義士的行動，更是統合戰國武士氣質與江戶武士道形式美的代表。」﹝註 38﹞由此看來，我們就不難理解殖民者（或報刊主編）移植「忠臣藏」故事的用意，其藉以宣傳忠義的儒教價值和日本武士道精神是殆無疑義的。

　　其次，關於〈院本忠臣庫〉一文的來源，有予以陳述的必要。黃美娥在〈「文體」與「國體」〉一文中提及：「此篇作品由清代鴻濛陳人重譯自日本古劇本《假名手本忠臣藏》而來，該劇……系由竹田出雲、三好松洛、並木千柳合作。陳人重譯時題爲《海外奇談》，又名《日本忠臣庫》，而《台灣日日

﹝註37﹞如李承機對《台日報》分析：《台日報》不僅在文體上刻意「復古」，更在日文欄與漢文欄兩個方面避免台灣人讀者去介入「時事」或「政論」的討論。其「重層構造」是一種將台灣人排除在媒體「公共性」之外的陰險構造。參見李承機，前揭文。

﹝註38﹞茂呂美耶，《江戶日本》（臺北市：遠流，2009 年 4 月）。轉引自網站資料：http://www.ylib.com/travel/notes/rv041201.htm。

新報》刊登時記爲〈院本忠臣庫〉。……」〔註39〕這項資訊顯然有誤。

關於「清代鴻濛陳人重譯爲《海外奇談》，又名《日本忠臣庫》」此點，已有多位研究者提出質疑，如朱眉叔〈從《忠臣庫》談到中國通俗小說對日本的影響〉〔註40〕一文中，即認爲鴻濛陳人的譯書「最大的破綻還是在語言運用上暴露了很多問題」、「沒有充分了解漢語詞語的含義和習慣用法，有很多地方措詞不當」、「最爲突出的是語句生硬，語意不明……有些語句顯然不是國產，而是日本式語法結構」其最後推論，是「《忠臣庫》只能是日人假托之作。」

另嚴紹璗在《中日文化交流史大系·文學卷》中提及：「《海外奇談》本來是日本漢學者用漢語編寫的『忠臣藏』故事，偏要署一個清人『鴻濛陳人』的雅號。……」〔註41〕明確指出「鴻濛陳人」不是清文人，而是通曉漢文的日本文人。針對「鴻濛陳人」重譯爲《海外奇談》的疑問，陳慶浩教授做了最爲詳盡的考查。陳教授在其論文歸結說：

> 日本和中國的大部分書目，都將《海外奇談——忠臣庫》當作中國人翻譯的日本漢文小說，日本學者鎌田重雄亦作如是觀（筆者按：即王三慶文中所引之鎌田重雄〈《海外奇談》について〉《二松學舍大學論集》）。其實，《海外奇談——忠臣庫》是日本人假中國人名義制作的一部漢文小說，所謂「鴻濛陳人」、「觀成堂」云云，都是子虛烏有的假名。扉頁重版者的說明和〈題辭〉，更是爲了掩人耳目的製作。〈題辭〉所用的漢文已是半通不通之間，正文更是不堪卒讀。只要翻閱一回，就可知這不是中國人可能寫出來的。這書和《九雲記》有異曲同工之妙。〔註42〕

至此，應當可以肯定《海外奇談——忠臣庫》是爲日漢文學者所作，而

〔註39〕 參見黃美娥，〈「文體」與「國體」：日本文學在日治時期臺灣漢語文言小說中的跨界行旅、文化翻譯與書寫錯置〉，「『交界與游移』——近現代東亞的文化傳譯與知識生產國際學術研討會」論文，2009 年 9 月 11 日。

〔註40〕 朱眉叔，〈從《忠臣庫》談到中國通俗小說對日本的影響〉，《明清小說論叢》第三輯，1985 年 6 月，頁 89～114。轉引自陳慶浩，〈古本漢文小說辨識初探〉，收錄在國立中正大學中文系、語言與文學研究中心主編，《外遇中國——「中國域外漢文小說國際學術研討會」論文集》（台北市：台灣學生，2001 年），頁 13。

〔註41〕 參見嚴紹璗、中西進主編，《中日文化交流 6·文學卷》（杭州：浙江人民，1996 年 11 月），頁 308。

〔註42〕 參見陳慶浩，〈古本漢文小說辨識初探〉，前揭書，頁 11。

非清代文人鴻濛陳人所重譯。因此，《台日報》的〈院本忠臣庫〉乃是直接轉刊自日本國內的「忠臣藏」相關演義作品，是可以確定的。

（2）「儒林遺芳」日本儒學家傳記的系列介紹

明治三十二年（1899）四月起至明治三十三年（1900）八月，《台日報》漢文欄連載日本儒學家的生平傳記「儒林遺芳」，是規模最為龐大、連載時間最長的日本儒學傳統之移植，可謂是計劃性地將台灣社會的儒教認同納入日本儒教之中。其篇首云：「古之名一藝者，其言行徃徃出奇不群，與人不同；況碩學耆儒片詞隻句亦可以為千古模範乎，《世說》、《說苑》諸書所以與聖經賢傳同行於世也。茲本館於先儒言行旁求博綜以登諸報端，益於國家崇文之化，似未嘗無小補，豈特娛目之資云爾耶。」〔註43〕可以看出這些儒學家傳記的轉載，具有文化宣揚和教化之目的。

「儒林遺芳」所引介的日本儒學家計有（按日期）：朱舜水、陳元贇、物（荻生）徂徠、細井廣澤、紀平洲、山鹿素行、永富獨嘯菴、熊澤藩山、後藤松軒、貝原益軒、小川泰山、劉龍門、井金峨、源洞巖、山脇東洋、南宮大湫、那波魯堂、源東江、龍草廬、山縣周南、野中兼山、崛杏菴、宇士新、三宅尚齋、雨森芳洲、三輪執齋、祇園南海、平金華、木下順菴、山崎闇齋、松永尺五、林春齋、佐藤直方、那波活所、林東溟、伊藤蘭嵎、藤井懶齋、安積澹泊、五井蘭洲、淺見絅齋、湯常山、高蘭亭、原瑜、谷時中、小倉三省、永田善齋、江村專齋、川井東村、長阪圓陵、西健甫、臼田畏齋、伊藤坦菴、小河立所、松浦交翠、莊田林菴、木神原篁洲、南南山、中野撝謙、板復軒、鷹見爽鳩、田鶴樓、藤原蘭林、岡島冠山、越雲夢、荒川天散、中江岷山、矢野拙齋、高瀨學山、澤琴所、桂彩巖、味立軒、赤松太庾、木蓬萊、良華陰、平竹溪、田蘭陵、蘆東山、石王塞軒、安清河、田邊晉齋、江村北海、稻葉迂齋、谷玄圃、元淡淵、清田儋叟、井太室、伊藤冠峰、原東岳、山中天水、新井白蛾、奧貫友山、中根東里、石川丈山、管麟嶼、片岡如圭、高暘谷、莊子謙、朝山素心、林鳳岡、二山伯養、梁田蛻巖、中江藤樹、蘆草拙、宇惠瀛水等一百零四位。

根據筆者的查索，《台日報》「儒林遺芳」所刊載的文章，主要來自原念齋（1774～1820）《先哲叢談》（文化十三年，1816）、東條琴台（1795～1878）《先哲叢談後編》（文政十二年，1829）這兩本記述日本古昔儒者事蹟的著

作。關於這兩本「叢談」著作，內山知也提到：主要是收集每位儒者的傳記、逸話資料，再依照年代先後加以排序；形式上較異於「叢談」，而近於「列傳」。但它又不缺乏《史記・列傳》那樣刻意而有計劃性的構成，也沒有將人物個性化的企圖，更沒有利用論贊來作總結；總之，只是單純羅列人物的史料〔註 44〕。其形式、內容概如下：

> ●山鹿素行名高祐一名義矩字子敬號因山又號素行子通稱甚五左衛門陸奧人

> ●素行之父曰山鹿六右衛門高道仕於伊勢龜山城主關長門守一政食祿二百石一政受封豐閣領采地五萬石……

> ●素行幼名佐太郎六歲從塾師學書計九歲入於林羅山門時稱文山郎十一為人講說小學論語貞觀政要等論辨殆若老成二羅山許以講經用見台焉……三十五其所起草四書句讀七書諺解武類全書等成四十五被配流於播州赤穗五十五遭赦歸於江戶後十年而歿焉

可見大抵是儒者之生平事蹟、道德學問的簡要記錄。雖然在轉載上，報刊編輯並未依照二書編排之次序（傳記人物），而是時而順序刊載、時而跳接刊載，這樣的轉載是否有所考量暫不可知；但統治者集團引介這兩本書上達至百餘位的儒者生平事蹟和道德學問傳記之用意卻昭然若揭；透過報刊密集、連續地轉介，日本儒學傳統幾乎原模轉移至台灣，如此，勢必在儒教文化傳統上造成對原存中國儒學道統觀的衝擊，也對台灣傳統儒家士紳的儒教觀，產生一定振動、裂變的作用，更甚達到嫁接、植入、取代中國儒教傳統的文化移植目的。

（3）「說苑」欄 21 篇〈紀○○○事〉系列

除「儒林遺芳」欄，《台日報》「說苑」欄自明治三十三年（1900）一月十六日至二月十三日止，以幾近逐日刊載的方式，刊出一系列「紀○○○事」之人物記事。文章計有（按日期排列）：〈紀仙台二女子事〉、〈紀農夫八郎事〉、〈紀岩井兄弟事〉、〈紀渡邊數馬事〉、〈紀染川銀之助事〉、〈紀小西太左衛門事〉、〈紀山形忠三郎事〉、〈紀伊東知代女事〉、〈紀農夫八郎事〉（重複刊載）、

〔註 44〕 參見內山知也，〈有關江戶時代明治時代的漢文人物逸話集——世說系和叢談系——〉，收錄在國立中正大學中文系、語言與文學研究中心主編，《外遇中國——「中國域外漢文小說國際學術研討會」論文集》（臺北市：臺灣學生，2001 年），頁 297。

〈紀農夫吉太郎事〉、〈紀多賀兄弟事〉、〈紀廣井盤之助事〉、〈紀村上兄弟事〉、〈紀前田半十郎事〉、〈紀林兄弟事〉、〈紀村松藤吉郎事〉、〈紀藤戶大三郎事〉、〈紀曾我兄弟事〉、〈紀曾根次郎吉事〉、〈紀小林兄弟事〉、〈紀石井兄弟事〉等 21 篇、20 則人物記事。

關於這一系列記事文章，黃美娥言及其「寫法上既有《史傳》傳記體書寫的承繼，也有六朝志人小說的餘韻，近於史傳文學記事寫人模式的志人筆記，……內容所述大率屬於忍辱殲滅敵人，爲父復仇的孝子、孝女故事。」〔註45〕根據筆者的查索，《台日報》這一系列「紀〇〇〇事」文章，也如同「儒林遺芳」，乃轉載自福田宇中於明治十三年（1880）所出版的《日本義烈傳——古今復讐》一書〔註46〕。《日本義烈傳》分上、下二冊，共載有 32 則復仇記事。對照來看，《台日報》的記事刊載並沒有依照《日本義烈傳》的次序，應爲隨意挑選刊載。那麼，殖民者透過轉載這些日本孝子、孝女復仇的故事，主要在傳達什麼樣的精神和價值？

福田宇中在〈日本義烈傳序〉自言：「復讐之舉。出於臣子忠孝至情。聖人既垂弗共載天之教。而韓柳諸公之論。各得其當矣。胡康疾傳春秋。於復讐之義。悲憤髮指云。豈非義氣所感使之然乎。」〔註 47〕換言之，這些復仇故事所主要宣揚的道德精神，乃爲忠孝、節義的儒教價值。而應當再提到，這樣的盡忠、盡義的對象已是帝國天皇，而非傳統的封建帝王。

經過本節的討論，我們了解到日本統治後所建立的精神支配，乃是以天皇爲精神核心、講求盡忠於天皇之國民性儒教價值，而非台灣傳統的儒教價值。移植上，統治者訴諸傳統儒教化民成俗、鄉土地方秩序的維繫、敬老尊賢等價值認同，以及同文之漢詩文，建構了移植日本儒教的平台，並藉助近代報刊媒體及教育體系，確立了以〈教育敕語〉爲核心、根本的新教化價值支配。

第二節　文人士紳對殖民儒教的肆應

透過殖民者儒教移植的闡析，對於日治初期社會文化背景之內涵，我們

〔註45〕參見黃美娥，〈「文體」與「國體」〉一文。黃老師在文中說爲十九篇，此處更正之。

〔註46〕參考「日本國立國會圖書館」網頁資料：http://kindai.ndl.go.jp/。

〔註47〕轉引自網頁資料：http://kindai.ndl.go.jp/info:ndljp/pid/778503。

大抵有了概廓的認識。回到報刊小說發生的探索上，誕生於這樣社會文化場域的台灣報刊小說，乃是透過文人士紳的創作而生；換言之，報刊小說之發生所代表的，程度上是文人士紳與現實環境相折衝、調和與轉化的肆應結果；文人士紳對時局變化的肆應和思考，可謂具體展現在報刊小說的創作上。因此，本節我們主要探討日治初期文人士紳在殖民儒教移植背景下應變的情形。

一、文人士紳的「在地性」轉變

光緒二十一年（1895）四月，清日於下關簽訂「馬關條約」，滿清正式將台灣割與日本，使得台灣成為維新後日本第一個海外殖民地。台灣割與日本，不僅結束了清朝自康熙以來對台灣長達二百多年的封建統治，也代表了在具備現代性格的日本政權統治下，台灣人將可能面臨到政治、社會文化乃至精神價值的巨大轉變。對於殖民初期台灣士紳對日本統治者的肆應、變動和心理變化，吳文星有敘之甚詳的研究。此處，我們主要想強調的一點，是傳統士紳的「在地性」與新統治者地方治理關係下的變化情形。

承前所述，清代士紳與政權之間是一種相互滿足所需的關係：官方賦予士紳隱蔽的權力／利，使其成為官方行政教化的延伸；而士紳則憑藉官方所賦予的權力／利來鞏固其在地性。官方與士紳之連結，乃是建立在科舉功名的獲取上，但及至日本統治，兩者建立在科舉功名之上的這一關係不復存在，在這樣的變動下，士紳的在地性和其地方教化實踐的情形產生怎樣的變化？

吳文星指出：在求和及迎接日軍的過程中，民眾往往與社會領導階層密切結合，態度與行動均一致，以求確保身家性命，並迅速恢復秩序和安定；〔註48〕雖然「原居主要領導地位的上層士紳已相繼內渡或退隱，因此每產生由次級領導人的下層士紳接替領導權的現象」〔註49〕，但大抵來說，日治初期的台灣地方社會領導權，仍掌握在傳統士紳的手中。從日本統治者的立場來看，吳文星指出：「進入日本殖民時期，士紳等地方領導階層仍是統治者首要掌握的對象。」〔註50〕概因在殖民政權尚未整備、鞏固之際，士紳仍是統治者藉以維持或掌理傳統地方社會的不二人選。而為了致力於社會情況的改善和秩序的重建，基本上，其對傳統士紳原具的「在地性」仍予以

〔註48〕 參見吳文星，《日治時期臺灣的社會領導階層》（臺北市：五南，2008年5月），頁46。
〔註49〕 同上註。
〔註50〕 同上註，頁165。

尊重，希冀透過籠絡的手段，利用士紳來恢復、維繫地方秩序，建立殖民統治的基礎。

如此看來，日治之初的傳統士紳仍發揮著重要的在地功能，在官民之間扮演著中介的角色。然則，科舉的連結已斷，隨著日本行政體制的逐漸完備，迥異於清代的政治、社會形態，勢必促使地方士紳傳統的在地性發生變化。

對於地方士紳來說，時局雖變，橫亙在眼前最爲實際的問題，是如何維持慣常的生活和既有的社會資本。透過科舉或捐納取得功名權勢的途徑已斷，如何延續與官方體制的互惠關係，成了重要問題；而對於日本統治者來說，建立有效的地方行政制度是迫切的統治需求，在此考量下，清代地方士紳無疑是最有力的助手，如何延續士紳的在地性使其成爲己用，遂成爲初期殖民者的課題。因此，基於同樣的互惠考量，地方士紳與統治者之間建立起連結：士紳透過自發性倡組「保良局」、「士商公會」和「紳商士庶公會所」等順服於新政權的機構，以及參與任職保正、區街庄長等地方基層行政人員來建立官紳之間的連結，維繫權利；統治官方則透過紳章的授與、舉辦饗老典、揚文會等，一面宣示士紳的傳統權力，一面籠絡士紳成爲基層行政體制的輔助工具。如同吳文星研究所指出的：

> 日治初年，總督府以資産和門望爲主要標準，漸次建構臺灣社會新領導階層，將之納入殖民基層行政和治安體制中，成爲殖民施政的輔助工具，由是而逐漸建立殖民社會的新秩序。具體而言，總督府根據臺灣社會精英財富之多寡、門望之高低及其與日人合作之程度，分別遴選其擔任參事、街庄區長等基層行政吏員，或同意其出任保正、甲長、壯丁團團長等基層治安組織領導人；並對具「學識資望」者頒授紳章，舉辦揚文會、饗老典等以示尊崇。〔註51〕

日治初期士紳的在地性看似得到了延續，但在日本統治者正式建立起迥異於清代的，以街、庄作爲基層行政機關、以保甲作爲街、庄輔助機關的基層行政體系，被納入體系一環擔任保正、街庄長的士紳份子，其在地角色已不同於清代──「其職務概係協辦或執行上級行政單位所交辦的業務；加以其職位不具正式官吏資格，地位低於日人官吏，且一無升遷機會，可說只是遂行殖民行政任務的輔助工具。」〔註52〕再者，基於統治、掌控的有效性，

〔註51〕吳文星，《日治時期臺灣的社會領導階層》，頁165。
〔註52〕同上註，頁71。

統治者除了將傳統士紳納入基層的行政體系，「以警察網對之嚴密地監視和約束，以及透過金融面的管制，鴉片、煙草等專賣品配售權的核發及其他種種手段」〔註53〕來加以控制之外，更透過對士紳資格的認可，削弱傳統士紳的在地權勢，建構掌握於統治者的新的社會領導階層，如總督府所表示的：「本島上流社會係指縣、廳及辨務署參事、官衙任職者、區街庄長、保甲局長、保正、壯丁團長、甲長、牌長、教師、具秀才以上功名者、得有紳章者及讀書人等。」〔註54〕明顯看出，「士紳」原本所指涉的內涵已被擴大，或者說已被稀釋、削減，傳統士紳在地的主導地位也漸被富豪及與總督府合作者所取代。

歸要來說，進入日本殖民時代，士紳所賴以建立、維繫社會資本的途徑已失，面對科舉的廢行、殖民基層體系的建立，以及新教育制度的實施，清代傳統士紳已逐漸喪失其地方優越的主體性，在被維繫的傳統儒教社會中，他們賴以消費和維繫的，仍是根植於儒教的傳統價值，而這也使得士紳不得不面對主導於殖民者的變動。

二、統治者訴諸儒士「經世濟民」、「共進文明」價值的呼籲

領台初期，殖民者在意識上的統治乃是訴求維持傳統儒家道德價值；在社會上則是秉持慣習尊重的原則，維繫地方社會本存的日常形態。殖民統治者這種「順應民情施治」的策略，無疑有助於士紳將原本對清政權的認同轉移到自己身上。在一連串殖民作為後〔註55〕——「土匪」的靖平、鴉片漸禁、土地調查、交通網的建設，以及衛生、產業的進步——對地方士紳來說，殖民者所扮演的可能不再是「異族」的角色，而是另一個更強大、更進步的「儒教帝國」。在殖民儒教的移植上，儒者「經世濟民」的教化義務，成為統治者呼求士紳認同的符碼。此點上，日文人籾山衣洲的兩篇文章頗值得重視。

明治三十三年（1900）一月九日，籾山衣洲於《台日報》漢文欄發表了〈論學者宜通時務〉一文，從儒者負有經國治民責任的角度呼求台灣士紳認同殖民統治的現實。全文如下：

〔註53〕同上註，頁165。
〔註54〕同上註，頁66。
〔註55〕參見北岡伸一著、魏建雄譯，《後藤新平傳：外交與卓見》（台北市：臺灣商務，2005年），第一章　台灣民政長官，頁34～52。

我國元和偃武以降，文運尋興、碩學輩出。如藤原惺窩、林羅山等，
爲德川家康所擇用。在外則教育人材，在内則贊襄政務，時稱儒學
之中興焉。降自寬永逮正德亨保之間，中江藤樹、熊澤藩山、伊藤
仁齋，其子東涯，荻生徂徠、新井白石等，接踵而出，各以學術文
章樹幟壇場，其于朝于野，雖所施不同，而輔翼治化、扶持風教，
諸老之勳可謂千秋不磨矣。台灣自鄭氏割據以來，二百餘年于茲文
物制度秩然具備，士之志仕途者，負笈裹糧，不憚闖河之險以爭場
屋之捷聞，方今獲科名者不下三百餘人，而人世之變多生于意外，
一旦歸我領有江山，雖語百度維新而之孜孜焉、汲汲焉，耗半生之
心血者不復能施於當世，較之藤林以下諸老之際會○聖代，各伸抱
負以垂名不朽者，奚翅霄壤之差，蓋雖時運之使然，而亦慨當以慷
也。雖然魏叔子云，讀書所以明理也，明理所以適用也。故讀書不
足經世，則雖外極博綜内析秋毫，與未嘗讀書同意。科舉諸子之所
以耗心血未始不待經世之用，而一旦遭故爽然自失，不復講通變之
術，是學婦人孺子之態者，而非大丈夫之所屑爲也。然則通變之術
當奈之何，曰無他，宜知時務耳矣。方今宇宙萬國星羅碁布，如英
德俄法美意奧蘭列強對峙，相持不下。文物制度愈出愈新，我國明
治中興以來僅僅三十餘年能取彼是而補我短，自政治法律以及格致
機器之學，今則往往有凌駕于彼者，故欲適經世之用者不可不通宇
宙之形勢，欲通宇宙之形勢者，不可不讀各國之書冊，夫蟹行文字
解之固難，然如我國及支那，不乏重譯之書。以諸子之才之學沈潛
熟悉，不出數年，於方今之時務瞭如指掌，然後政治法律格致機器
各從其所得而施諸當世，又奚患不爲藤林以下諸老耶，何況今之督
帥愛才，殊厚於取士之道，豈莫所深考乎。宜通時務，諸子其幸。
省思焉。

籾山是以「輔翼治化、扶持風教」乃是儒者不朽的精神價值，作爲立論
基礎，進而從時局的角度提出日本統治的現下，乃是台灣儒者發揮經世濟民
理念、與先儒一般立下不朽功名的絕佳時機，而憑藉儒者深厚的漢學及文學
修養，當可達到通形勢、了時務的程度，再加上總督愛才，儒者當把握此經
世立名的時機。籾山這篇文章之所以重要，是因爲他從幾個有力的面向來呼求
士紳對殖民者的認同。一是儒者爲名主所用，以文章才幹輔翼朝野，立下不

朽功名。這是從儒者的價值觀層面，試圖取得傳統士紳的價值認同。二是時局變化快速，知識推陳出新，若不積極參與學習，將被時代所淘汰。這是從儒者的求知、求進心態，來籲求士紳對時局的投入。三是儒者具備學問根柢與文字條件，利於求知及跟上經世的潮流。這是從文化資本的條件面向，來說服士紳認同統治時局。

事隔五日（一月十四日），籾山又發表了〈論揚文會〉一文，從揚文之意推及儒者的議論具有佐助治國之效，復從儒士「立身行道」的角度對台灣傳統文人發出「宜乘此機進攻新學」的呼籲。其文（節略）曰：

> 今之督憲蒞任二年，銳意圖治。嘗三舉饗老之典，尋繼仁濟院之絕，茲又將卜今年三月十五日大會全島科舉之士，以圖文運振興，名之曰揚文會。而與於會者，皆當世之俊秀，其議論文章必有可概見者，誠台島未嘗有之盛事也……雖然世態變遷，今異於昔，如列此會者徒挾文章、鬧議論，退而自慰曰：吾事畢矣。則古之不容於時者之所為也。士欲立身行道，素不可無百折不磨之心，而況遭此盛事足伸己之抱負耶？語曰：雖有智惠不如乘勢，雖有鎡基不如待時；今者洵學考機熟之秋也，固宜乘此機以進攻新學，督憲之意，料亦在此矣……〔註56〕

統觀籾山衣洲這兩篇文章，大抵都以儒士的價值觀來論議。從時局的變動，知識的求新，總督的渴才等等方面來激起其經世治民、求知求進之傳統價值觀以投入殖民統治的社會現實，並為統治者所用。

殖民者對傳統文人訴諸儒士身分的經世濟民教化責任之呼求，對殖民地儒士來說具有強大的引力，一則予讚譽，一則予激發，極易在儒士身上建立起與殖民者立基於儒教治國政權的連繫；而這一連繫最可能轉化的形式，即是對漢學、漢文的積極維護，以及在報刊上擔任漢文編輯。最顯著的例子即是儒家士紳投入在儒學、漢文的興復之中，如同梯雲樓主所指出的：「本島學人，春秋非尚富者，於維新之學術雖有志以參稽，而蝌蚪奇文恆苦不能遽曉。惟漢學為舊時素習，資之以遠紹旁搜，由溫故知新足冀漸通時務。況乎 帝國治綱雖已改從新法，而於漢學一道猶保重而尊崇之，試觀東來名士，擅專門之著作者不乏傑出之英，聖教昌明可想於今為烈，吾人宿操是業，幸逢盛世，右文則聞斯會欲興，誰不當共樂贊成，挽將墜之遺緒乎，台南果成斯會余且

〔註56〕見米刃山衣洲，〈論揚文會〉，明治33年（1900）1月14日《台日報》五版。

望全台各屬相繼振此休風也。」〔註57〕

三、新聞記者──傳統士紳社會、文化資本的近代轉化

　　新興的「新聞記者」職業，也成為日治初期維繫漢文的一種方式。在日本殖民阻斷了傳統科舉晉昇之途後，面對政權、政體易變的社會現實，傳統文人不得不尋思憑藉其舊有的社會文化資本，來應對新到的社會和時代。報刊漢文欄的「新聞記者」，一面以報紙的「文明」象徵，一面以漢文／學的文學性，而成為傳統文人轉換其近代知識分子素質的最佳角色。也因此，在報刊小說的探究上，傳統文人從「儒家士紳」到「新聞記者」的這一角色轉換歷程，就有探述的必要：傳統文人對報刊的認知為何？對新聞記者職業的理解又是如何？這些認知又是否對其報刊小說創作產生影響？底下我們稍加以探索、闡述。

（一）日治初期的「報刊」認知

　　明治三十八年（1905）七月一日，《漢文台日報》獨立刊行，蘸綠在「藝苑」欄發表〈祝獨立漢文部刊始〉詩作，即說：「昔是共和國，附庸已有年。揚鑣今日裏，特幟樹○前。視擴文明線，圖恢勢力圈。炎炎天演界，開幕試刀鉛。」〔註58〕李少青的〈祝漢文報獨立〉也吟誦：「價值誇天演，瀛台再著猷。文明新月旦，縫削舊陽秋。界線分平等，風潮競自由。同肥三百萬，食福正悠悠。」〔註59〕七月十八日讀者三屋恕〈喜漢文台灣日日新報獨立〉的投書，更直言漢文報將「啟發台民，導於文明之域」、「大開本島之文明」〔註60〕。這些詩作、投書反映出時人對於報紙的認知，不僅是新聞之報導，更且是助益族群開化、社會趨進於文明的指標和利器。那麼，究竟報紙新聞何以具有這樣的重要性？這一「文明利器」的思想風潮內涵為何？

　　明治四十年（1907）八月十七日，樵（蔡南樵）於《漢文台日報》「雜報」發表了〈論報紙與社會之對待〉〔註61〕一文，從社會性的角度論議報紙的天

〔註57〕見梯雲樓主，〈論漢學會〉，明治33年（1900）2月8日《台日報》三版。
〔註58〕蘸綠，〈祝獨立漢文部始刊〉，明治38年（1905）7月1日《漢文台日報》「藝苑」欄。
〔註59〕見明治38年（1905）7月11日《漢文台日報》「藝苑」欄。
〔註60〕見明治38年（1905）7月18日《漢文台日報》三版。
〔註61〕樵，〈論報紙與社會之對待〉，明治40年（1907）8月17日《漢文台日報》「雜報」欄。

職。他認爲報紙的價值、天職，皆由於「報紙之風行於社會也」。對於社會風氣秩序的維繫，報紙（新聞）顯然負有重大的職責。樵指出報紙除了商業性之營利以外，「尙有正當之本義」：「社會之所以有用於報紙者。爲其能報導事實也」、「報紙之所以有益於社會者。爲其能辨別是非也」。進一步說，報紙更負有進益社會之天職。樵說道：

> 第一先當擇社會之有害者而去之。今日支那社會之最害者莫若貪利。而是非眞偽。可以顚倒。報紙若不能去之。而自蹈之。其何以對社會也。且報紙之所以効力於社會者。在摘奸發伏。苟摘奸發伏者。而亦自處於奸伏。爲奸伏者所執持。則更何以能自用其報紙乎。此又不敢不爲報業者告也。

觀乎樵的報紙社會性論述，其實深具了傳統儒家士紳教化的觀點和意識：報紙之利或弊，端視其報導和論議是否能夠秉實，能夠持正是非、發揮摘奸發伏的功能和作用。若我們從士紳的地方教化實踐觀點來看，可以說近代報紙新聞程度上成爲了傳統士紳實踐其教化理念和價值觀的時代新利器；而這一「教化的」報紙新聞認知，對於文人或記者的報刊小說之創作意識來說乃是重要的。且讓我們再從「新聞記者」的角度來進一步探索此議題。

（二）傳統文人對「新聞記者」的認知

伴隨殖民報刊的發展，「新興」的新聞記者的重要性，也逐漸被智識分子所意識到。明治三十五年（1902）十一月三日，《台日報》四版刊載了大谷泉〈新聞記者〉之論文〔註62〕，此文可謂是最早的對於新聞記者之專論。論文中，大谷泉從「新聞記者的勤勞」、「新聞記者的觀察」和「新聞記者的分業」三個面向，論述了新聞記者的職責。文章中除了針對記者之記事與報導本職進行立說之外，也提及新聞記者紀律與秩序服從的課題。在新聞事業起步未久的殖民地台灣，大谷泉這篇論文的重要性，實在於反應了新聞及記者之重要，乃被逐漸意識到的時代性社會徵候。可以進一步闡釋說，新聞記者乃是報紙新聞事業的靈魂，新聞記者在報刊上所受到的討論和關注，遠勝於新聞報紙本身。

早於明治三十二年（1899）十二月二十日《台日報》漢文版即出現第一則「新聞主筆」的報導。該則報導內容爲：「陳君基六，大肚上堡牛罵頭街秀士也，雅以教讀爲業，才學頗許可於人。刻下台中邦人同志者創設台中新

〔註62〕參見明治 35 年 11 月 3 日《台灣日日新報》第 1353 號四版。

聞社耳，陳君之名遂爲該社漢文主筆。異日出全力以報知己，其所論說已足
預卜大有可觀云。」對於陳基六任職「台中新聞社」漢文主筆，報導者似乎
給予相當的肯定，並且預言其議論將「大有可觀」。這則報導顯示出新聞主
筆或記者，在當時已被認爲是進步的職業、角色。另外，此則報導也顯露出
日治初期傳統文人漢文學資本由封建士紳轉換到近代新聞記者的痕跡。正如
我們上述所說的，新聞記者切合了傳統文人身分與文化資本的時代轉換：傳
統士紳的社會知識分子角色和才學，符應新聞主筆、記者先進和發表論說能
力之需求。那麼，對於任職報社記者或新聞主筆，傳統文人的認知爲何？

　　如同蔡南樵對報紙新聞的社會職責探討，從教化的觀點來闡釋「新聞記
者」的職責和價值，也是傳統文人普遍的認知。最顯著的論述莫過於謝雪漁
的〈入報社誌感〉。明治三十八年（1905）三月七日之《台日報》漢文版，謝
雪漁發表了〈入報社誌感〉一文，此文誠然爲傳統文人對新聞及記者認知的
最爲重要的一篇文章，故筆者全文引述於下：

> 人有恒言。不能爲良吏。當爲良史。以布化宣猷。則賴良吏。而扶
> 道翼教。則恃良史。吏與史所處不同。而利國利民則一。今之新聞。
> 今之史也。記者其史官也。史之書法。無妄襃。亦無妄貶。新聞循
> 其例。嚴於筆削。隱操教化之權。又於內政外交。大小事宜。有聞
> 必錄。且民間瑣務。稍涉新奇者。亦悉搜羅揭載。藉以開人智識。
> 視之正史。誠有過無不及。環顧全球。富強列邦，文明愈盛，則報
> 館愈多。文明未開之國。其人民如聾如盲。善不知彰。惡不知戒。
> 外邦時務。不特不能知。即己國大事。亦如在夢中。支那帝國。陷
> 此弊最深。蓋以儒生徒誇博古。全不通今。而不知廣設報館。重視
> 新聞故也。我台灣夙隸其版圖。深染舊習。幾成錮癖。今入帝國帡
> 幪。有報館之設。藉新聞之力。人民雖略解時事。然十年於茲。知
> 新聞爲確要。而樂誦之者亦稀。以視內地男婦老穉。解讀者自讀。
> 不解讀者。亦使瞽者談與之聞。相去有天淵之別。予深慨及此。有
> 感於爲良史之說。於是乎不憚無文。捨教鞭而揮禿筆。願學焉。以
> 抵於良。爲我台民開樂閱新報之美風。喝破舊時陋習。以漸進於文
> 明之域。庶幾償此素願焉。〔註63〕

〔註63〕謝雪漁，〈入報社誌感〉，明治38年（1905）3月7日《台日報》漢文版。

　　謝雪漁的「今之新聞。今之史也。記者其史官也。」直截表陳出其新聞認知乃爲傳統儒士的史家、史觀。記者就是現代的史官，因此記者的職責乃爲「無妄褒。亦無妄貶。新聞循其例。嚴於筆削。隱操教化之權。」這裡我們首先看到了謝雪漁建立在「教化」觀點的報紙新聞之認知。其次，他談到記者的工作是「於內政外交。大小事宜。有聞必錄。且民間瑣務。稍涉新奇者。亦悉搜羅揭載。藉以開人智識。」揭明是從「啓蒙」的角度來意識新聞記者的職責。由上可知，謝雪漁的新聞、記者認知是建立在「教化」和「啓蒙」兩個面向，報紙因爲兼具了這樣的功能而足以導人開化，使人達於文明。

　　從傳統文人對「報刊」和「新聞記者」的認知來推衍其報刊小說創作，可見意識上其實並沒有逸出傳統儒教觀念太多；「教化宣猷」、「智識啓蒙」的價值目的，仍是文人記者創作報刊小說作品，以及接受日文人漢文小說作品的精神底蘊。而從這一創作意識來看，我們也就不難明白，諸如李逸濤宣揚女子守貞、才德節烈精神之〈玉梅烈女傳〉〔註64〕；謝雪漁以史家筆法講述靈龜報恩故事〔註65〕，以及少潮〈烈女報仇〉以春秋大義評述伊東阿春忍辱報殺父之仇等小說創作意欲之所在〔註66〕。

第三節　近代台灣報刊小說發生之考察

　　在漢文同文的中介下，殖民統治者的文化移植和統合，對台灣以中國古典氛圍爲主的文學場域，造成一定的刺激和影響。顯現在詩歌上，是漢詩創作、詩社活動達到了前所未有之鼎盛，日人的漢詩創作爲台灣傳統文人的詩作帶來新的刺激，透過彼此的交流、切磋，促進了詩歌的風雅性或現實性；顯現在小說上的，是報刊小說創作的出現，傳統文人透過報刊載體創作小說，開啓了台灣近代小說之序幕。

　　以傳統文人報刊小說創作作爲形態的台灣近代小說的發軔，即是本節我們所要探討的主題。我們將首先針對目前學界對此議題的研究進行理解和檢討，以獲得進一步闡釋的基礎；其次，我們將從語言、文體和創作意識等三個面向考察台灣近代小說發生之內涵及時代性意義。

〔註64〕見明治33年（1900）1月1日，《台日報》漢文欄。
〔註65〕見明治39年（1906）4月28日《漢文台日報》，〈靈龜報恩〉（上、下2回）。
〔註66〕見明治39年（1906）5月5日《漢文台日報》。

一、漢文跨界與交混：黃美娥「古典文學知識新秩序」說的探討

　　台灣文學的近代興起、形變，一直是黃美娥教授關注的議題，尤其在詩歌、小說方面，黃美娥老師更從台、日的同文漢文的跨界交混，造成古典文學知識變化的這個視角，來剖釋日治初期台灣漢詩的變化及報刊小說的發生和創作。黃美娥老師此視角乃基於這樣的認知：「殖民地時期的台灣，無寧可被視爲一個日、台漢文接觸後引起諸多問題性的論述匯集場域」、「日、台間漢文『同文』關係，雖有殖民統治的緊張、壓抑或頡頏、能動面向，但也不乏漢字圈的跨界交往、流動情境，呈顯出對立史觀之外的多種可能性。」〔註67〕緣此，我們先就黃美娥老師這一研究視角和成果進行探討，以了解學界目前對台灣近代小說發生的闡釋〔註68〕。

（一）文學知識新秩序的生成與小說發生的關係

　　對於日治初期台灣古典文學知識新秩序生成的探討，黃美娥是以漢詩作爲起點；因此，在探究統治者文學輸入造成台灣近代小說的發生前，我們有必要先了解作爲起點的漢詩知識論的變化。

1、古典詩歌知識論的變化

　　黃美娥認爲日治初期日台官紳詩文的交流、酬唱，造成了台灣文學生態的變革與文學場域的變遷。日台官紳的詩文交流雖強化了文學的政治功能，但也帶動了詩文文學知識的跨界流動和生產。在這個面向上，黃美娥主要從幾個部分加以論證：首先，在日文人對台灣的「異國情調」書寫及舊慣調查強調「發現台灣」的風潮下，產生了植基於「台灣趣味」的新漢詩創作美學；其次，透過報刊「詩話」專欄的介紹及日人詩作的刊載，日人漢詩知識得以大量進入台人的文學視域中，並爲台灣文人所接受，予以脈絡化。

　　日人漢詩創作和知識論的進入，對台灣古典漢詩界所造成的影響，主要

〔註67〕 參見黃美娥，〈日、臺間的漢文關係：殖民地時期臺灣古典詩歌知識論的重構與衍異〉，《台灣文學與跨文化流動》（臺北市：行政院文建會，2007 年），前言部分。

〔註68〕 筆者此處的討論，主要針對黃美娥的三篇文章：〈日、臺間的漢文關係：殖民地時期臺灣古典詩歌知識論的重構與衍異〉，《台灣文學與跨文化流動》（臺北市：行政院文建會，2007 年）、〈詩歌到小說：日治初期臺灣文學知識新秩序的生成〉，《當代》221 期，2006 年 1 月 1 日，及〈「文體」與「國體」：日本文學在日治時期——臺灣漢語文言小說中的跨界行旅、文化翻譯與書寫錯置〉，「『交界與游移』——近現代東亞的文化傳譯與知識生產國際學術研討會」論文，2009 年 9 月。

是創作上美學與技法的觀摩，而非日本漢詩文學史知識的獲得和吸融。黃美娥指出：

> 整體而言，以詩話體式進行日本漢詩知識論的傳播，雖然在作家論、作品論上，已有脈絡化的評介，裨益了台人的理解與吸納，提供詩歌書寫的借鑑，但由於是片段式的報導，故其所建構出來的日本漢詩知識論毋寧仍屬斷裂而拼貼，缺乏整體而可觀的鳥瞰面貌。換言之，台人對日本漢詩知識論的關注重心，其實是從創作技巧面向出發的，這與前述報刊藉由每日登載作品以借鏡日人詩篇之妙處，其用心實同。〔註69〕

換言之，日文人漢詩知識論的進入或移植，並沒有帶動台灣漢詩提前走向現代化，而只是藉以展現文人風月吟哦的風雅，更甚是符應統治者的殖民教化。黃美娥以「風雅」話語來指涉這種依附於統治者教化目的的「觀風問俗」和「風流社交」：「殖民者塑造出一連串如『風』、『雅』、『文雅』、『淳雅』……等字詞，在相互凝結、推展下，宛如編織出一張兼具詩歌教化、高雅品味的迷人文學網路，層層包覆著台人，爲打造一個新漢文想像共同體進行著『舊語言，新模型』的修辭工程。」〔註70〕

經過日人漢詩的進入和刺激，台灣詩社林立、風雅高唱，漢詩發展達到了鼎盛；然而，這並不是因爲漢詩知識的更新所導致，而是依附在統治者「詩歌教化」策略下所使然；如此知識論的變化導致漢詩「當風雅精神愈被強調，詩人『風流』形象愈受看重，詩歌一躍成爲高尙娛樂後，……原本漢詩所具有的延續漢文於一線的神聖性、尊貴性，漸遭消解、稀釋。……台灣漢詩在某一程度上，失去了更多文化抵抗的資本。」〔註71〕陳述至此，對於黃美娥老師的日治初期漢詩知識論變動的論述，我們應當有了概要的理解（同時，也應當能夠發現論述中所存在的一些矛盾和盲點）。

黃美娥老師對於日治初期台灣漢詩發展皺褶之挖掘，描繪出漢詩曲折發展的路徑：從最早的交流唱酬、「風雅」創作，到寄寓和發揚日本忠孝精神，終至「吟詩報國」的一步步爲統治者所收編的被殖民軌跡。

〔註69〕黃美娥，〈日、臺間的漢文關係：殖民地時期臺灣古典詩歌知識論的重構與衍異〉，頁122。

〔註70〕同上註，頁127。

〔註71〕同上註，頁126。

2、文學釋義的純文學化與日文人漢文小說的書寫範示

黃美娥老師主要從兩個部分來談近代台灣報刊小說創作的發生。首先是從新學下文學釋義的純文學化來論證。黃老師認為在西人文學觀念的啓蒙或日人新學教育環境的薰陶下，台人對「文學」的認知產生了變化，其以謝雪漁的〈文學辨義〉一文為例，指出日治初期的文學認知處在從「傳統國學／思想學術」過渡到「純文學」的階段，而在這一文學知識分化、磨合、重組的歷程中，「詩、小說、文、戲曲的文學地位也漸獲認同，……在相關品評上逐漸產生分類式的知識論，如台北文人李逸濤便有〈小說蒭言〉、〈小說閑評〉，特就小說議論……」〔註72〕。也就是說，文學知識的純文學化導致了傳統文人對於詩文、小說的傳統認識產生變化；不但漢詩、詩社的發展達到巔峰，小說「小道」的觀念也受到顛覆、揚棄，而有助於傳統文人著筆創作小說。

在這一視角的結論上，黃美娥老師說道：

> 由於舊學與新學的交鋒，若干深受新學影響者，遂將西方文學觀念移植轉化於台灣文學知識體系中，於是文學的釋義有了純文學化的可能，更促使小說與戲曲地位的重新發現與建構，……這種變化跡象，同時造成日治初期台灣文學知識系統的裂變，向來以詩歌為主體的知識論，轉而向小說、戲曲邁進。〔註73〕

其次，在報刊小說的創作上，黃美娥突出論述了「新聞小說」及日人漢文小說的書寫典範價值。黃老師認為眞正為小說現代性發揮助力的，是報刊小說的創作（即「新聞小說」），其「夾著媒體的力量，勢力漸起，除了延續向來所看重的『通俗』特質外，又融合了『新聞』報紙所欲達到的文明啓蒙目的，於是展現新姿，別具魅力。」〔註74〕也因此，小說獲致正確而可大力推展的絕佳理由，遂導致讀者群大增而由文學結構的邊緣向中心位移。但隨著傳達文明啓蒙嚴肅性意涵的日漸加深，「新聞小說」與統治者發生密切的共構關係，乃出現附和日本國策的政治性格小說。不論如何，「迄自新聞小說寫作風氣的成熟，尤其是其通俗性與啓蒙性兼具的殊異特質，更帶動了台灣小說現代化的可能性，亦即小說地位的再發現，與完全確立『文學性』地位獨立性，終在新聞小說的創作實踐上落實的。」〔註75〕

〔註72〕參見黃美娥，〈從詩歌到小說〉，《當代》221期，頁57。
〔註73〕同上註，頁59。
〔註74〕同上註，頁60。
〔註75〕同上註，頁63。

　　再談到傳統文人報刊小說的創作實踐。於此，黃老師的認知基點乃為：「在日治初期，這個堪稱台灣小說初始摸索的階段，報刊中的日人漢文小說，或其他日本文學的漢譯作品，宛然成為一個學習的『起點』與『來源』，甚而化身為台灣小說史的『起源』之一。」〔註76〕黃美娥的傳統文人小說創作論述，即以此為出發點展開的，其認為明治三十八年（1905）《漢文台灣日日新報》「小說」欄的出現，具有指標性意義，它「標舉了台灣自身的『小說』文類觀念已然形成，與創作實踐的漸趨成熟，故可視為小說發展史的重要里程碑。」〔註77〕於此之前，《台日報》「說苑」欄（1899年4月～1900年3月）所刊菊池三溪的〈珊瑚枕記〉、籾山衣洲的〈幽婚〉、〈院本忠臣庫〉及21篇「紀○○○事」等等漢文小說，這些「『說苑』欄內的各類形態『小說』的刊出，無疑具有提供台人認識小說與學習摹寫的示範意義。」〔註78〕繼之「說苑」欄之後，尚有「雜錄」、「雜事」、「叢談」等欄目可見筆記小說的刊載。對這些在《漢文台日報》「小說」欄出現之前的報刊小說，黃美娥歸結地說：

> 日本漢文小說，正如前述是處於一種奇聞異事、諧謔、荒誕無稽、通俗娛樂、勸懲教化、高尚文明價值……等觀念並存，且相互具有緊張／流動關係的狀態：……日本內部本身所主導形構的小說敘事倫理與美學實踐，似乎是一個不穩定的小說秩序世界。〔註79〕

　　回到《漢文台日報》的「小說」欄。黃美娥認為轉載在「小說」欄上的菊池三溪和依田學海的漢文小說作品，對台地傳統文人的報刊文言小說創作，具有「典範」的範示作用，其小說敘事為傳統文人所繼承。總括日治初期台灣報刊小說的發展來看，黃美娥認為：

> 大抵而言，從1898年《台灣日日新報》「說苑」欄成立以來，至1911年《漢文台灣日日新報》停刊止，總計十餘年間，日本文學、尤其是漢文小說（包括前述之志怪、志人的筆記體）實是台灣漢語文言小說發展中不可忽略的一環，或可稱為重要的「起源」之一；……《漢文台灣日日新報》「小說」欄設立後所孕育出來的台灣文人創作

〔註76〕參見黃美娥，〈「文體」與「國體」：日本文學在日治時期〉，頁157。
〔註77〕同上註，頁156。
〔註78〕同上註，頁157。
〔註79〕同上註，頁160。

群，這些文言小說家，一方面摸索本土小說美學自律性的生成問題，另一方面也有人接續了原日本漢文人寫作日本人、事、物的「日本」小說敘事模式，甚至承繼了菊池三溪譯寫日本文學的重任，開啓了在日本之外、由殖民地台灣人書寫日本漢文小說的另一種風景；……〔註80〕

（二）「文學知識新秩序生成」的小說興起論述之疑義

1、「古典詩歌知識論」的矛盾

在黃美娥老師這一觀點論述中最顯著的不足，是其雖指出日文漢詩知識論的進入，主要影響乃在於創作上美學和技法之刺激，卻未以明確的例子來佐證這一觀點，再加上其推證結果是台灣漢詩逐漸被納入殖民者「詩歌教化」的文化統治之中，遂讓人覺得是因爲傳統文人在漢詩的創作上接受了日文人的創作美學和技法，而導致爲殖民者所一步步收編。

然則，我們看到知識論的重構、衍異主要作用在創作美學和技法的刺激上的論點，與「對部分台人而言，雙方的『同文』互動，其實是在某種『距離感』中進行的，甚至在『同文』中看見『異』，在發現『他身』後更發現了『自我』」〔註81〕這樣的說法相對照，就恰恰顯現出矛盾；再加上黃老師在文章中所說的：台地文人明顯區別日台漢詩作品的不同並予以評價，此不啻代表了在創作意識上傳統文人仍具有一定的能動性？這些矛盾恰恰顯現出知識論新秩序的生成並無眞正造成漢詩在創作上的演進，因而，也就不能歸結說是因爲日人漢詩知識論的進入爲傳統文人所接受，遂導致台地漢詩界爲殖民者所逐步收編。創作美學和技法的刺激、影響與漢詩逐漸失去文化抵抗之間的推論，顯然存在著落差和矛盾〔註82〕。

2、忽視台灣傳統文人小說創作的能動性

首先，我們先理清日治初期日人漢文報刊小說刊載的情形──細究黃美娥對日人作品的整理，1905 年前刊登在《台灣日日新報》上的小說大抵是奇

〔註80〕同上註，頁 165。

〔註81〕參見黃美娥，〈日、臺間的漢文關係：殖民地時期臺灣古典詩歌知識論的重構與衍異〉，頁 124。

〔註82〕關於黃美娥漢詩知識論新秩序生成論述的其它意見，可參考施懿琳的講評。參見《跨領域的台灣文學研究學術研討會論文集》（台南市：國家台灣文學館，2006 年），頁 151、152。

聞異事、諧謔、荒誕無稽等通俗品味，1906 年在《漢文台灣日日新報》上才出現較多取自菊池三溪《本朝虞初新誌》、依田學海《譚海》著作中的小說，而報紙再次刊載菊池、依田等人的作品是在 1910、1911 年，且是譯寫之作。

菊池三溪被刊載的文章，計有〈珊瑚枕記〉（《台日報》「說苑」欄 1899）、〈義偷長吉〉、〈臙脂虎傳〉、〈嬌賊〉、〈本所擒龍〉、〈五色蔦〉、〈丸山火災〉、〈離魂病〉、〈紀文大盡〉、〈離魂病〉（《漢文台日報》1906）、〈木屐入浴〉、〈幡隨院長兵衛傳〉（《漢文台日報》1911）。依田學海之文有〈轆轤頭〉、〈伊賀復讎〉（《漢文台日報》1906）、〈法國演戲〉（譯文，《漢文台日報》1910，是否為依田所譯存疑）等。上述小說，除〈珊瑚枕記〉連載 18 回外，其餘皆為單回或連載 2 至 3 回的傳奇小說。從篇數和連載時間來看，菊池和依田的小說是否真具備發揮巨大影響，而成為台文人小說寫作的「範本」，似乎不無疑問。

其次，創作上產生了以日本人、事、物為背景的作品，從創作者的角度來看，似乎並不是什麼奇怪的現象，小說的虛構本質本為小說的取材背景開闊了廣大的時空，僅由異國背景創作的援用作為受到「影響」的論由，似乎值得商榷。一則在台文人的小說中，也出現了以外國為創作背景的作品，但我們很難就據此說該台人受到外國小說的影響，因為影響的論證具有難度〔註83〕；而關於書寫主題的迎合，黃明理老師的意見中已提到此點，茲簡單轉引：「中國的孝道之中，事實上也有復仇思想在其中。『身體髮膚，不敢毀傷』應該是常態之時的孝，但是中國的孝道觀念在遭遇『變』時也有激烈的地方，如『殺父之仇，不共載天』等等。……所以談日本之『孝』是和復仇聯繫起來時，我覺得應該要更審慎，因為在中國也還是有復仇的孝道觀念，所以我覺得要談異文化的交混與傳播，或許有更好的例子可以來討論。」〔註84〕

復次，在「據實書寫」以寄寓勸懲的小說美學觀上，黃老師認為菊池、

〔註83〕關於此點，林明德在〈韓國漢文小說之興衰及其研究〉一文中分析了韓國漢文小說以中國舞台為背景的原因，或可茲參考：1、韓國文人陶醉於中國文化；2、因一般讀者對中國地理、人文不盡熟悉，故於背景與人物安排上，縱有疏陋，亦不易被發現，且無不自然之感，較之以韓國為背景者更加；3、讀者皆有好奇心，中韓異地，相形之下，異國風物更能引起讀者之興趣與注意。我認為以台灣的情形還可加上，4、考量到日人讀者（有一定比例的來台日文具有漢學的素養，可讀文言小說）。收錄於《域外漢文小說論究》（臺北市：臺灣學生，1989 年）。

〔註84〕參見「中國古典文藝思潮研讀會第三十四次研讀會會後摘要」網路資料：http://blog.sina.com.tw/inbooks/article.php?pbgid=33426&entryid=589788&。

依田等「據實書寫」寄寓勸懲的小說觀念，是不同於中國文言小說創作觀念的。但「觀念」的發生與落實畢竟是混雜的，很難一刀兩斷地切割清楚；再者，從中國筆記小說傳統來看，據實書寫並寓以勸懲的史傳傳記手法並不少見，因此，很難從觀念上斷定此全是受到菊池、依田的小說觀之影響。

　　是故，整體來說，我認為黃老師系列知識論建構的一個隱微卻基本的問題，乃是基於殖民統治的現實而把台灣文人全然放在只能被動接受的位置，忽視了其主動選擇／接受的可能。其實，黃老師在文中的一些推論，恰恰推翻了「影響」說，只是黃老師似乎將其歸因跨界的使然。例如：謝雪漁、陳伯興幾篇比菊池三溪更早的小說都同樣有「異史氏」、「野史氏」等贊論的敘事成規，黃老師說明是蒲松齡《聊齋誌異》的特色（其實是傳統筆記小說的特色），於此，其論道：「這類作品既具有日本原汁原味漢文小說書寫典範的身份意義，但又有與中國傳統小說相似之處，因此可以做為台人學習日本漢文小說的最佳而且正宗的對象。則顯然，菊池三溪漢文小說跨界行旅的意義，其實是在台灣選擇側重交混而非差異的小說視域中所孕育出的結果。」〔註85〕如此論述，不正表明台文人在創作意識上是具有選擇的能動性的，選擇菊池、依田等人的漢文小說，並沒有脫出文人小說的傳統認知；而創作模式上，也都未脫傳統筆記小說的框架。若此，菊池、依田等人的小說，又何論對台灣文人的小說創作具有典範的意義？日治初期日人的漢文小說作品無疑為台灣文人帶來創作上刺激，但那刺激是否大到讓台灣文人脫去舊有中國古典小說的知識框架，而改以日人的漢文小說作為新的書寫價值或典範，則不無疑問。

　　藉由探討黃美娥老師「古典文學知識新秩序」的論述，我們發現不論是漢詩或漢文小說，日人漢文書寫進入同文性質的台灣文學場域，程度上造成了台地文學的變動；但一者日本漢詩和漢文小說本身就缺乏近代的文學知識內涵，無助於日治初期台灣文學知識的更新；二者在統治者儒教價值的移植與漢文工具論的文化統合政策下，統治者於殖民報刊轉載漢詩、漢文小說作品，乃出於統治教化的目的，意欲透過漢文同文來吸納傳統士紳和士紳的文學創作而為己用，甚少或無意於真正促進台灣文學知識新秩序的生成，或是創作上的美學突破。換言之，日治初期的台灣古典文學知識論是否真因為殖民者漢文文學的進入而產生質變？小說的結構位置是否真正向中心移動？從日人漢文文學作品的進入、新知識秩序生成的這個角度立論，似乎頗難確切

〔註85〕參見黃美娥，〈「文體」與「國體」：日本文學在日治時期〉，頁170。

地解答這些疑問；反倒黃美娥老師的論述，最終都指出漢詩或小說皆爲殖民者所收編，爲其教化宣揚或創作，由此可見殖民者文化統合策略的成功，以及儒教價值支配台灣文學之深。

二、傳統文人報刊小說創作的考察：語言、文體與儒教意識

探討完黃美娥老師對於近代台灣報刊小說發生的論述，此小節我們從語言、文體與儒教意識三個面向，來探索和闡釋傳統文人的報刊小說創作。

由吳福助教授所領導編纂、文听閣所出版的《日治時期臺灣小說彙編》，大致已爲日治時期的台灣報刊漢文小說創作情形整理、描繪出一個概廓。收錄的二千八百餘篇小說中，「涵蓋言情小說、武俠小說、偵探小說、滑稽小說、翻譯小說……，內容實爲繁富，其中有虛構半虛構的作品，也有不少寫實的作品，情節有趣，文筆活潑，表現出種既過渡傳統又開創文學新貌的局面。」〔註86〕從彙編中來看，日治初期的報刊小說多爲短篇，主要刊載在《台日報》和《漢文台日報》上，數量上約有二百三十餘篇。對於這樣龐大小說整體的考察，仍有賴更多人力的投入，此處，筆者僅從上述三個面向來概覽其特徵，探析其發生內涵。

（一）以古典漢文（文言文）作爲創作語言

台灣近代小說的發生，在創作語言上是以古典漢文來表現。傳統文人選擇以古典漢文作爲小說的創作語言，看似相當合情合理；但實際上，卻隱含著值得我們加以探究的時代原因及內涵。

首先，從前述文人士紳的小說接受考察來看，台灣傳統文人主要閱讀和習慣接受的，乃是清代白話章回小說（文人筆記小說主要見於賴和的藏書），語言上，雖則「白話」的定義亦包括淺近文言（如《三國演義》），但整體來說是傳統文人所熟悉、接受上概無困難的白話漢文。以此推論，當傳統文人欲實踐其小說創作時，語言選擇上應當是熟悉的「白話漢文」才是，斷無可能選擇接觸少、傳播性低的古典漢文。由此推測，傳統文人以古典漢文創作報刊小說，應當有外力（統治力）影響的因素。

前述李承機的研究已說到殖民報刊刻意以語言的應用切割台灣讀者，避

〔註86〕吳福助，《日治時期臺灣小說彙編》（臺中：文听閣，2008 年 4 月），出版說明，頁 2。

免殖民地人民從近代報刊中獲得反殖的知識力量。李承機指出：

> 最具代表性的，就是從 1900 年代的「論說」與「論議」專欄，以至
> 1910 年代每日以社會型態揭示的「日日小筆」專欄，全為以「文章
> 體」寫成的文章。1910 年代初期時，有部分論說性質的記事竟然還
> 在使用「候文」，那已經是只有少部分書信以及公文書中才見得到的
> 文體。〔註87〕

可見以報刊作為載體的傳統文人之小說創作，在語言上不大可能不屈從
於統治者所設下的報刊語言策略——將台灣人排除在「媒體」所可能帶來的
近代性（或謂文明）之外。

其次，從陳培豐對殖民地漢文衍異的考察來看，其已指出由《台灣教育
會》漢文欄所衍變出的「殖民地漢文」，雖無以命名之但其卻發揮著承載近代
啟蒙話語，以及溝通殖民者與殖民地人民的功能〔註88〕。由此點來看，若報
刊小說講求啟蒙與通俗，那麼，傳統文人的小說創作應當會選擇「殖民地漢
文」作為其創作語言才是；由此，亦可佐證出傳統文人以古典漢文作為小說
創作語言的選擇，乃是一種「沒有選擇餘地」下的選擇。

再從報刊的層面來看，我們發現無論是《台日報》或是其它殖民報紙，
乃至漢文獨立出刊的《漢文台日報》，其銷售傳播都不僅止於殖民地自身，而
是以整個以漢文同文作為政治文化溝通的「大東亞」帝國場域為對象。

以《漢文台日報》發行的第二、三年——明治三十九年（1906）、四十年
（1907）的台灣報刊發行來看，《台灣日日新報》、《漢文台灣日日新報》、《中
部台灣日報》、《台南新報》、《全台日報》等殖民報刊，其銷售圈除了殖民地
台灣及內地日本外，都涵蓋了「外國」——清（中國）、韓（朝鮮），其中，《台
日報》之發行更遠達英（英國）、米（美國）、獨（俄國）、澳地利、英領印度、
米領馬尼拉、佛領安南，以及關東州等地方、國家〔註89〕。因此，就此報刊

〔註87〕 參見李承機，〈殖民地臺灣媒體使用語言的重層構造〉，收錄於吳密察、若林
    正丈主編，《跨界的臺灣史研究》（臺北市：播種者文化，2004 年），頁201～
    239。
〔註88〕「殖民地漢文」乃因應殖民統治之需，由統治者主動發起，統治者、被統治
    者，即包括新舊文人、不同政治立場的台灣人所共有；功能上承載近代啟蒙
    以及皇民意識形態；流通空間上以台灣為範圍，形態上以古挾今，由古典漢
    文、通俗漢文或和式漢文摻雜近代化語彙，所形成的具有中性或仲介色彩的
    文體。陳培豐，〈日治時期臺灣漢文脈的漂游與想像：帝國漢文、殖民地漢文、
    中國白話文、臺灣話文〉，《臺灣史研究》15：4，2008 年 12 月。
〔註89〕 資料統計自《日據時期台灣統計書・冊23、26》（台北市：台灣總督府民政部

統治面向來看，台灣以殖民報刊爲載體的近代小說，就不得不以古典漢文作爲創作語言。

透過上述的分析，我們可以說台灣近代小說在發軔之初即注定了它擺脫不了殖民者政治文化統治的囚籠，既以殖民報刊爲載體，傳統文人在小說創作上就注定了沒有自由試驗、自由展現情感的可能。

（二）筆記與文言章回——混雜的報刊小說文體

黃美娥在〈「文體」與「國體」〉一文中曾分析出台灣傳統文人在報刊小說的創作上呈現出不盡相同的創作特徵，如李逸濤初期的作品幾乎都以中國作爲小說故事發生的背景，其後才擴及台灣本地與世界各國的異國景觀。在創作類型上則顯出多元特徵，諸如公案、俠義、言情、社會等，與晚清通俗小說常見的體類並無不同。另一位創作者佩雁（白玉簪），其小說場景多以中國爲主、台灣爲輔，作品中除連載二百九十一回的〈金魁星〉爲長篇講史小說外，其餘多數內容不脫才子佳人與娼妓之愛情豔事，書寫上頗師法中國古典小說。至於謝雪漁則又不同於李逸濤、白玉簪，其固有從中國古典小說汲取養分者，但也有模擬日本漢文小說之處，其創作意識顯得更爲複雜〔註90〕。

從黃美娥老師的研究觀察，我們看到傳統文人在面對以「新聞紙」敞開的小說創作場域時，其所援引進行創作小說的意識與材料，大抵皆爲自清代以來即流傳在台地社會的中國古典小說（及非書面傳播的小說意識），正因爲各人於此的領受、浸淫及喜好不同，因此在小說創作上的表現也不盡相同。而不論日人漢文小說挾帶政治文化目的的進入，引起多大的創作衝擊，中國古典小說的意識，包括題材、形式表現，仍都是台灣近代小說創作、發生的底蘊。

從小說創作的形式來看，我們當更可看見古典小說的傳統性深刻影響傳統文人小說創作的印跡。二百三十餘篇的小說（有幾篇不能算是「小說」），可以說多屬筆記體（或傳奇）小說。在文言小說中，筆記小說是中國古典小說的最初形式，其敘事往往粗陳梗概，所以篇幅一般都比較短，大體在數百字左右，故亦有「叢殘小語」之譏。它以簡潔的文言、短小的篇幅記敘人物（包括幻化的鬼神精怪和擬人的動植物與器物等）的故事，是中國小說史中

文書課，2002 年）。

〔註90〕參見黃美娥，〈「文體」與「國體」：日本文學在日治時期〉，「『交界與游移』——近現代東亞的文化傳譯與知識生產國際學術研討會」論文，2009 年 9 月。

最早產生並貫串始終的小說文體〔註91〕。筆記小說的特色大約有四：一是基於耳聞的現實性；二是內容博雜與豐富；三是多以「廣見聞」為目的；四是多援用史傳的「春秋筆法」。觀察《漢文台日報》上的小說作品，大抵符合上述四點特徵，尤以史傳式的「春秋筆法」最為顯著。

中國筆記小說，其結構往往一開頭就開門見山，直陳其事，點出主人公姓名、籍貫、身分、年齡、婚配，然後才進入情節，展開故事，而篇末大抵都留有筆者史官似的評論或者是對筆記故事的解釋。例如蒲松齡《聊齋誌異》：

- 長安士方棟，頗有才名，而佻脫不持儀節，……異史氏曰，鄉有士人，偕二友於途，遙見少婦控驢出其前……〈瞳人語〉

- 宋公諱燾，邑庠生，一日病臥，見吏人持牒，牽白顛馬來，云請赴試，公言文宗未臨，何遽得考，吏不言，但敦促之，……公有自記小傳，惜亂後無存，此其略耳。〈考城隍〉

又如《螢窗異草》二編卷一〔註92〕：

- 侯鼐，字仲鼎，南陽人，倜儻少年也。……外史氏曰：古人曰：「一死一生，乃見交情。」……〈瀟湘公主〉

- 俞遜字仰之，淮上人也。贅于瓜步巨家，妻沈氏，美姿容，善塗澤，頗有獨擅一代之想。……外史氏曰：……〈鏡中姬〉

而觀乎《漢文台日報》上的小說，也幾乎遵循這樣的敘事結構：

- 天津少士木倉每。雙水其字也。聰穎絕倫。成童時。名公巨卿。多器重焉。然家窘甚。……諧史曰。觀林侯之吟辭。宛然欲以匹夫荷天下之重任。迨談及阿堵物。則一段慷慨激昂之氣。盡付東流。

  最不羈生〈木倉每〉（1906.5.2）

- 伊東阿春。蓬萊無二之奇女子也。其父仙右衛門。性情渾厚。嘗仕於河越侯。……奇史曰。阿春一屬弱女子。而能雪大仇於權貴之門。緹縈奇女。雙炳宇宙。觀其往來於豪門奴婢間。

  少潮〈烈女報仇〉（1906.5.5）

〔註91〕參見苗壯，《筆記小說史》（浙江：浙江古籍，1998年），頁6。

〔註92〕以上兩書皆參考史仲文主編，《中國文言小說百部經典》第40冊（北京：北京出版社，2000年）。

●浙人趙嘉。宦裔也。頗有才幹。爲浙撫所賞識……<u>逸史氏曰</u>。以人
化虎事雖不經。然方趙之勒索賄賂。不與者輒殺之。其存心險惡。
與虎狼何以異。雪漁〈虎變〉（1906.5.23）

●阿環吳氏。榕城人也。父早逝。母奉佛甚虔兩兄業農家有負郭田數
十畝。頗饒裕。阿環生而兩足長掌。……<u>異史氏曰</u>阿環一事。清
國留學生親爲余述之。阿環今已二子一女。難產迷信。決不足憑。
異史氏〈阿環〉（1910.2.10）

不過，在篇幅上，日治初期的報刊小說又普遍長於傳統筆記小說而接近
於傳奇。篇幅趨向於增加，一定程度上是受報刊的連載形式所影響；再加上
讀者好評的反應，以文言爲敘事語言、篇幅短小的筆記、傳奇規範，開始有
了改變。創作者開始構思篇幅較長的小說，增長連載的回數，在敘事趨向更
爲完整的變易下，以文言爲創作文體卻具備白話章回小說特質的奇異結合，
出現在日治初期的小說生產結構之中。

舉如標榜「最新小說」、刊載於明治三十八年（1905）七月一日《漢文台
日報》的謝雪漁之長篇小說〈陣中奇緣〉，即是以淺近文言所創作的長篇章回
小說，篇章回目上無異於白話章回體。

《天豹圖》不題撰人	〈陣中奇緣〉南瀛雪漁
第一回　賽專珠施仁濟困、 淨街王伏霸凌貧	第一回　松如龍進攻東野 熊大猛協守西山
第二回　玉珍觀英雄病篤 萬香樓烈女全貞	第二回　如龍苦心籌戰策 鐵花決意探軍情
第三回　鐵羅漢活擒俠士 小孟嘗夜困園林	第三回　鐵花政路逢家婢 大猛懸崖遇美人

又如刊載於明治四十四年（1911）五月三十日《漢文台日報》上的魏清
德所譯述之〈寶藏院名鎗〉，亦採章回形式：

第一回　祠大佛神僧除世　練武藝榮濤出家／

第二回　鬥武力榮壽超群　夢災異勘兵祈佛／

透過上述，我們理解到在傳統文人沒有「話語」選擇權的古典漢文語言
創作下，早先驗地決定了報刊小說呈現的基本形式——文言筆記體；而在講
史敘事或英雄傳奇需長篇經營的創作（或翻譯）上，我們就發現傳統文人即
援引通俗白話章回小說的「分回立目」之呈現方式。然而，當然也不盡然如

此，例如李逸濤的長篇小說創作〈黑心符〉與佩雁的長篇小說〈金魁星〉等，就沒有採用「分回立目」的形式；不過，近代台灣報刊小說的這一獨特文體，仍證明了普遍流傳在底層社會的古典小說，對傳統文人的近代小說創作，具有深度的影響。

（三）立基於儒教「勸懲」之小說意識

黃美娥在〈「文體」與「國體」〉一文中曾指出菊池三溪、依田學海的「據實」書寫之小說創作觀帶給台灣傳統文人小說創作啓發。其言：「菊池、依田作品獲刊台灣報端的原因，不定然是因認同其人的小說文類、文體的紀實、勸懲教化觀點，而可能是出於上述所曾剖析過的美學因素。」〔註93〕黃老師所強調的，在於「據實」的書寫美學，帶給台地傳統文人不同的創作感受；然則「據實」書寫的觀念並沒有創造及引領出新的創作手法，此與「美學」說就顯得不盡相符；因此，在此點上，筆者仍認爲小說的教化精神才是溝通兩者創作交流的意識基礎。

台灣報刊小說在發生之後，之所以逐漸發展出混雜日本性與傳統性的創作特色，其根本意識仍是儒教價值對小說的支配；也就是說，基於國情、偏好不同，雖則日人漢文小說程度上帶有異質的成分進入台灣的傳統小說場域，或許偏好荒誕滑稽、奇聞異事或者史傳人物等等小說題材、類別，但其創作意識上並沒有逸出儒家勸善懲惡的教化意欲。因此，或許不是出於這些日人的漢文小說作品在技法上眞有值得傳統文人學習之處，而是因爲其共同隱含著儒家勸懲的教化意旨，才爲台、日的漢文小說創作建立起交流、摹仿和試驗的價值平台。

1、岡白駒《準譯開口新語》

從中國古典小說對日本漢文小說創作的影響來看。李進益指出日文人以漢文體寫作漢文小說是受到中國通俗小說的影響，他們模仿的原因乃在當時的中國通俗小說能對俗世如實的描寫，人情入微的刻劃，以及能通過情節發展引起市井小民喜樂哀樂的共鳴〔註94〕。李進益以岡白駒（1692～1767）在

〔註93〕參見黃美娥，〈「文體」與「國體」：日本文學在日治時期——臺灣漢語文言小說中的跨界行旅、文化翻譯與書寫錯置〉，「『交界與游移』——近現代東亞的文化傳譯與知識生產國際學術研討會」論文，2009年9月，頁172。

〔註94〕參見李進益，〈《準譯開口新語》初探〉，收錄在東吳大學中文系編，《域外漢文小說國際學術研討會論文集》（台北市：東吳大學中文系，1999年），頁82。

寬延四年（1751）以漢文寫成的笑話小說集《譯準開口新語》為例，指出：
此書的主要創作企圖之一即提供時人學習唐話的範本；其內容雖看似寫些不
關痛癢、博君一粲的笑話，但其實岡白駒並非僅是抱著無聊遊戲的態度。岡
白駒自言：「……《譯準新語》意在斯乎？我之所口乎？事可絕倒者，使後學
之士，譯以彼之文，又自作為之準則，而事之雜俗不必擇也。」〔註95〕換言
之，岡白駒寫作此書雖如中國笑話集《笑府》、《笑林廣記》一般，通過短小
精悍的形式，樸素無華的語言，以豐富活潑的想像力道出令人捧腹絕倒的幽
默詼諧故事；但其意寓則在使人們在發笑之餘，能進而對笑話內容所諷刺的
主旨加以深思，可謂仍具備了教化的用意。

2、「軍談」讀本

在日本近代小說的「前身」——讀本——的發展上，王曉平指出「軍談」
——日本文士參照中國史籍和歷史演義小說譯述編綴所成——其在譯寫時多
注重搜集史料，依史事而設置人物情節，在序言的撰寫中也多如中國的演義
小說，表達出傳播歷史知識，及達到「勸懲警懼」、「合天理、正彝倫」的目
的。如李下散人的《通俗列國十二朝軍談》（1712年出版，14卷），中西兵序
之曰：「夫書記人物之善惡，國定之成敗，所以使觀者興起志發氣者也。然漢
語之簡確也，列國之交紛也，編之以次第，作之以和語，則至於晚讀之士，
童蒙之輩，必有立志，此亦教導之一術也。」〔註96〕所謂「教導之一術」即
是要達到「善善惡惡」的功效。

其次，曾將《忠臣藏》故事與《水滸傳》揉合一起，寫成《忠臣水滸傳》
的山東京傳，也曾宣稱其寫作讀本乃是為了「摹出忠藎奸黠光景，私寓勸懲，
警誨蒙稚」。山東在《忠臣水滸傳》之序中說：「固是寓言傅會，然示勸善懲
惡於兒女，故施國字，陳俚言，令兒女易讀易解也，使所謂市井之愚夫愚婦
敦行為善耳。」〔註97〕也顯現出強烈小說教化的意圖。

3、曲亭馬琴的「勸善懲惡」小說創作觀

而日本最著名的長篇讀本作者——曲亭馬琴，更受到明清小說批評意識
的深刻影響，導致他以熾熱的小說創作來傳達其教化意欲。曲亭自視甚高，

〔註95〕同上註，頁84。
〔註96〕參見嚴紹璗、中西進主編，《中日文化交流史大系・文學卷》（杭州：浙江人
　　　　民，1996年11月），第五章　日本前近代小說的勃興與中國文化的關聯（王
　　　　曉平撰寫），頁331、332。
〔註97〕同上註，頁338。

決意要寫出與中國四大奇書相媲美的宏篇巨制來，其史傳類小說如《椿說弓張月》、《南總里見八犬傳》等作品，在寫法上都直接受到《三國演義》、《水滸傳》等啓發。對於小說的主張，曲亭也受到金聖嘆、李漁等批評家的影響，其接受李漁鼓吹勸善懲惡和通俗化的主張，也以道德勸懲作爲創作之綱領。其《松染情史秋七草》說：「其間勸善戒惡，敘人情，托風教」；於《賴豪阿闍梨怪鼠傳》說：「此卷殊述忠臣節婦、義士孝子之事，竭盡人情。」在《俊寬僧都島物語》卷尾亦說：「大約曲亭先生作稗史，雖取事凡近而無不義發勸懲。」皆明白指出，曲亭馬琴繼承了明清小說批評家對小說所持的、脫卻不去的道德教化意識〔註 98〕。

4、菊池三溪、依田學海的小說創作觀

最後，我們來看報刊上轉載最多、影響台灣文人小說創作最大的菊池三溪和依田學海兩人的小說創作觀。

李進益言菊池三溪的漢文小說創作「無論在質或量上，都足以稱爲明治時期屬一屬二的作家」〔註 99〕，探查其小說創作的觀點，主要可分爲：（1）諷刺批判現實的精神；（2）激勵志氣，裨補名教；（3）闡揚日本文化等寓意。菊池對於時下士人鄙視小說戲曲的心態感到感嘆，他認爲這些市井通俗讀物，除了具有休閒娛樂功用之外，同時兼有稗史小說之表彰節義、「激厲志氣，裨補名教」功能，不應小覷。其言：

> 三溪氏曰：晉乘楚檮，列國史官，褒善貶惡，闡幽顯微，俾亂臣賊
> 子，逡巡屛息，莫地可遁，可謂備矣。獨至稗官野史，名匠鴻儒，
> 擯斥以爲無用，何也。安知其擯斥以爲無用者，能令愚婦，油然感
> 悟，起忠孝節義之志氣者，或有勝於正史哉。〔註 100〕

菊池對於小說通俗性有利於教化意識傳播的看法，其實無異於明清通俗小說創作的主要旨趣，其對於小說藝術的試鍊，即出於「裨補名教」之意欲。是故菊池言：「凡忠僕奴之傳，美姬豔妾之說，與夫老賊巨偷，神怪鬼妖之事，標新鉤奇，使讀者拍案叫絕，以地裂天驚，山鳴水湧之思也，其激厲志氣，

〔註 98〕同上註，頁 352～356。
〔註 99〕參見李進益，〈明清小說對日本漢文小說影響之研究〉（文化大學中文所 81 學年度博論），頁 246、247。
〔註 100〕菊池三溪，《奇文觀止本朝虞初新誌》（東京：文玉圃，1883），3 卷 3 冊。轉引自李進益博論，頁 250。

裨補名教，豈可謂細小乎哉。」〔註101〕十分精闢地闡述出他自身小說創作的意識和目的。以菊池仿效張潮所創著的《奇文觀止本朝虞初新誌》來看，其創作動機和目的也不外如張潮，乃藉小說以達勸善懲惡之教化功能。其友人鹽谷誠即說：「記怪、記情事、記忠孝節義、記寓言、戲謔，殆亦使人笑泣交集，喜怒更發，耽然不能釋手，可謂奇矣。或約：子顯講詩書，說仁義，其作文章宜醇粹雅正，卓然有所自立，奈何效裨官『虞初』，改與風流才子爭工拙乎字句間耶？」〔註102〕總之，菊池「意有所感」而創作《本朝虞初新誌》，寫忠臣孝子感人之事蹟，鞭撻凶奸猾賊之惡行，刻劃美姬豔妾或姣童冶郎之軼聞，以及幽魂怪異之變，凡世間可喜可駭、可哀可樂之事，盡入小說題材，大抵乃使人在笑泣交集、喜怒更發之餘，發行善戒惡之心。正如其言：「天地山川，人物鬼神，與夫忠孝節烈，奇異之事，可以備稽考，廣聽睹，益勸戒，裨世教者。」〔註103〕

　　如同菊池，另一位日漢文小說的重量級創作家依田學海，其小說創作觀也不脫儒教勸懲的教化目的。依田對於裨官小說的態度乃：

　　或曰：文者載道之器也。裨史小說，豈可謂善用之乎？嗚呼！文之用廣矣，載道論理，文也；娛目快心，亦文也。衣禦寒，足矣，帝舜山龍萃蟲爲繪；食充腹足矣，孔子不厭精細。何則，娛目快心者，聖賢亦與人同也。若夫宋明以後，腐儒陋生，陳言迂論，自以爲載道之文，讀之使人倦極思睡，是一廢紙耳，不足爲文也。〔註104〕

　　此文相當清楚地呈現出依田對通俗小說價值的肯定，重視與肯定通俗小說的勸懲教化價值，成爲其小說創作的主要觀念之一。依田自言喜讀曲亭和《水滸傳》等和漢裨史小說，他也從這些小說作品中承接了「裨補名教」的教化精神。依田對馬琴的小說作過研究，並將其軼聞寫成史傳式的筆記小說，馬琴小說的特色之一，即爲強調勸善懲惡及因果報應，因而依田在嗜讀之餘，其小說創作的觀念也顯然繼承了馬琴這種勸懲教化的野史精神，期使讀者在享受閱讀之餘，能有所感化向善。

〔註101〕菊池三溪，《奇文觀止本朝虞初新誌》，卷中。轉引自李進益博論，頁251。
〔註102〕鹽谷誠〈敘〉，見菊池三溪《本朝虞初新誌》卷上。轉引自李進益博論，頁260。
〔註103〕鹽田秦〈跋〉，見菊池三溪《本朝虞初新誌》卷下。轉引自李進益博論，頁261。
〔註104〕依田學海〈序〉，見菊池三溪《譯準綺語》。轉引自李進益博論，頁300。

　　以依田的名著《譚海》來看。依田好友川田甕江即說：「若近世所傳《聊齋志異》、《夜談隨錄》、《如是我聞》、《子不語》諸書，率皆鄙猥荒誕，徒亂耳目，而吾友依田君川者《談海》，頗有異其撰者，蓋彼架空，此據實；彼外各教，此寓勸懲，彼主諧謔，此廣見聞。」〔註105〕《譚海》雖頗重寫實，但小說集中，並非完全實錄，亦非嚴正不涉諧謔；大體言其精神底蘊，仍是「寓勸懲、廣見聞」。其自言《譚海》創作乃欲仿效《虞初新志》，採錄近世之可喜可愕、可歌可泣之傳記事蹟，欲令人讀後有所喜悅或醒悟之作，即以稗官野史的教化功能爲主，採擷正史經傳不載的三教九流人物，只要有益名教、足垂鑑戒者即傳之，著力宣揚儒教之勸懲教化的價值思想〔註106〕。

　　回到台灣傳統文人的創作意識來看。前述我們已述及文人記者對報刊、記者的認知乃是「教化」、「啓蒙」的儒教觀點，轉化在報刊小說的創作上，也必然依遁這一觀念；再者，文人士紳深受儒教倫常道德意識的薰陶，其小說理解的前提乃是與教化相連結的「勸懲」功能觀，故而其小說創作亦可視爲是對教化價值的一種實踐。如李逸濤最早發表的〈玉梅烈女傳〉〔註107〕，故事講述女子玉梅於父喪居泉期間，與泉郡黃生詩文唱合生情而約以婚嫁，無奈葉生秋試失敗，又因案繫獄，玉梅苦等葉生數年始知情由，遂商以父親舊識搭救葉生出獄。後玉梅以書信寄泉郡，奈何當初黃生未以眞名以示，遂使玉梅空等回音，日夜以淚洗面，最後遺下滿腔的詩詞思念而逝。後黃生至廈才聽聞玉梅之事，因恨其有負情人而導致精神瘋癲，最後落井而死。在這則筆記故事中，李逸濤採用了常見的才子佳人題材，突出描繪了玉梅才德兼具的形象；玉梅既能與黃生詩文往來，在雙方傾訴情意後仍能守禮而不亂；得知情人繫獄後又能沉著地想方設法搭救其出獄，這些舉措都顯示出玉梅作爲一位「佳人」的智德兼備；最後，玉梅又死於專情而成「烈女」。李逸濤在這則筆記小說中所宣揚的，乃是玉梅的節烈精神，在其筆下，玉梅兼具了孝、才、德、智等良好品德，但最後仍以其死作爲一種價值宣揚的高潮，亦即對情人的專一而守貞至死——「節烈」。這則小說寄寓價值宣揚之目的，讀之可辨。

　　又如謝雪漁於明治三十九年（1906）四月二十八日發表於《漢文臺日報》

〔註105〕川田剛〈序〉，見依田學海《譚海》卷一。轉引自李進益博論，頁311。
〔註106〕李進益，〈明清小說對日本漢文小說影響之研究〉，頁305。
〔註107〕刊載於明治33年（1900）1月1日《台日報》漢文欄，姓名誤植爲「李逸壽」。

的〈靈龜報恩〉（分上、下兩回），故事敘述藤邸相國家「怡園」池中之靈龜，化身成相國寵妾梅姬的婢女戀波，戀波爲報恩相國，不僅解救掉入池中的世子鶴太郎，救回其命，在火燒邸宅時，口唧水以澆滅，更揭破梅姬與通奸者北原神三欲殺害鶴太郎的奸計，最後戀波在相國夢中娓娓道出此故事，相國始知戀波乃園池中靈龜所化，欲以報恩。

在此則筆記小說最末，謝雪漁仿史傳春秋筆法言：

> 逸史氏曰。廣異記載劉彥回父爲潮洲刺史。有下僚於銀坑得一龜。長一尺。持獻郡官。謂得此龜。則壽千歲。使君謝已非其人。自送至坑所。後彥回官房州。山水汎濫。一家惶恐。俄有大龜引路。隨之而行。悉是淺處。歷十餘所。得免水難。彥回夢龜曰。昔在銀坑。蒙先使君之惠。故以報恩。又抱朴子載郡儉行獵。誤墜空塚之中。從龜學導引之法。甚矣。龜能得道長生。又不忘報恩。自古有然。不得以此一節爲異也。世之不知酬恩者。寧非龜之不如乎。

這則小說之創作乃出於《廣異記》中之故事，以龜長壽又知報恩的形象、故事性爲奇，所以仿作〈靈龜報恩〉，雖則故事以日本人物爲背景，但其意旨仍在於「世之不知酬恩者，寧非龜之不如乎」，訴諸道德上之勸戒。

再如少潮同年五月五日發表於《漢文臺日報》的〈烈女報仇〉，故事講述伊東阿春爲報父仇，甘入權門爲婢打探仇人消息，席間以智套問並確認仇人，並聯合家主奴鐵平埋伏於半路，終得以手刃殺父仇人的故事。在小說最後，少潮也援用春秋筆法評曰：「奇史曰。阿春一屛弱女子。而能雪大仇於權貴之門。緹縈奇女。雙炳宇宙。觀其往來於豪門奴婢間。十餘年不動聲色其慎密負重。志堅鐵石。心細毫毛。雖古忠臣義士之行爲。何以過是。可不謂奇偉哉。噫此其所謂神州奇女伊東阿春也。」贊許伊東復仇心意之堅定，心思之慎密，無下於忠臣義士之節烈行爲。

從這幾則舉例，我們看到日治初期傳統文人報刊小說創作的主要寄寓仍在於道德價值之勸懲及標彰的教化目的之上。透過上述日台文人漢文小說創作意識的例舉，我們了解到雖則中國古典小說在傳入日本後，因應社會、國情的不同而在小說創作及接受上逐漸發展出屬於日本的獨特品味，但在創作的動機和目的上，訴諸於道德勸懲的儒家教化精神仍然是其創作的底蘊。就此點來說，日治初期刊載在《台日報》或《漢文台日報》上的日人漢文小說，其創作意旨大抵並無逸出傳統文人的小說理解之外；換言之，不論是日文人

還是台地傳統文人的漢文小說創作，其意識仍根基於儒家教化，仍在於勸善懲惡；而正也是這份歸趨於共同儒教價值的創作意識，成為傳統文人不斥日人漢文小說，並願予以仿效或繼承的原因。

　　本章節，透過在殖民者天皇儒教價值移植的漢文文化統合背景下，傳統文人對現實局勢的面對和轉化，以及其（新聞記者）報刊小說創作的考察，我們了解到殖民報刊透過古典漢文語言策略的應用，先驗地侷限著報紙新聞所可能帶給殖民地人民近代的反殖思想，此舉無疑扼殺了近代新聞的啓蒙性質，而以古典漢文一面迎合了傳統儒教士紳的資本轉化，亦一面移植了統治者以天皇為核心建立的儒教道德價值。報刊的啓蒙性受到壓抑，特顯出教化的觀點以及「新奇」的撰述品味，得到更大的繼承和發微；李逸濤、謝雪漁、魏清德、陳伯興、黃植亭、羅秀惠等文士記者的報刊小說創作，乃至對菊池三溪、依田學海等日漢文人小說作品的評介、模仿或繼承，不單是對於儒教價值的肯定表現，更且有著根基於傳統台灣儒教社會的深層文化價值觀，可以說，是一種對於混雜時代和種族的儒教文化精神之創作表現。

結　論

　　經過從儒教社會的形塑、士紳的地方教化和小說接受，以及殖民者儒教
移植三個「教化」層向的探討，對於台灣近代小說的社會存在、發生形態，
我們有了更為深入的瞭解。

　　清領時期是台灣儒教社會的形成期，緣於開拓初期豪強型的地方領導，
以及逐利的社會風氣，移墾社會不利於文教的發展，亦促使士紳階層形成遲
晚；但另方面，重利的動機與重視消遣娛樂的社會風氣，卻助益了非書面的
小說通俗性的傳播，商業市鎮的形成以及市民階層的興起，為通俗小說的發
展奠下物質和需求（聽者）基礎。小說除卻其通俗娛樂性，也因作為教化意
識傳播的一部分，而受到儒教道德倫常觀念的制約；勸懲的文學價值觀念與
庶民功利的信仰而偏好談奇述異的文化心理，都對小說的發展產生了影響。

　　儒教社會的小說傳播因著社會文化資本的不同，而分成二種途徑。清代
台地書面小說的傳播、流通並不發達，其形態大抵以書坊販售、租借和文人
同好間之傳閱為主要傳播方式；書坊之規模僅限於滿足地方文士科舉及消遣
之所需，小說書籍甚少，其來源則大抵透過函購、親赴的方式自上海、廈門、
福州等對渡城鎮購得。非書面的小說通俗性則大抵透過說書、戲劇等俗民娛
樂形式傳播，與書面小說相較，其更有著廣泛的流動。

　　在地方士紳的小說接受上，文人對小說的接受主要建立在娛情和教化兩
種文化心理。在傳統儒家道統的薰陶下，儒士「經世濟民」、「化民成俗」等
教化自覺，則是其援引小說以行教化的動機，證以小說接受的考察，明清通
俗小說，如三國演義、水滸傳、西遊記等名著仍為大宗，其他如講史演義、
才子佳人、英雄俠義、聊齋鬼怪等類別小說也多獲文人的喜愛；小說之地位

未脫小道、叢談,因而多標舉助益於教化的價值旗幟,其內涵仍主要訴諸儒教的道德勸懲、揭露因果報應的教化旨趣。

及至日本領台,在慣習尊重及漢文同文的政教策略下,統治者一面維繫台灣舊有的傳統社會形態,一面透過漢文和報刊的中介,移植其天皇國體性質的儒教價值觀,最後以〈漢譯教育敕語〉為精神核心的殖民教育體制建立起新的價值支配。舊有社會形態的維持,助益於古典小說維繫其傳播形態和小說的接受品味;而隨著殖民報刊的創設,殖民者透過「同文」的傳統漢文學的呼求和籠絡,建立了收編傳統文人對殖民政權認同的通路。

在天演、文明競尚的時代風潮下,基於漢文價值的維繫、發揚和種族開化進步的心理,傳統文人則選以漢文新聞記者、主筆作為其「儒家士紳」之近代轉化,並以報刊小說創作揭開了台灣近代小說的序幕。但在報刊語言以及儒教文化統合政策的侷限、影響下,台灣近代小說所展現的是文人性質濃厚的古典漢文創作之筆記體小說,雖則隨著殖民統治的推移而展現出對母國(日本)文化文學的吸收,但其內涵底蘊仍主要基於傳統儒士「教化」、「啓蒙」的觀點。

藉以文人士紳的傳統小說接受與近代報刊小說創作作為探究主題,對於台灣小說起源的整體性,我們有了更為深入的理解。台灣小說乃是從移墾儒教社會孕育而生,儒教重道德教化、勸善懲惡的文學價值觀念,強烈影響、制約著小說的發展;這一印跡,乃透過清末和日治初期,文人士紳的小說接受,以及肆應時局變動下的報刊小說創作所顯現出來。然則,在教化價值之下,亦隱含著文人士紳對小說藝術性的娛情感動,文人士紳對「非正統」的通俗小說這一複雜心理,正適足代表了儒教社會小說存在和發展的曲折形態。

參考文獻

一、史料類／工具書

1. 臺灣史料集成編輯委員會編系列：《明清臺灣檔案彙編・第貳輯》第九冊（臺北市：遠流，2006 年）。

2. 臺灣史料集成編輯委員會編系列：陳培桂纂輯，《淡水廳志》（臺北市：文建會，2006 年）。

3. 臺灣史料集成編輯委員會編系列：周鍾瑄主修，《諸羅縣志》（臺北市：文建會，2006 年）。

4. 台灣銀行經濟研究室編印，台灣文獻叢刊系列：朱景英，《海東札記》（第19 種，1958 年 5 月）《台灣教育碑記》（第 54 種，1959 年）。

5. 台灣銀行經濟研究室編印，台灣文獻叢刊系列：藍鼎元，《平臺紀略》（第14 種，1958 年）《台灣教育碑記》（第 54 種，1959 年）。

6. 臺灣文獻類編，臺灣先賢詩文集彙刊系列（龍文出版）：吳子光，《一肚皮集（一）、（二）、（五）、（七）》（2001）《雲林縣志稿》（雲林縣：雲林縣文獻委員會，1977 年）。

7. 臺灣文獻類編，臺灣先賢詩文集彙刊系列（龍文出版）：吳景箕，《吳景箕全集（下）》（2006）《雲林縣志稿》（雲林縣：雲林縣文獻委員會，1977 年）。

8. 臺灣文獻類編，臺灣先賢詩文集彙刊系列（龍文出版）：施士洁，《後蘇龕合集（上）》（1992.3 月）《雲林縣志稿》（雲林縣：雲林縣文獻委員會，1977 年）。

9. 臺灣文獻類編，臺灣先賢詩文集彙刊系列（龍文出版）：鄭用錫，《北郭園全集（上）》（1992.6 月）《雲林縣志稿》（雲林縣：雲林縣文獻委員會，1977 年）。

10. 沈家本，《沈家本未刻書集纂（下）》（北京：中國社會科學，1996 年）。

11. 洪棄生，《洪棄生先生遺書（五）、（六）》（台北市：成文，1970 年）。

12. 張麗俊，《水竹居主人日記（一）～（三）》（臺北市：中研院近史所；台中縣文化局，2000 年 11 月）。

13. 張純甫，《守墨樓藏書目錄‧叢書部‧卷密書室之部》（新竹市：竹市文化中心，1996 年 8 月）。

14. 許雪姬主編，《黃旺成先生日記（一）、（二）》（台北市：中研院台史所；嘉義縣民雄鄉：中正大學，2008 年 9 月）。

15. 連橫，《雅堂文集》（南投市：台灣省文獻委員會，1992 年）。

16. 《日據時期台灣統計書‧冊 23、26》（台北市：台灣總督府民政部文書課，2002 年）。

17. 中島利郎編，《「台灣民報‧台灣新民報」總合目錄 1》（東京：綠蔭書房，2000 年 12 月）。

18. 石昌渝主編，《中國古代小說總目‧白話卷／文言卷》（太原：山西教育，2004 年 9 月）。

19. 史仲文主編，《中國文言小說百部經典》（北京：北京出版社，2000 年）。

20. 江蘇省社科院明清小說研究中心文學研究所編，《中國通俗小說總目提要》（北京：中國文聯，1990 年）。

21. 吳福助，《日治時期臺灣小說彙編》（臺中：文听閣，2008 年 4 月）。

22. 李夢生，《中國禁毀小說百話》（上海：上海古籍，1998 年）。

23. 周振鶴，《晚清營業書目》（上海：上海書店，2005 年 4 月）。

24. 韋力主編，《中國近代古籍出版發行史料叢刊補編》（北京：線裝書局，2006 年）。

二、專 書

1. 王爾敏，《明清社會文化生態》（臺北市：臺灣商務，1997 年）。

2. 王見川，《台灣的齋教與鸞堂》（台北市：南天，1996 年）。

3. 王詩琅，《三年小叛五年大亂》（高雄市：德馨室，1980 年 3 月）。

4. 司馬云杰，《文化社會學》（山東：山東人民，1990 年 3 月）。

5. 古今小說集成編委會編，上海：上海古籍出版，1990 年：《說岳全傳》、《平山冷燕》、《兒女英雄傳》、《天豹圖》、《歧路燈》、《大宋中興通俗演義》。

6. 北岡伸一著、魏建雄譯，《後藤新平傳：外交與卓見》（台北市：台灣商務，2005 年）。

7. 杜維明著、陳靜譯，《儒教 Confucianism》（臺北市：麥田，2002 年 12 月）。

8. 宋莉華，《明清時期的小說傳播》（北京：中國社會科學，2004 年 7 月）。

9. 余邵魚著、蔡元放評點，《東周列國志》（臺北市：文政，1972 年 5 月）。

10. 李汝珍著、尤信雄校注，《鏡花緣》（臺北市：三民，2007 年）。

11. 李世偉，《日據時代台灣儒教結社與活動》（台北市：文津，1999 年）。

12. 李綠園著，新文豐校注，《歧路燈》（台北市：新文豐，1983 年）。

13. 李國祁，《清代台灣社會的轉型》（台北市：教育部社會教育司，1978 年）。

14. 吳文星，《日治時期台灣的社會領導階層》（台北市：五南，2008 年 5 月）。

15. 邱坤良，《舊劇與新劇：日治時期台灣戲劇之研究（1895～1945）》（台北市：自立晚報，1992 年）。

16. 林景淵，《日據時期的台灣圖書館事業》（台北市：南天，2008 年）。

17. 林淑慧，《台灣清治時期散文的文化軌跡》（臺北市：臺灣學生，2007 年）。

18. 林會承，《清末鹿港街鎮結構》（台北市：鏡與象出版，1985 年 8 月）。

19. 前野直彬，《中國文學的世界》（臺北市：臺灣學生，1989 年）。

20. 苗壯，《筆記小說史》（浙江：浙江古籍，1998 年）。

21. 翁佳音，《台灣漢人武裝抗日史研究（1895～1902）》（台北：國立台灣大學出版中心，1986 年）。

22. 陶德民，《日本漢學思想史論考》（吹田市：關西大學，1998 年 3 月）。

23. 陳來，《東亞儒學九論》（北京：三聯書店，2008 年）。

24. 陳建忠、應鳳凰、邱貴芬等合著，《臺灣小說史論》（臺北市：麥田，2007 年）。

25. 陳江，《明代中後期的江南社會與社會生活》（上海：上海社會科學院，2006 年）。

26. 陳培豐，《「同化」の同床異夢：日治時期臺灣的語言政策、近代化與認同》（臺北市：麥田，2006 年）。

27. 陳瑋芬，《近代日本漢學的「關鍵詞」研究：儒學及相關概念的嬗變》（臺北市：臺大出版中心，2005 年）。

28. 陳進傳、朱家嶠，《宜蘭擺厘陳家發展史》（南投市：臺灣文獻館，2005 年）。

29. 陳其南，《台灣的傳統中國社會》（臺北市：允晨文化，1987 年）。

30. 陳紹馨，《臺灣的人口變遷與社會變遷》（臺北市：聯經，1979 年 5 月）。

31. 張炎憲、翁佳音合編，《陋巷清士：王詩琅選集》（台北縣：稻鄉，2000 年）。

32. 張振軍，《傳統小說與中國文化》，（桂林市：廣西師範大學，1996 年）。

33. 張仲禮著、李榮昌譯，《中國紳士——關於其在 19 世紀中國社會中作用的

研究》（上海：上海社會科學院，1992 年 7 月）。

34. 黃富三，《臺灣水田化運動先驅施世榜家族史》（南投市：臺灣文獻館，2006年）。

35. 黃書光主編，《中國社會教化的傳統與變革》（濟南：山東教育，2005 年）。

36. 黃美娥，《重層現代性鏡像：日治時代臺灣傳統文人的文化視域與文學想像》（臺北市：麥田，2004 年）。

37. 許俊雅、吳福助編，《全臺賦》（臺南市：國家台灣文學館，2006 年）。

38. 馮夢龍原著，蔡元放改撰，劉本棟校注，《東周列國志》（臺北市：三民，2007 年）。

39. 楊慶堃著、范麗珠等譯，《中國社會中的宗教》（上海：上海人民，2006年）。

40. 董國炎，《明清小說思潮》（太原：山西人民，2004 年 3 月）。

41. 劉岳兵，《日本近代儒學研究》（北京：商務，2003 年）。

42. 魏秀仁著，《花月痕》（臺北市：三民，1998 年）。

43. 嚴紹璗、中西進主編，《中日文化交流 6・文學卷》（杭州市：浙江人民，1996 年 11 月）。

三、單篇論文（專書、論文集／學報、期刊／研討會）

（一）專書、論文集

1. 李承機，〈殖民地臺灣媒體使用語言的重層構造〉，若林正丈、吳密察主編，《跨界的臺灣史研究》（臺北市：播種者文化，2004 年）。

2. 李日章，〈儒家意理與台灣社會〉，《台灣漢文化之本土化》（台北市：前衛，2003 年）。

3. 胡萬川，〈新列國志的介紹〉，馮夢龍著，《新列國志》（臺北市：聯經，1981年）。

4. 夏志清，〈文人小說家和中國文化——「鏡花緣」研究〉，《文人小說與中國文化》（臺北市：勁草文化，1975 年）。

5. 許佩賢，〈殖民地臺灣的近代學校——其實像與虛像〉，若林正丈、吳密察主編，《跨界的臺灣史研究》（臺北市：播種者文化，2004 年）。

6. 蔡淵洯，〈清代臺灣的移墾社會〉，收錄於瞿海源、章英華主編，《台灣社會與文化變遷（上）》（台北市：中研院民族學研究所，1986 年 6 月）。

7. 駒込武，〈臺灣的「殖民地近代性」〉，若林正丈、吳密察主編，《跨界的臺灣史研究》（臺北市：播種者文化，2004 年）。

8. 內山知也，〈有關江戶時代明治時代的漢文人物逸話集——世說系和叢

談系——〉，國立中正大學中文系、語言與文學研究中心主編，《外遇中國——「中國域外漢文小說國際學術研討會」論文集》（臺北市：臺灣學生，2001 年）。

9. 李進益，〈《準譯開口新語》初探〉，收錄在東吳大學中文系編，《域外漢文小說國際學術研討會論文集》（台北市：東吳大學中文系，1999 年）

10. 宋光宇，〈台灣的善書及其社會文化意義〉，收錄於許俊雅教授編，《第一屆台灣本土文化學術研討會論文集》（臺北市：國立臺灣師範大學，1995 年）。

11. 陳培豐，〈日治時期的漢詩文、國民性與皇民文學——在流通與切斷過程中走向純正歸一〉，《跨領域的台灣文學研究學術研討會論文集》（台南市：國立國家台灣文學館，2006 年）。

12. 陳慶浩，〈古本漢文小說辨識初探〉，國立中正大學中文系、語言與文學研究中心主編，《外遇中國——「中國域外漢文小說國際學術研討會」論文集》（台北市：台灣學生，2001 年）。

13. 楊永彬，〈日本領臺初期日臺官紳詩文唱和〉，若林正丈、吳密察主編，《臺灣重層近代化論文集》（臺北市：播種者文化，2000 年）。

（二）學報、期刊

1. 王幼華，〈日本帝國與殖民地臺灣的文化構接——以瀛社爲例〉，《臺灣學研究》第七期，2009 年 6 月。

2. 黃美娥，〈日、臺間的漢文關係：殖民地時期臺灣古典詩歌知識論的重構與衍異〉，《台灣文學與跨文化流動——東亞現代中文文學國際學報》（臺北市：行政院文建會，2007 年）。

3. 游勝冠，〈同文關係中的台灣漢學及其文化政治意涵——論日治時期漢文人對其文化資本「漢學」的挪用與嫁接〉，《台灣文學研究學報》第八期，2009 年 4 月。

4. 鄭鏞，〈論漳州人的人文性格〉，《漳州師範學院學報（哲學社會科學版）》，2005 年第四期。

5. 潘建國，〈明清時期通俗小說的讀者與傳播方式〉，《復旦學報（社會科學版）》，2001 年第 1 期。

6. 蔡淵洯，〈清代台灣基層政治體系中非正式結構之發展〉，《國立臺灣師範大學歷史學報》第 11 期，1983 年。

7. 何義麟，〈評駒込武，《植民地帝國日本の文化統合》〉，《新史學》第十一卷四期，2000 年 12 月。

8. 黃美娥，〈從詩歌到小說——日治初期台灣文學知識新秩序的生成〉，《當代》第 221 期，2006 年 1 月。

9. 張踐，〈儒學‧儒教‧宗教〉，《國際儒學研究》第 15 輯，北京：九州，2007

年。

10. 陳培豐，〈日治時期臺灣漢文脈的漂游與想像：帝國漢文、殖民地漢文、中國白話文、臺灣話文〉，《臺灣史研究》15 卷 4 期，2008 年 12 月。

11. 董伯林，〈隱匿賦權與自覺內生的博弈──明清時期士紳教化權力來源探析〉，《大學教育科學》總第 108 期，2008 年第 2 期。

12. 蔡淵洯，〈清代臺灣社會領導階層的組成〉，《史聯雜誌》第二期，1983 年 1 月。

13. 劉惠玲、童光東，〈近代石印醫籍刊印史略〉，《中華醫史雜誌》1998 年第 3 期。

（三）研討會

1. 黃美娥，〈「文體」與「國體」：日本文學在日治時期臺灣漢語文言小說中的跨界行旅、文化翻譯與書寫錯置〉，「『交界與游移』──近現代東亞的文化傳譯與知識生產國際學術研討會」論文，2009 年 9 月 11 日。

四、學位論文

1. 川路祥代，〈殖民地臺灣文化統合與臺灣傳統儒學社會〉（國立成大中文所博論，2002 年 6 月）。

2. 楊秀蘭，〈清代台南府城五條港區的經濟與社會〉（國立台灣師範大學歷史研究所 93 學年度碩論）。

3. 李進益，〈明清小說對日本漢文小說影響之研究〉（文化大學中文 81 學年度博論）。

五、電子資料

1. 《台灣日日新報》，漢珍清晰電子版。

2. 《漢文台灣日日新報》電子全文版，漢珍數位圖書股分有限公司。

3. 「吳三連臺灣史料基金會」：http://www.twcenter.org.tw。

4. 「中國古典文藝思潮研讀會第三十四次研讀會會後摘要」網路資料：http://blog.sina.com.tw/inbooks/article.php?pbgid=33426&entryid=589788&。

5. 茂呂美耶，《江戶日本》（台北市：遠流，2009 年 4 月）。網站資料：http://www.ylib.com/travel/notes/rv041201.htm。

6. 「賴和紀念館」之「賴和藏書目錄」：http://cls.hs.yzu.edu.tw/laihe/B1/b22_2.htm。

7. 「鍾理和數位博物館」相關文物「藏書」：http://cls.hs.yzu.edu.tw/zhonglihe/o5/iframe/i_0421.htm。

8. 〈聽說書——老上海文化景觀〉,「中國網」2006 年 4 月 13 日（文章來源：新華網上海頻道）：

   http://big5.china.com.cn/chinese/zhuanti/06msh/1182423.htm。

9. 《葉聖陶作品集》,「龍騰世紀」網頁：

   http://www.millionbook.net/mj/y/yeshengtao/index.html。

10. 〈日本義烈傳序〉：http://kindai.ndl.go.jp/info:ndljp/pid/778503。

11. 「日本國立國會圖書館」網頁資料：http://kindai.ndl.go.jp/。

呂赫若小說的民俗書寫

沈丹莉　著

作者簡介

沈丹莉，生於臺北市，國立臺北教育大學語文與創作學系碩士班畢業，曾任職報社、教育部國語推行委員會，現職新北市蘆洲國小教師，曾獲全國語文競賽作文項目教師組第一名，擔任新北市語文競賽作文組評審及指導老師。

提　　要

　　呂赫若（1914～1951）小說中使用頗多的民俗書寫，有些描述甚詳，有些則輕描淡寫。以本論文研究範圍來說，呂赫若小說二十六篇，除了〈一年級生〉、〈故鄉的戰事一 ——改姓名〉、〈故鄉的戰事二—— 一個獎〉三篇沒有明顯的民俗書寫外，其餘二十三篇，篇篇都有著墨民俗部分，共計一百四十七處。相較於同一時期其他作家的民俗書寫，呂赫若的作品中雖然對民俗有批判、有諷刺，卻有更多從民俗的角度來襯托農民及一般百姓的善良純樸，在日治時期崇尚現代化而刻意凸顯民俗的落後和迷信的風氣中，不由得令人特別注目。本論文透過全面檢視呂赫若小說中的民俗書寫，分別從技術文化、倫理文化及表達文化三部分的民俗書寫來探討：技術文化的民俗書寫以「點」的方式呈現；倫理文化的民俗書寫以「線」的方式呈現；表達文化的民俗書寫則以「面」的方式呈現。透過這一系列民俗書寫的方式，重新審視呂赫若在當時時空背景下的創作意涵和真正用意。

謝　誌

　　其實很滿足這樣的生活：下班後忙完所有的家事，然後和兒子各據書桌一方，各自努力，為自己的目標而奮鬥。而生活可以很簡單。

　　讀研究所是自己中年後的壯志，總覺得不足了、該進修充電了。但在工作、家庭、學業之間角力是很辛苦的，能完成論文，首先要感謝指導教授翁聖峰老師，我從台灣文學的門外漢入門，就知道老師花了多少心血。翁老師教我的，不只是專業知識的領域，更有為人處事的道理，尤其最令我感動的是，每次無以為繼時，都是老師適時的打氣激勵了我，沒有老師，我不會堅持。

　　再來要感謝引領我進入台灣文學殿堂的莫素微老師，因為老師的導讀，我在文學之路巧遇呂赫若，從此結下不解之緣。莫老師鼓勵我放下不懂日語的顧忌，並允諾在翻譯上協助，老師溫暖的照拂，是研究得以繼續的最大助力。還有周志煌老師在計畫考時給我明確的指示，讓我在一開始不致走偏方向，能篤定的勇往直前。三位老師的諄諄教誨和循循善誘，是最佳的人師典範。我有幸親炙老師的言教身教，在重返職場時，會謹記並取法三位老師，以更大的寬容對待學生。

　　當然還要感謝我的家人：先生的包容、兒子的懂事、父母的支援、兄弟的加油，還有同學、朋友、同事的扶持，一一唱名恐掛一漏萬，但都深印在我心底，沒有大家的成全，我就無法完成任務。此刻充滿感恩，因為這些人，我終於對自己有了交代。

　　論文付梓，一切只是開始，我始終深信，曲未終，人也未散。

目次

第一章 緒 論

第一節 研究動機與目的

一、研究動機

　　民俗是常民生活文化的根基，也是民族文化歷史的長河主流，台灣民俗源自三、四百年前，隨先民自福建、廣東地區移植而來。這四百年間，台灣自明末歷經荷西佔領、清領、日治以及戰後迄今，或統治、或佔領、或殖民，也因此形成台灣本土特有多元的民俗風貌。文學形式與民俗內容是密不可分的，兩者都來自於生活的美感體驗，傳達人民共有的思想與文化。

　　美國社會學家孫末納（William G. Sumner）把規範文化細分為兩類，一為民俗（folkways），一為民德（mores）。民俗是指一個社會或團體中所流行的風俗習慣或活動方式，是人們所認同的，是歷代流傳下來的，這些並不一定全部是對的或合理的，但卻被大多數人所遵守。〔註1〕英國人類學家泰勒（Edward B. Taylor）曾對文化下過這樣的定義：文化是一個包括人在社會中所習得的知識、信仰、美術、道德、法律、風俗，以及任何其他的能力與習慣的整體，這個定義到今天仍被奉為經典。〔註2〕由此可知，透過民俗來瞭解文化，進而瞭解歷史，應該是研究者可以遵循的方法之一。

〔註1〕 蔡文輝、李紹嶸編著，《社會學概論》（台北市：三民，2006年），頁43～44。
〔註2〕 蔡文輝、李紹嶸編著，《社會學概論》（台北市：三民，2006年），頁35。

　　隨著研究台灣文學的熱潮，日治時期的日文作品開始被翻譯介紹，彼時的左翼思想也不再是禁忌，在學術討論的殿堂之上，都可以受到公評。素有「台灣第一才子」〔註3〕之稱的呂赫若，在短暫的文學生命遺留下來的小說篇章：〈牛車〉、〈暴風雨的故事〉中弱勢農民的痛苦生活，〈財子壽〉裡的階級壓迫，〈廟庭〉、〈月夜〉、〈前途手記〉、〈女人的命運〉、〈冬夜〉中女人難逃的宿命，〈風水〉被迷信牽著命運的愚癡，〈田園與女人〉、〈清秋〉裡知識份子的掙扎，這些呂赫若筆下生動的描述，不但存在在日治時期的社會，儘管時間遞遭，相同的際遇和問題，一樣存在在今日的社會，呂赫若筆下的農村生活、階級壓迫、女性宿命、反省掙扎等面向，以另一種形式借屍還魂，栩栩如生的在我們的周遭搬演。時隔多年重新閱讀，沒有時間的距離，更超越空間的藩籬，讀來彼時社會萬象躍然紙上。這固然是作者塑造人物、鋪陳情節，有成功獨到之處，但與其中的民俗書寫，能與庶民生活緊密接合，亦有極大的關係。因此本論文將就呂赫若小說中有關民俗書寫的部分，進一步深入討論研究，一方面釐清作者創作的緣由和意涵，一方面也剖析日治時期社會的氛圍和環境。

　　同一時期的文學作品，如賴和的〈鬥鬧熱〉、楊守愚的〈移溪〉、朱點人的〈島都〉等，都藉著民俗書寫，對宗教迷信加以批判，呂赫若的〈風水〉也有相同的反省。其他如龍瑛宗的〈黃家〉、吳希聖的〈豚〉、楊逵的〈無醫村〉、賴和的〈未來的希望〉，都有對民俗的不當加以諷刺。皇民化運動時期，殖民者禁絕台灣民俗的同時，文學中對民俗的質疑和批評更是多見，唯獨呂赫若此時期的作品，大多未對民俗有所批判，反而是藉由民俗書寫，呈現台灣人民忠厚善良的一面，顯然日治末期小說中的民俗書寫，應該有其他原因存在。〔註4〕本論文也想藉由呂赫若小說中的民俗書寫，分別加以歸納剖析，探討他少批判多同情的真正用意。

〔註3〕　「台灣第一才子」的稱號，據王建國查證，大約肇始於《民眾日報》藝文組所舉辦的一場關於臺灣文學的討論會，其標題為「台灣第一才子的小說藝術——呂赫若的文學評價」，載於1992年3月5日～9日，其後林至潔《呂赫若小說全集》及陳映真等著《呂赫若作品研究》也都冠上「台灣第一才子」，見王建國，《呂赫若小說研究與詮釋》（台南市：南市圖，2002年），頁2。
〔註4〕　見許俊雅，《見樹又見林——文學看台灣》（台北市：渤海堂，2005年），頁149。

二、研究目的

　　呂赫若是典型的入世型作家，他認為作家必須懷抱入世的理想與使命感，克盡社會責任，除了用筆，還要透過行動，將關懷付諸實踐。在時局詭譎之中，做為一個有自覺的台灣作家，呂赫若無法自閉於書房，他不得不選擇行動，因此，英年遭逢悲運，僅僅留下許多優質的文學作品。

　　呂赫若的文學成就，無論就藝術技巧或主題思想而論，都被認為是日治時期台灣作家中的佼佼者，如果不是時代劇變，令他一方面必須使用不熟悉的中文寫作，一方面又將大半心力投注在政治社會改革運動中，最後甚至以身殉道，許多文學評論者相信，呂赫若的文學成就必將更加璀璨。呂赫若認為，文學藝術是認識現實、追求美善的橋樑，好的文學要從生活中創造出來，文學不僅是作家個人的藝術理想，同時也是讓台灣文化生命活絡起來的動力，因此，作家必須以熱情、誠實的心志來從事文學創作。證諸其日記，他在寫每篇作品之前，均經過構思，倘若自己不滿意，不管完成多少，甚至不惜付之一炬。〔註5〕這樣嚴謹的作者，其筆下的民俗書寫，應該不是隨意穿插、毫無作用或目的的陪襯筆觸。

　　本研究奠基於民俗學的理論，探討呂赫若小說中相關的民俗書寫，透過分類歸納及收集資料的綜合整理，呂赫若小說二十六篇，除了〈一年級生〉、〈故鄉的戰事一——改姓名〉、〈故鄉的戰事二——一個獎〉三篇沒有明顯的民俗書寫外，其餘二十三篇，篇篇都有著墨民俗部分，共計一百四十七處。這些數量可觀的民俗描寫，經過分類整理及剖析探討，預期成果如下：

　　（一）將呂赫若小說中相關的民俗書寫分成技術文化的民俗書寫、倫理文化的民俗書寫、表達文化的民俗書寫三大類研究。

　　（二）探討呂赫若小說中的民俗書寫在小說中的催化作用與效果。

　　（三）探討呂赫若小說中民俗書寫部分，有些描述甚詳，有些則輕輕帶過，作者在安排鋪陳上與當時時代背景與現實環境的關係。

　　（四）探討呂赫若小說的民俗書寫少批判而多同情的背後用意和真正企圖。

〔註5〕　見《呂赫若日記》：「將短篇小說〈月夜〉付之一炬。雖是已達三十張的心血之作，卻總覺不中意。想寫更像台灣人的生活的、不誇張的小說。有台灣色彩的作品……」（台南市：國家台灣文學館，2004年），頁85。

第二節　文獻回顧與檢討

一、呂赫若部分

　　呂赫若在 1935 年以日文發表〈牛車〉一文，從此展開他的文學生命。〈牛車〉先是發表於東京《文學評論》雜誌，接著 1936 年由胡風翻譯成中文，收錄在《朝鮮台灣短篇集——山靈》中，然後再於 1976 年刊在《夏潮》雜誌，中間相隔了四十年之久，正足以說明台灣文學一路走來辛苦的軌跡。到了七〇年代末期，由遠景出版光復前台灣文學全集卷五《牛車》，其中收了〈牛車〉、〈財子壽〉、〈風水〉、〈合家平安〉、〈廟庭〉、〈月夜〉、〈清秋〉七篇經典小說，才開始有系統的將呂赫若的作品介紹出來。其中葉石濤〈清秋——偽裝的皇民化謳歌〉〔註6〕及施淑〈最後的牛車——論呂赫若的小說〉〔註7〕就當時有限的資料，對呂赫若的小說展開論述。接著張恆豪編出〈呂赫若創作年表〉〔註8〕，對呂氏生平和作品研究有進一步的了解。接著藍博洲〈呂赫若生平再評價——台灣第一才子〉〔註9〕透過田野調查，確認呂赫若被毒蛇咬死。

　　九〇年代之後有關呂赫若的研究有了可觀的成果，先是有前衛出版《呂赫若集》〔註10〕，共收錄〈牛車〉、〈暴風雨的故事〉、〈婚約奇譚〉、〈萍蹤小記〉〔註11〕、〈女人心〉〔註12〕、〈逃匿者〉〔註13〕、〈鄰居〉、〈玉蘭花〉、〈山川草木〉、〈風頭水尾〉、〈冬夜〉等十一篇小說。接著就有林至潔大量翻譯呂赫若的戰前作品，因為林至潔的翻譯和小說集的出版，使後來對呂赫若的研究有了更進一步的深入瞭解，1995 年聯合文學出版林至潔翻譯的日文小說，並加上五篇雜文，還有戰後四篇中文小說，集結成《呂赫若小說全集》〔註14〕，

〔註6〕　葉石濤〈清秋——偽裝的皇民化謳歌〉，《小說筆記》（台北市：前衛，1983年）。

〔註7〕　施淑〈最後的牛車——論呂赫若的小說〉《台灣文藝》85，1983：11。

〔註8〕　〈呂赫若創作年表〉發表於《民眾日報》1990：12：4。

〔註9〕　見〈呂赫若生平再評價〉發表於《民眾日報》1990：12：3～12。

〔註10〕　《呂赫若集》收錄了張恆豪〈冷酷又熾熱的慧眼——呂赫若集序〉、葉石濤〈呂赫若的一生〉、施淑〈最後牛車——論呂赫若的小說〉。

〔註11〕　〈萍蹤小記〉即林至潔印刻版的〈前途手記——某一個小小的記錄〉。

〔註12〕　〈女人心〉即林至潔印刻版的〈女人的命運〉。

〔註13〕　〈逃匿者〉即林至潔印刻版的〈逃跑的男人〉。

〔註14〕　林至潔所譯版本有兩種，一為聯合文學出版，收有小說二十五篇，計有〈牛車〉、〈暴風雨的故事〉、〈婚約奇譚〉、〈前途手記——某一個小小的記錄〉、〈女人的命運〉、〈逃跑的男人〉、〈藍衣少女〉、〈春的呢喃〉、〈田園與女人〉、〈財

文建會在 1996 年召開「呂赫若文學研討會」，會後集結成《呂赫若作品研究
——台灣第一才子》〔註 15〕。接著，由中國大陸北京社科院與台聯會共同合
辦「呂赫若作品學術研討會」，共發表二十四篇論文，是台灣與中國首次大規
模合作探討呂赫若作品的一次壯舉。

　　另外在鍾美芳的田野調查中，獲得呂赫若日記，並透過研究日記發表〈呂
赫若創作歷程初探——從〈石榴〉到〈清秋〉〉〔註 16〕、〈呂赫若的創作歷程
再探——以〈廟庭〉、〈月夜〉為例〉〔註 17〕，其中前篇提及石榴是為了對抗
西川滿的櫻花傳統，認為石榴中的子是象徵一粒粒反抗的種子。呂赫若的小
說篇名與內容具有一定的相關連結，不管直接表達或反面嘲諷，大部分的篇
名都可以從中嗅出作者意欲表達的情境和氛圍，而且很容易瞭解並掌握。唯
獨〈石榴〉一篇，其內文中從頭到尾不曾出現有關石榴的任何描述，我們只

子壽〉、〈廟庭〉、〈鄰居〉、〈風水〉、〈月夜〉、〈合家平安〉、〈石榴〉、〈玉蘭花〉、
〈清秋〉、〈山川草木〉、〈風頭水尾〉、〈百姓〉、〈故鄉的戰事一——改姓名〉、
〈故鄉的戰事二——一個獎〉、〈月光光——光復以前〉、〈冬夜〉；另一則為印
刻版的《呂赫若小說全集（上）（下）》，除了收了上列的二十五篇小說之外，
另外增加一篇〈一年級生〉，共二十六篇，其中收錄陳芳明〈廢墟之花——呂
赫若小說的藝術光澤〉、林志潔〈期待復活——再現呂赫若的文學生命〉、林
燿德〈淚的寫實與血的浪漫〉、呂正惠〈殉道者——呂赫若小說的「歷史哲學」
及其歷史道路〉、曾健民〈略談新出土呂赫若小說〈一年級生〉〉、呂芳雄〈追
記我的父親呂赫若〉。

〔註15〕　《呂赫若作品研究——台灣第一才子》中收錄十四篇論文：
　　　　陳萬益〈蕭條異代不同時——從〈清秋〉到〈冬夜〉〉，林明德〈呂赫若的短
　　　　篇小說藝術〉，呂正惠〈「皇民化」與「決戰」下的追索——呂赫若決戰時期
　　　　的小說〉，林瑞明〈呂赫若的「台灣家族史」與寫實風格〉，張恆豪〈日據末
　　　　期的三對童眼——以〈感情〉、〈論語與雞〉、〈玉蘭花〉為論析重點〉，藍博洲
　　　　〈呂赫若的黨人生涯〉，柳書琴〈再剝〈石榴〉——決戰時期呂赫若小說的創
　　　　作母題（1942～45）〉，林載爵〈呂赫若小說的社會構圖〉，野間信幸作、邱振
　　　　瑞譯〈關於呂赫若作品〈一根球拍〉〉，施淑〈首與體——日據時代台灣小說
　　　　中頹廢意識的起源〉，垂水千惠作、許佩賢譯〈初期呂赫若的足跡——以 1930
　　　　年代日本文學為背景〉，陳芳明〈殖民地與女性——以日據時期呂赫若小說為
　　　　中心〉，藤井省三作、張秀琳譯〈呂赫若與東寶國民劇——自入學東京聲專音
　　　　樂學校到演出「大東亞歌舞劇」〉，陳映真〈激越的青春——論呂赫若的小說
　　　　〈牛車〉和〈暴風雨的故事〉〉。

〔註16〕　鍾美芳，〈呂赫若創作歷程初探——從〈石榴〉到〈清秋〉〉，「賴和及其同時
　　　　代作家：日據時期台灣文學國際學術會議」宣讀論文，文化建設委員會主辦，
　　　　1994 年 11 月。

〔註17〕　鍾美芳，〈呂赫若的創作歷程再探——以〈廟庭〉、〈月夜〉為例〉，淡水工商
　　　　管理學院台灣文學系籌備處「台灣文學研討會」論文，1995：11。

能從呂赫若的日記中，確切知道這篇小說要表達的主題是「兄弟」，篇名從「血」、「流」最後才定為〈石榴〉，由於石榴多子，在民間還形成了許多與石榴有關的鄉風民俗，因為多子，於是被象徵人丁興旺，民族繁榮，當結婚時，洞房裡會懸掛兩個大石榴，如同結婚禮品，也會有一對繡有大石榴的枕頭，祝他們早得貴子。如果初生貴子，親友喜歡贈送繡有石榴圖案的鞋、帽、衣服、枕頭等，以示祝賀，老年人過壽時，晚輩要送石榴，祝老人幸福長壽。故由石榴所代表的種種形象，可以揣測呂赫若要藉由其子孫緜延的意涵，鋪陳這一篇以兄弟之情為主軸的小說。〔註18〕

　　另一位研究者日本學者垂水千惠，近年來一直致力於呂赫若的研究，他的中文說寫流利，除了探討呂赫若的創作緣由外，並從音樂和戲劇的角度切入，分析這兩者對呂赫若創作產生的影響〔註19〕。垂水千惠從另一個角度指出從呂赫若對〈清秋〉情節的述寫中，可見其肯定「皇民化──日本化──近代化」的關係〔註20〕。由於垂水千惠是直接透過日文來研究呂赫若，和我們透過譯作間接來研究呂赫若不同，因此垂水千惠的論證值得參考，並有過人的深入剖析。

　　至於研究呂赫若的學位論文方面，有朱家慧《兩個太陽下的台灣作家──龍瑛宗與呂赫若研究》〔註21〕，對於呂赫若文學的創作觀和世界觀，有了詳細的解析，是研究呂赫若重要的參考資料，呂赫若以出走與回歸的方式重整臺灣文學的力量，當民族解放與階級解放的夢想破裂時，「婦女」是作家唯一可以書寫的園地，龍瑛宗與呂赫若將以女性角色做為寄託自身與針貶時局的寫作策略。另王建國《呂赫若小說研究與詮釋》〔註22〕，以呂赫若小說的

〔註18〕　許俊雅對「石榴」另有不同的看法，認為呂氏希冀讀者能看見一群最渺小、最被忽視的人物在生活中無可奈何的悲劇，他以最不起眼、最廉價、最多子的水果，來寫最低階層人物的故事，而這些人物同時也佔最多數，就如同多子的石榴。見〈冷筆寫熱腸──論呂赫若的小說〉《台灣文學散論》，頁308。

〔註19〕　見垂水千惠〈第二次大戰期間的日台文化狀況與呂赫若──以其音樂活動為中心〉靜宜大學「第一回台灣文學學術研討會」1998.12.19。

〔註20〕　見垂水千惠〈論〈清秋〉之遲延結構──呂赫若論〉清華大學「賴和及其同時代的作家──日據時期台灣文學國際學術會議」論文，1994：11；與〈日本化與近代化的夾縫──談呂赫若的〈清秋〉〉《台灣的日本語文學》（台北市：前衛，1998年）。

〔註21〕　朱家慧《兩個太陽下的台灣作家──龍瑛宗與呂赫若研究》為1995年成功大學歷史學系碩士論文，後集結為南台灣文學──台南市作家作品集（台南市：南市藝術中心，2000年）。

〔註22〕　王建國《呂赫若小說研究與詮釋》為1998年中山大學中國文學系碩士論文，

流變為一主軸，並配合作者所處的時代環境，探討其小說內容、人物形象、敘事手法……等，在經歷一連串決戰體制、戰後初期、光復後台灣社會政經變動……等時代重大轉折時，有何若干的變化；且佐以甫翻譯出土之《呂赫若日記》，以明作者創作意識及寫作策略；並與當時作家如西川滿、楊逵、龍瑛宗、張文環、王昶雄、周金波、吳濁流……等人之作品相互比較，俾使其小說在相互對照下呈現出立體視域的效果。張嘉元《呂赫若研究》〔註23〕，以呂赫若一生從事的活動為研究重點，從求學與任職經驗的論述、文學作品創作及文藝活動的參與，到最後毅然走向政治活動的不歸路中，來探討呂氏在才子的光環下，為實踐理想所做的努力。同年，張譯文《呂赫若小說之社會思想與女性意識探討》〔註24〕，以呂赫若的小說流變為主軸，從歷史傳記與道德意識分析的角度著手，透過史料分析，由當時文學社團、雜誌、報紙等相關資料，佐以文本、日記、雜文，了解呂赫若的權力結構，探討呂赫若如何透過寫實技巧書寫女性、知識分子、勞動階級與地主諸角色，所吐露的時代意蘊及作品的藝術特色。陳姿妃《呂赫若小說中女性宿命觀研究》〔註25〕，主要探討父權與女性二者的關係架構，呂氏如何從父權與反父權的論述中去突顯女性的問題，進而從作品內容上探討作者所表達在婚姻制度上的合理性。研究者以文獻資料（呂赫若之作品、他人對呂氏本人或其作品所作的評論）為基點，針對呂赫若小說各女性主角角色形象做歸納分析，再輔以人類學論著、女性主義理論、史學專著、輔導學、社會學、心理學等相關資料的印證和解說，以期完整地建構呂氏小說中的女性世界。凌正峯《呂赫若農民小說的左翼立場》〔註26〕，舉證說明呂赫若具有左翼思想的政治傾向，在當時社會主義興盛的氛圍下，對殖民者的不滿都表現於作品中。文學本應反映人生的真實面，這句話形容呂赫若的作品是再貼切不過。童袖瑜《生命的奮鬥：呂赫若小說研究》〔註27〕，以呂赫若（1914～1951）小說和日記為主，

後出版成書（台南市：南市圖，2002年）。

〔註23〕 張嘉元《呂赫若研究》，東海大學歷史學系碩士論文，2003年。

〔註24〕 張譯文《呂赫若小說之社會思想與女性意識探討》，高雄師範大學國文教學碩士班碩士論文，2003年。

〔註25〕 陳姿妃，《呂赫若小說中女性宿命觀研究》，屏東師範學院語文教育學系碩士論文，2004年。

〔註26〕 凌正峯，《呂赫若農民小說的左翼立場》，東海大學中國文學系碩士論文，2008年。

〔註27〕 童袖瑜，《生命的奮鬥：呂赫若小說研究》，國立彰化師範大學台灣文學研究

探討呂赫若的創作立場、書寫風格，與人格特質。吳欣怡《敘史傳統與家國圖像：以呂赫若、李喬爲中心》〔註 28〕，以台灣歷史小說爲主要分析對象，以家國想像爲線索，重新開展台灣歷史小說的課題，描繪不同世代台灣作家的敘史欲求。董恩慈《台灣日本語作家的日本經驗——以呂赫若與楊逵爲中心》〔註 29〕，主要針對呂赫若與楊逵兩位生於日治時期且皆有前往日本就學的兩位作家，進行一連串的分析與探討。

在國家圖書館中文期刊篇目索引中，有關呂赫若的學術論文有四十八篇，當代文學史料影像全文系統裡，有關呂赫若的評論資料共有六十篇、傳記文獻共有二十五筆，再查閱「中國期刊網」中「文史哲專輯」部分，也有近十三篇攸關呂赫若個人或作品的專論，除此之外，收錄於各論文集、評論的專書、小說史……等的篇章亦不少，是研究者不可忽視的珍貴資料。葉石濤〈清秋——僞裝的皇民化謳歌〉〔註 30〕認爲呂赫若是徹底的社會主義寫實作家，特別是善於描寫所熟悉的農村生活，透過小說傳達帝國主義及封建主義對於台灣人民的控制，以高度的技巧使〈清秋〉一文在似爲鼓勵人們積極響應國策前往南洋之下，其實內蘊反體制的思想；另〈呂赫若的一生〉〔註 31〕指出呂赫若一生以寫小說爲主，雖有幾篇評論與隨筆，但都不如其小說的藝術成就，而其最好的小說皆完成於決戰年代，且根本否定了日本的「皇民化」政策，解剖了台灣封建制度的罪惡與瓦解。藍博洲〈呂赫若專輯戰後初期——呂赫若的中文小說〉〔註 32〕整理呂赫若於戰後初期在《政經報》、《新新》及《台灣文化》中所發表的四篇中文小說。台灣文學研究室〈呂赫若生平再評價〉〔註 33〕是藍博洲、張恆豪、王昶雄、施淑等人對於呂赫若生平與作品

所碩士論文，2009 年。

〔註 28〕 吳欣怡，《敘史傳統與家國圖像：以呂赫若、李喬爲中心》，國立清華大學中國文學系碩士論文，2009 年。

〔註 29〕 董恩慈，《台灣日本語作家的日本經驗——以呂赫若與楊逵爲中心》，國立台北教育大學台灣文化研究所碩士論文，2010 年。

〔註 30〕 葉石濤，《小說筆記》（台北市：前衛，1983 年），頁 84～90。

〔註 31〕 葉石濤，《走向台灣文學》（台北市：自立晚報，1990），頁 136～40。

〔註 32〕 藍博洲，〈呂赫若專輯 戰後初期——呂赫若的中文小說〉，《民眾日報》20 版，1990：11：10～14。

〔註 33〕 台灣文學研究室，〈呂赫若生平再評價 1〉，《民眾日報》18 版，1990：12：3。〈呂赫若生平再評價 2〉，《民眾日報》20 版，1990：12：4。〈呂赫若生平再評價 3〉，《民眾日報》20 版，1990：12：6。〈呂赫若生平再評價 4〉，《民眾日報》20 版，1990：12：7。

的討論紀錄。〈台灣第一才子的小說藝術──呂赫若的文學評價〉〔註 34〕則是林至潔、施淑、張恆豪等對於呂赫若小說的分析與介紹之討論紀錄。

　　許俊雅〈冷筆寫熱腸──論呂赫若的小說〉〔註 35〕探討呂赫若小說創作的背景、文學觀念，及在小說中對農民、女性、社會時局的關懷，並論其小說藝術的成就，同時說明了在日人威權統治下，爲了不得罪統治者，又不違背自己的良心，小說家不得不以僞裝的形式完成作品，作者寫作的苦心，一方面可使作品有曝光的機會，一方面也可以彰顯作者眞正的意圖和理念。林美琴〈日據時代台灣第一才子──呂赫若〉〔註 36〕則是概述呂赫若的生平經歷，並以爲必須重新正視呂赫若對於文學的貢獻與其文學作品的價值。彭瑞金〈呂赫若與〈風頭水尾〉〉〔註 37〕分析呂赫若的創作，始終都在尋求避開體制衝擊的創作平衡點，不去衝撞體制，亦絕不妥協。林至潔〈呂赫若最後作品──冬夜之剖析〉〔註 38〕、〈期待復活──再現呂赫若的文學生命〉〔註 39〕、〈呂赫若與志賀直哉文學作品之比較〈逃跑的男人〉、〈到網走〉的剖析〉〔註 40〕認爲呂赫若是殖民時代中，最有思想性的台灣作家之一，他出現於文壇時，台灣社會的近代化急速展開，近代思潮湧入台灣，加上受到前輩如賴和、楊逵的影響，更發揮了現實主義的文學性格，題材從未脫離台灣社會，具有悲天憫人的胸懷，同情社會弱者，對社會不公正的制度，以文學方式提出批判，尤其是生長於殖民地的呂赫若，更進一步寫出反帝、反封建、反階級歧視與

〔註 34〕　台灣文學研究室，〈台灣第一才子的小說藝術──呂赫若的文學評價 1〉，《民眾日報》17 版，1992：3：5。〈台灣第一才子的小說藝術──呂赫若的文學評價 2〉，《民眾日報》11 版，1992：3：6。〈台灣第一才子的小說藝術──呂赫若的文學評價 3〉，《民眾日報》11 版，1992：3：7。〈台灣第一才子的小說藝術──呂赫若的文學評價 4〉，《民眾日報》15 版，1992：3：9。

〔註 35〕　許俊雅，《台灣文學散論》（台北市：文史哲，1994 年），頁 273～320。

〔註 36〕　林衛哲、張恆豪編著，《復活的群像──台灣卅年代作家列傳》（台北市：前衛，1994 年），頁 21～7。

〔註 37〕　彭瑞金，〈呂赫若與「風頭水尾」〉，《台灣文藝》151（台中縣：台灣文藝），1995：10，頁 46～49。

〔註 38〕　林至潔，〈呂赫若最後作品──冬夜之剖析〉，清華大學「賴和及其同時代的作家──日據時期台灣文學國際學術會議」論文，1994：11。

〔註 39〕　呂赫若著、林至潔譯，《呂赫若小說全集》（台北市：聯合文學，1995 年），頁 11～25。

〔註 40〕　林至潔，〈呂赫若與志賀直哉文學作品之比較〈逃跑的男人〉、〈到網走〉的剖析〉，淡水工商管理學院台灣文學系籌備處「台灣文學研討會」論文，1995：11。

差別的社會主義作品。

呂正惠〈殉道者——呂赫若小說的「歷史哲學」及其歷史道路〉〔註 41〕分析呂赫若作品〈牛車〉、〈暴風雨的故事〉兩篇早期具有明顯階級意識的作品；張恆豪〈比較楊逵、呂赫若的「決戰小說」——〈增產之背後〉與〈風頭水尾〉〉〔註 42〕指出楊逵、呂赫若兩個具有左翼色彩的文學家，雖在其作品中表現出一為參與者，一為旁觀者，但是對於決戰時期所奉當局之命所寫出來的作品，皆是表面上呼應國策，實際上卻是運用其技巧，將自己真正的想法暗蘊於文句與情節之中；後作〈日據末期的三對童眼——以〈感情〉、〈論語與雞〉、〈玉蘭花〉為論析重點〉〔註 43〕表面上似為呼應官方國策文學的要求，但實際上是以內斂隱晦的手法表達呂赫若內在的思想。陳萬益〈蕭條異代不同時——從「清秋」到「冬夜」〉〔註 44〕在對照呂赫若日記之後，認為呂赫若寫作〈清秋〉，乃試圖為決戰時期的知識份子找尋出路，並非以皇民奉公文學為創作目標，最後一篇小說〈冬夜〉，則急遽轉入眼前的社會現實。林明德〈呂赫若的短篇小說藝術〉〔註 45〕以為呂赫若深受俄法寫實主義和自然主義，以及日本新感覺主義的影響，建構呂赫若的小說美學。

黃蘊綠〈試析呂赫若的「皇民文學」〉〔註 46〕作者分析呂赫若是以高度的藝術技巧創作「皇民文學」小說，但是實際上仍蘊含了呂赫若自己所要表達的左翼思想。林美琴〈台灣第一才子——呂赫若意識型態探究與生平再評價〉〔註 47〕分析呂赫若的作品儘管流露出強烈的馬克思色彩，但在日治時期他完全置身於政治活動之外，熱衷於文化活動，說明他是一名深懷社會改革熱情的知識份子，而無法認定他是共產黨的實踐信仰者。

〔註 41〕 《呂赫若小說全集》（台北縣中和市：INK 印刻，2006 年），頁 660～692。
〔註 42〕 張恆豪，〈比較楊逵、呂赫若的「決戰小說」——〈增產之背後〉與〈風頭水尾〉〉，淡水工商管理學院台灣文學系籌備處「台灣文學研討會」論文，1995：11。
〔註 43〕 《呂赫若作品研究》（台北市：聯合文學，1997 年），頁 79～97。
〔註 44〕 《呂赫若作品研究》（台北市：聯合文學，1997 年），頁 7～22。
〔註 45〕 《呂赫若作品研究》（台北市：聯合文學，1997 年），頁 23～37。
〔註 46〕 黃蘊綠，〈試析呂赫若的「皇民文學」〉，《台灣新文學》7（台中市：台灣新文學），1997：04，頁 308～19。同文亦刊於「〈呂赫若的「皇民文學」探析〉，《內湖高工學報》9（台北市：內湖高級工業職業學校），1998：04，頁 29～40。」
〔註 47〕 林美琴，〈台灣第一才子——呂赫若意識型態探究與生平再評價〉，《台灣文藝》159（台中縣：台灣文藝），1997：10，頁 122～9。

二、民俗部分

　　日本於西元一八九五年治台之後，為了推行殖民政策，並作為治台施政參考，立即開始調查台灣的民俗習慣。其中規模最大的機構是「臨時台灣舊慣調查會」，這些戰前日人調查的資料，迄今仍為重要參考依據。在日治時期台灣民俗研究調查中，《台灣慣習記事》〔註48〕及《台灣私法》〔註49〕是官方有系統整理台灣民俗並實地調查的著作，其內容著重於法律政典的研究，但無法從內容中看出日治時期台灣知識份子對一般民俗抱持的看法。

　　由日本殖民官僚、法院和警察關係者為主體的台灣舊慣調查，構成日治時期台灣民俗研究的主要內涵，如佐倉孫三《台風雜記》（1903）、小林里平《台灣歲時記》（1910）、手島兵次郎《台灣慣習大要》（1913）、丸井圭次郎《台灣宗教調查報告書》（1919）、片岡巖《台灣風俗誌》（1921）、柴田廉《台灣同化策論》（1923）、志波吉太郎《台灣的民族性與指導教化》（1927）、山根勇藏《台灣民族性百談》（1930）、鈴木清一郎《台灣舊慣習俗信仰》（1934）與東方孝義《台灣習俗》（1942）等。

　　其中片岡巖於一九二一年所著的《台灣風俗誌》〔註50〕對當時有關台灣人的家庭起居和社會生活，皆有詳細的描述，片岡巖有意藉著民間文學來瞭解台灣風俗，因此采錄了許多台灣人的音樂、雜念、謎語、笑話、故事、傳說，其中民間故事採原音記錄的方式，並加以解說對照，頗具價值。伊能嘉矩在一九二八年出版的《台灣文化志》〔註51〕是研究台灣史事重要的著作。黃得時認為《台灣文化志》是有關台灣「縱」的探討，《台灣風俗誌》則是「橫」的敘述，其不同的地方在於《台灣風俗誌》偏重於現象的記載，而未及考究這種現象的社會因素。〔註52〕

　　再者鈴木清一郎於一九三四年所著的《台灣舊慣習俗信仰》〔註53〕，將

〔註48〕　台灣慣習研究會編，《台灣慣習記事》（台北：台灣總督府民政部法務課，1901～1907年）。

〔註49〕　臨時台灣舊慣調查會編，《台灣私法》（台北：臨時台灣舊慣調查會，1910～1911年）。

〔註50〕　片岡巖著，陳金田譯，《台灣風俗誌》（台北市：眾文圖書，1990年【1921】）。

〔註51〕　伊能嘉矩著，江慶林等譯，《台灣文化志》（台中：台灣省文獻委員會，1991年【1928】）。

〔註52〕　見黃得時，〈光復前之台灣研究（代序）〉，《台灣風俗誌》，頁8～9。

〔註53〕　鈴木清一郎著，馮作民譯，《增訂台灣舊慣習俗信仰》（台北市：眾文圖書，1989年）。

台灣民俗及其信仰觀念，有更深入的敘述，民俗部分囊括生育、婚嫁、喪葬、祭祀等，宗教部分則對於台灣民間信仰的各種神明的起源，以及寺廟的沿革，都有詳細的描述，內容相當可觀。

　　一九三六年李獻章編著的《台灣民間文學集》出版，是極具意義的文化大事，是繼《南音》（1932）、《福爾摩沙》（1933）、《第一線》（1934）等雜誌刊行以來，台灣知識青年扎根本土，向民間文學汲取民族文化精粹的努力，在此時已累積了值得矚目的成果。但當時對民間文學的概念還不是非常清楚，所采錄的民間故事，並不是以原音記錄的方式，根據賴和〈台灣民間文學集序〉的說法，乃是動員了十多個文藝同好者，寫成二十多篇的故事和傳說，是經過作家採集之後，再據之改寫而成的，所以只能說是以民間故事為素材寫成的文學作品。〔註 54〕

　　而金關丈夫等人主編的月刊雜誌《民俗台灣》〔註 55〕，蒐集有關台灣民俗文物資料，對於有關台灣的信仰、民間戲曲、年節慶典乃至於童歌民謠、街坊吃食都有十分詳盡的記載。當時的編輯方針，是採取園地公開的方式，只要內容寫得好，不管作者是否有名氣，一律刊登於卷首，因此每期都有不錯的文章發表，也發掘或培養很多喜歡研究民俗的人士。相較於從日治初期具有殖民地文化統治和殖民地論述性格的「舊慣」調查，《民俗台灣》成為皇民化運動時期日台知識人對於鄉土認同與文化保存的重要案例，也反映出日本戰爭動員體制下，由台灣總督府、台北帝國大學、台灣民間知識人、以及日本內地學界所構成的特殊文化政治生態。〔註 56〕

　　吳瀛濤在一九六九年所著的《台灣民俗》〔註 57〕對於歲時節令及生命習俗都有記載，尤其在歲時節令方面資料豐富。連橫的《台灣通史》〔註 58〕，在宗教志和風俗志也有提及，這兩本著作均非從當時的小說來研究台灣的習俗。

〔註 54〕　莊萬壽等編著，《台灣的文學》（台北縣淡水鎮：群策會李登輝學校，2004 年），頁 26。至於建立符合現代意義的民間文學采錄方法，一直要到 1990 年代，胡萬川進行「台中縣民間文學採集與整理」計畫後，才開始起步。

〔註 55〕　金關丈夫主編，林川夫譯，《民俗台灣》（台北市：武陵出版社，1990 年）。

〔註 56〕　張隆志，〈從「舊慣」到「民俗」：日本近代知識生產與殖民地台灣的文化政治〉，《台灣文學研究集刊第二期》（台北市：台灣大學台灣文學研究所），頁 48。

〔註 57〕　吳瀛濤，《台灣民俗》（台北市：眾文圖書，1994 年）。

〔註 58〕　連橫，《台灣通史》（台北市：台灣銀行，1979 年）。

　　許俊雅所著〈日治時期台灣小說中的民俗風情〉〔註59〕，從風習民俗在小說中的運用，分別由對民族性格的剖析、風習民俗與女性的命運、宗教信仰活動的描繪、風俗與民間慣習之描寫、借民俗以強化小說藝術的角度切入，輔以日治時期小說爲例，將民俗與小說的結合，產生了加乘加倍的力道。其中對呂赫若的小說多所著墨，除了提出〈風水〉、〈財子壽〉、〈月夜〉、〈玉蘭花〉的民俗部分外，另外針對呂在一九三七年前後的作品作了比較：早期作品深深反映出殖民地農民生活的苦難，其後作品則由外界力量轉至家庭內部，強調傳統孝道。這在皇民化運動盛行，殖民統治者禁絕台灣民俗的同時，呂赫若的民俗書寫應該可以透露出一些端倪。

　　彭瑞金所著〈台灣新文學的民間信仰態度及其影響〉〔註60〕，則指出日治時期台灣文學反民間信仰的傳統和發展，對於小說中迷信的情節，創作者皆或多或少的提出批判，呂赫若的〈風水〉即爲一例。並論及戰後台灣文學對民間信仰的態度及宗教態度的改變，最後認爲，「宗教信仰」這個文學質素，在台灣文學的領域裡是空白的。

　　至於學位論文方面，有戴文鋒《日治晚期的民俗議題與台灣民俗學——以《民俗台灣》爲分析場域》〔註61〕，主要以日治晚期的台灣民俗學爲主要論述重點，但並非以日治時期的小說爲研究內容。殷豪飛《日治時期台灣小說之漢人習俗研究》〔註62〕，透過日治時期台灣小說中有關台灣漢人之民間信仰、婚喪與養子、養女的習俗，以及日常生活習俗深入探究，對當時知識份子對漢人習俗看法提出個人的見解。葉宜婷《日治時期中短篇小說中神道與台灣風俗信仰的書寫研究（1937～1945）》〔註63〕，作品中神道與臺灣民間信仰的書寫，委婉表達作者的「認同」，可視爲其建構臺灣歷史的途徑之一，另一方面，藉由文學的爬梳，找到日治時期神道因政治力興起也因政治消失，

〔註59〕 許俊雅，〈日治時期台灣小說中的民俗風情〉，《見樹又見林——文學看台灣》（台北市：渤海堂，2005年），頁121～150。

〔註60〕 彭瑞金，〈台灣新文學的民間信仰態度及其影響〉，《台灣文學史論集》（高雄市：春暉，2006年），頁27～49。

〔註61〕 戴文鋒，《日治晚期的民俗議題與台灣民俗學——以《民俗台灣》爲分析場域》（中正大學歷史研究所博士論文，1998年）。

〔註62〕 殷豪飛，《日治時期台灣小說之漢人習俗研究》（國立台北大學民俗藝術研究所碩士論文，2005年1月）。

〔註63〕 葉宜婷《日治時期中短篇小說中神道與台灣風俗信仰的書寫研究1937～1945〉，國立台北教育大學台灣文化研究所碩士論文，2010年。

曾經存在的確切證據。

綜合以上前人研究，已經就先前所能收集到的文獻和資料，佐以田野調查及訪問，將呂赫若的生平，包括求學經歷、留學日本、創作歷程，都有了詳盡的剖析，甚至一直蒙上神秘面紗的鹿窟武裝基地案，也在抽絲剝繭中慢慢透露出端倪，雖然不能證明呂赫若的真正死因，但對事件的來龍去脈已能稍微掌握。而對呂赫若小說中的民俗書寫，雖有涉及，但尚未全面檢視及討論。本論文將嘗試透過全面檢視、歸類，分析呂赫若小說在當時的社會氛圍下，書寫有關民俗的部分，有些描述甚詳，有些輕輕帶過，作者如此處理的用意和企圖。

第三節　研究範圍與限制

一、研究範圍

本論文的研究範圍是以林至潔譯的《呂赫若小說全集》中的小說為主，一則因為林至潔的翻譯文筆備受肯定，二則因為所收的小說較為完備。林至潔所譯版本有兩種，一為聯合文學出版，收有小說二十五篇，計有〈牛車〉、〈暴風雨的故事〉、〈婚約奇譚〉、〈前途手記──某一個小小的記錄〉、〈女人的命運〉、〈逃跑的男人〉、〈藍衣少女〉、〈春的呢喃〉、〈田園與女人〉、〈財子壽〉、〈廟庭〉、〈鄰居〉、〈風水〉、〈月夜〉、〈合家平安〉、〈石榴〉、〈玉蘭花〉、〈清秋〉、〈山川草木〉、〈風頭水尾〉、〈百姓〉、〈故鄉的戰事一──改姓名〉、〈故鄉的戰事二──一個獎〉、〈月光光──光復以前〉、〈冬夜〉；另一則為印刻版的《呂赫若小說全集（上）（下）》，除了收了上列的二十五篇小說之外，另外增加一篇〈一年級生〉〔註64〕，〈一年級生〉在聯合文學版將之列為雜文，印刻版則重列為小說，觀之〈一年級生〉之內容，應該屬於小說，今以印刻版之版本為主，將呂赫若的二十六篇小說列為研究範圍。

二、研究限制

由於上列二十六篇小說中，除了〈故鄉的戰事一──改姓名〉〔註65〕、〈故鄉的戰事二──一個獎〉〔註66〕、〈月光光──光復以前〉、〈冬夜〉四篇為中

〔註64〕　〈一年級生〉為特別收錄新譯稿，由曾有勤譯，曾健民校譯。
〔註65〕　本篇由張恆豪照中文原稿抄錄，原稿有訛誤，張恆豪以（　）表示其正字。
〔註66〕　本篇由張恆豪照中文原稿抄錄，原稿有訛誤，張恆豪以（　）表示其正字。

文小說外，其餘二十二篇皆以日文寫作的小說，雖說林至潔的翻譯一般而言頗受肯定，但畢竟是透過譯作來了解文本，所探究的文字與原作可能有所差異，這是本論文研究所受的限制。〔註67〕在研究中，將盡量就民俗書寫的部分，找出符合原意的翻譯，以切合作者的創作初衷。

第四節　研究方法與架構

一、研究方法

（一）歷史研究法：

是從歷史資料中，如日記、信函、官方文件和遺物等，利用觀察和測量的方法，將史料有系統地組織，並加以解釋，使各自分立不相關連的史實發生關係，以研究過去所發生的事件或活動，尋求一些事件間的因果關係以發展規律，以便做為瞭解現在和預測將來的基礎。其研究過程包括：選定問題、收集史料、鑑定史料、建立假設、解釋和和報告研究的發現等。本論文主要將以呂赫若的日記、小說為主，佐以其他旁證，包括日治時期的時代背景、政治因素及文學環境等，在歷史資料中探尋民俗的來龍去脈。

（二）內容分析法：

是指透過量化的技巧以及質的分析，以客觀及系統的態度，對文件內容進行研究與分析，藉以推論產生該項文件內容的環境背景及其意義的一種研究方法。所謂的文件，包括所有的正式文件、私人文件、數量紀錄、照片、視聽媒介等。而分析的因素，則是指：訊息的來源、訊息的內容、訊息的接受者、訊息的傳播技巧、訊息的效果、傳播的理由等。本論文透過量與質的統整，將呂赫若小說的內容中有關民俗書寫的部分重新歸類，並從歸類中探討作者經營、鋪陳情節的意圖。

（三）文本分析法

以美學觀點出發，參考呂赫若的學養背景，當代的思潮氛圍，小說創作

〔註67〕　林至潔翻譯雖頗受肯定，但仍有若干譯筆上的歧異，茲舉〈逃跑的男人〉為例，主角因為與無血緣的弟弟發生打鬥，而被繼母罵道：「沒有公德心的畜生。沒有公德心的畜生。」（《呂赫若小說全集》上，頁209）另一譯本為《呂赫若集》〈逃匿者〉，鄭清文譯：「他是沒有心肝的禽獸，沒有心肝的禽獸。」（頁176），根據文意，顯然鄭清文的翻譯較為貼切。

的理論和技巧，就呂赫若小說二十六篇的文本，進行比較分析，根據文本中的相同與相異處，釐清作者寫作的模式與意欲展現的企圖，再就內容情節的安排鋪陳，穿插民俗書寫於其中，與人物產生發酵作用，研究作者創作的理念及掌握的技巧，俾便瞭解當時的社會氛圍與普羅生活。

（四）民俗學

台灣民俗研究的基本資料，大多數是戰前在台的日籍學者以建立民族誌（Ethnography）的方式寫成，流傳至今仍是最主要的參考資料，對六、七十年前台灣民俗的瞭解與研究，是重要的參考依據，如片岡巖《台灣風俗誌》、鈴木清一郎《台灣舊慣冠婚葬祭七年中行事》、東方孝義《台灣習俗》、國分直一《台灣民俗學》、台灣慣習研究會《台灣慣習記事》、池田敏雄《台灣の家庭生活》、台灣總督府《台灣俚諺集覽》、增田福太郎《台灣の宗教》、曾景來《台灣宗教と迷信陋習》以及金關丈夫主編，東都書籍台北支店發行共四十三期的《民俗台灣》等等。

在台灣，民俗學的學術研究理論與解釋，大體上引自兩個學說系統：一是從人類學民族學的觀點討論，如林惠祥《民俗學》，該書主要根據英國 C. S. Burne:《Handbook of Folklore，1914 年》所介紹的，多以古老社會的流傳為例。另一以「日本民俗學之父」之稱的柳田國男民俗學說為主，其乃根據西方的學說再實際驗證於農漁山林的生活，以比較歷史的觀點提出「民間傳承論」和「常民論」，較重視現實性的民俗傳承。〔註68〕

民俗基本上是一種經驗系統的事實呈現，雖不易客觀量化，因涉及民俗學理論架構與社會文化、人類學的田野研究方法，從「人與文化」的關係來分類可分為以下三類：〔註69〕

1. 對應人與自然的關係範疇，即為物質觀念的技術文化：即與日常生活有關的衣飾、飲食、居住、運輸、生產、工藝等方面。
2. 對應人與人的關係範疇，即為社群觀念的倫理文化：即村落組織、親屬結構、家庭形制、結社等方面。
3. 對應人與超自然的關係範疇，即為精神觀念的表達文化：即宗教信仰、生命禮俗、歲時行事、祭祀儀式、迷信禁忌、民俗技藝與藝能，口傳

〔註68〕 江韶瑩，〈台灣民俗文物分類架構與登錄作業系統研究〉《兩岸民俗文化學術研討會論文集》（南投市：省文化處，1999 年），頁 123～124。

〔註69〕 同上註，頁 125。

文學、歌謠等方面。

另根據許俊雅〈日治時期台灣小說中的民俗風情〉，將廣義的民俗區分爲心理民俗、行爲民俗和語言民俗，茲分述如次：〔註70〕

1. 心理民俗以信仰爲核心，主要是崇拜和禁忌，提供人民心理上的滿足和安全感。

2. 行爲民俗是有形的傳承活動，如婚喪祭儀、生命禮俗、歲時節日、祈禳驅祟、工藝製作、身體服飾等皆屬之。

3. 語言民俗是以語言爲主，表現人們的思想和願望等，包括神話、傳說、故事、歌謠、諺語、謎語等口傳文學。此一民俗，民族學家或民俗學家們尤其特別重視，因爲它們所呈現出來的是初期先民的推理、幻想、願望、理想、記憶、想像、觀察等，反映了他們所生活時代的社會型態與生活意識。

根據比對呂赫若小說的文本，其民俗書寫集中於上列江韶瑩分類的二、三類，尤其集中在第三類。因此本論文依據江韶瑩的民俗分類，將呂赫若的小說按照技術文化的民俗書寫、倫理文化的民俗書寫、表達文化的民俗書寫，分別以「點」、「線」、「面」的層次，分章討論之。

藉由文學視野的改變，從文學的雅致層面意識到凡夫百姓的文化現象，許多文學作品奠基在民俗的基礎下，大量引用民俗書寫，藉助民俗的社會意義和文化價值，來表現文學內在的深層意涵。因此透過民俗學的領域，加以分析呂赫若小說中有關的民俗書寫，在其創作的意念中，居中擔任的關鍵地位。

二、研究架構

本論文總共分爲五章，分述如下：

第一章　緒論

本章就呂赫若小說的民俗書寫，分從研究動機與目的、文獻回顧與檢討、研究範圍與限制、研究方法與架構來進行論文研究，依江韶瑩的民俗分類，將民俗書寫區分爲技術文化、倫理文化及表達文化三部分，來討論小說中的民俗書寫。

〔註70〕 將民俗分爲心理民俗、行爲民俗及語言民俗三部分係根據許俊雅，《見樹又見林——文學看台灣》（台北市：渤海堂，2005 年），頁 121。

第二章　技術文化的民俗書寫

所謂「技術文化」係指對應人與自然的關係範疇，即為物質觀念的技術文化，即與日常生活有關的衣飾、飲食、居住、運輸、生產、工藝等方面皆屬之。本章將從呂赫若小說中有關技術文化層面的民俗部分，分從運輸生產、居住建築、飲食衣飾、日常生活的不良民俗等項目討論之。

第三章　倫理文化的民俗書寫

所謂「倫理文化」係指對應人與人的關係範疇，即為社群觀念的倫理文化：即村落組織、親屬結構、家庭形制、結社等方面。本章將從呂赫若小說中有關倫理文化層面的民俗部分，前三節分從家族制度、婚姻制度、繼承與分配等項目討論之，第四節則以〈石榴〉一篇之篇名來探討民俗，因其內容著重於家庭倫常，故置於本章第四節。

第四章　表達文化的民俗書寫

所謂「表達文化」係指對應人與超自然的關係範疇，即為精神觀念的表達文化：即宗教信仰、生命禮俗、歲時行事、祭祀儀式、迷信禁忌、民俗技藝與藝能、口傳文學、歌謠等方面。本章將從宗教信仰、祭祀儀式、風水迷信禁忌、民間文學四部分來分別探討。由於前三節在釋義與內容上互有關連並重疊，因此在小說中凡以廟宇或神佛形式出現者，歸到第一節宗教信仰的

小說書寫討論；凡有關喪葬、祭祀儀式者，歸到第二節祭祀儀式的小說書寫討論；凡有關風水、宗教或祭祀衍生出來的迷信或禁忌，則歸到第三節風水迷信禁忌的小說書寫討論。

第一節　宗教信仰的小說書寫

第二節　祭祀儀式的小說書寫

第三節　風水迷信禁忌的小說書寫

第四節　民間文學的小說書寫

小　結

第五章　結　論

呂赫若小說二十六篇，除了〈一年級生〉、〈故鄉的戰事一──改姓名〉、〈故鄉的戰事二──一個獎〉三篇沒有明顯的民俗書寫外，其餘二十三篇，篇篇都有著墨民俗部分，共計一百四十七處。這些數量可觀的民俗描寫，經過分類整理及剖析探討，釐清呂赫若透過民俗書寫的時代意義及創作意圖。

第二章　技術文化的民俗書寫

　　所謂「技術文化」係指對應人與自然的關係範疇，即為物質觀念的技術文化，即與日常生活有關的衣飾、飲食、居住、運輸、生產、工藝等方面皆屬之。〔註1〕本章將從呂赫若小說中有關技術文化層面的民俗部分，分從運輸生產、居住建築、飲食衣飾、日常生活中的不良民俗的小說書寫等項目討論之。

第一節　運輸生產的小說書寫

一、運輸方面

　　雖然在山根勇藏的《台灣民俗風物雜記》裡特別記錄了台灣人對牛的特殊感情，役使牛隻的情形令人感動，但對搬運的牛就不同了，常在主人的鞭打下氣喘吁吁向前邁步。隨著時代的進步，幾乎已經沒有人用牛車搬運貨物了。〔註2〕不過牛車在日治時期的使用情形卻不盡然皆是如此。

　　台灣交通以水路為主導期間，從荷西、明鄭、到清朝前期，長達三百多年，陸路交通發展很慢，不如船運的便利，完全靠船運與島內外聯繫，當時陸運主要靠人力肩挑，運輸工具為牛車。

〔註 1〕　江韶瑩，〈台灣民俗文物分類架構與登錄作業系統研究〉《兩岸民俗文化學術研討會論文集》（南投市：省文化處，1999 年），頁 123～124。
〔註 2〕　山根勇藏，《台灣民俗風物雜記》（台北市：武陵，1989 年），頁 48～49。

　　日治初期，爲了管理舊有的運輸工具，地方官廳陸續制訂人力車、轎、牛車馬車等相關之取締規則。在 1900 年代初期陸續制訂「水牛及牛車取締規則」〔註3〕，以期對舊有的交通運輸工具做有效管理。

　　根據《台灣經濟史》的記載，日治時期水牛與黃牛的數字比較，黃牛的數量相對減少，而水牛以役用爲主。其間只對黃牛的肉質進行改種，但是失敗；對勞役用的水牛，並未引進外來品種進行改良，只注意就地選種而已。〔註4〕

　　呂赫若以〈牛車〉（1935）一篇小說進入文壇，牛車在當時已被視爲落伍的交通工具，而且在邁向現代化的同時，現代運輸工具已經以機器取代人力，在〈牛車〉中同時有自行車、載貨兩輪車及卡車的描寫，相形之下，牛車之被淘汰已是必然之勢。

　　所以牛車象徵著一個舊時代的崩解，在進步的催促聲中，牛車的境遇固然令人同情，卻是時代演化下不得不然的結果，而樸拙的添丁還沒有認清事實的殘酷，在歷經一連串的挫敗後，才想要另闢蹊徑，表面上是對現代化投降，其實也是對殖民主義投降，然而內心的悲哀和痛苦，始終存在，也正是通篇小說引人同情的地方。〈牛車〉所描繪的應該是一種預先告示的現象，預告二十年後運輸工具會全面取代傳統的牛車，〔註5〕但蔡龍保提出了新的數據：

> 另一方面牛車、馬車亦逐漸走向改良，且原來即有農事、搾糖等運輸之外的其他角色，故即使受到衝擊車輛數亦未明顯減少，尚維持發展之勢。〔註6〕

以〈牛車〉創作的 1935 年爲例，牛車有 6462 輛，改良式牛（馬）車有 64725 輛，〔註7〕傳統牛車雖然式微，但改良式牛車取而代之。可見當時呂赫若以二十二歲年輕年齡創作的〈牛車〉，透過其對農村的觀察，以悲天憫人的筆觸，寫下牛車終究要走入歷史的命運，其實與當時的實際情況是有出入的。

〔註3〕　《台灣總督府公文類纂》，第十九號〈水牛及牛車取締規則〉，明治 34（1901）年 6 月 29 日，第 613 冊，第 46 號，乙種永久保存。

〔註4〕　周憲文編著，《台灣經濟史》（台北市：開明書店，1980 年），頁 769。

〔註5〕　呂紹理，《水螺響起——日治時期台灣社會的生活作息》（台北市：遠流，1999 年），頁 107。

〔註6〕　蔡龍保，〈國營初現——日治時期臺灣汽車運輸業發展的一個轉折〉《國史館學術期刊》16，2008：06，頁 7。

〔註7〕　蔡龍保，〈國營初現——日治時期臺灣汽車運輸業發展的一個轉折〉《國史館學術期刊》16，2008：06，頁 8，表 1：1921～1936 年度人力車、牛車、馬車輛數一覽表。

　　日治時期，短程使用自行車非常普遍，在〈廟庭〉（1942）為表妹調停的表哥，〈鄰居〉（1942）中的老師，出門代步皆以自行車為主，足以證明當時一般中產階級使用自行車作為代步的工具。根據《台灣經濟史》的記載，從1912到1942年腳踏車的數量從3903輛增加到371351輛，可見其普及的程度。〔註8〕

　　除了過時的牛車和不耗費油電的自行車外，火車也在呂赫若的小說中出現多次，〈逃跑的男人〉（1937）就是在火車上發生的，〈婚約奇譚〉（1935）的琴琴也是坐火車逃家的，並且描述了火車站內的場景：月台上的旅客進進出出，搬運工人也忙碌的置身其中，整個火車站彷彿就是人生的舞台，正在上演各個人生故事。〈逃跑的男人〉（1937）更將場景拉進了火車車廂，透過火車上萍水相逢的旅客，娓娓道出攜帶幼子逃家的經過。這兩篇不約而同的選擇火車作為逃走的交通工具，足見火車在當時是可以四通八達的運輸工具〔註9〕，在小說中形成了一種串聯情節的媒介，才會藉此遠走他鄉。

　　日本是現代化發展較早的國家，統治台灣後，基於政治統治及軍事控制，深知交通基礎建設重要，所以，與清廷治理台灣採取完全不同策略，積極開發島內鐵路，希望以交通的連結，解決統治上的空間障礙。以鐵路連接港口，以港口連接日本，台灣交通因此由海運主導進入鐵路主導時期。

　　邁向近代化是日治時期台灣發展的重要特徵之一，總督府自領有台灣以來，交通建設即為重要的一環，交通建設落後於產業發展，長期以來一直是台灣施政上的一大問題。交通政策發展由於受到「鐵路萬能」觀念的影響，持續將重點放在鐵路的興築。〔註10〕日治時期陸運方面的主力是鐵道，而且是以總督府鐵道部開辦的官舍鐵路為中心。聯絡基隆與高雄間的所謂縱貫鐵道早於1908年完成，接著東部台灣的台東線也於1909年著手建設，並於1926年完工。另外私設的鐵道作為純營業用途的，只有台灣鐵道株式會社和台灣

〔註8〕　周憲文編著，《台灣經濟史》（台北市：開明書店，1980年），頁850～851。

〔註9〕　周憲文編著，《台灣經濟史》（台北市：開明書店，1980年），頁828～830指出，公營鐵路涵蓋了①縱貫線：自基隆到高雄②宜蘭線：自八堵到宜蘭蘇澳③淡水線：自台北到淡水④台中線：自竹南到彰化⑤集集線：自二水到車埕⑥屏東線：自高雄到東港⑦台東線：自花蓮到台東，全台可說是形成連結的鐵路網。

〔註10〕　蔡龍保，《殖民統治之基礎工程——日治時期台灣道路事業之研究（1895～1945）》（國立台灣師範大學歷史學系博士論文，2006年7月），頁14～15。

交通會社兩家而已，這兩者也都因作爲製糖會社的專用線，專門用來搬運甘蔗，才特別被允許的。

當時台灣當局對鐵路客運採取的是「低運費政策」〔註 11〕，這政策對人民當然是有利的，也促使鐵路運輸的便利和發達，所以公營鐵路的意義，不管在載客及運貨上，都對台灣人民增加便利。

在〈婚約奇譚〉（1935）春木和琴琴談話中，糖廠的媒煙不時瀰漫整個室內，偶爾傳來運甘蔗五分車的噪音。〔註 12〕糖廠高聳的煙囪已是日治時期的圖騰，經常出現在小說中成爲背景，殖民主義下經濟的箝制，正如同糖廠的煤煙瀰漫，把整個時代背景下的氛圍表達無遺。製糖工廠冒煙的煙囪，奔馳田野的五分車，萬頃連天的蔗田，是當時日治時期特有的景象，一直到現在，甚至形成了台灣文化的特色之一。「準時」是搭乘火車的必要條件，所以台灣人民在日本殖民政府建構的交通系統中，被動的接受統治者所安排的時間制度，這種受制於人的悲哀，呂赫若在文字表面即使沒有明說，但隱藏其中的哀愁的成分明顯的凌駕於現代化所帶來的喜悅。

汽車因受制於道路完備與修理工廠的先決條件，發展比較慢，一直要到1926 年後才發揮其作爲交通工具的機能。汽車傳入台灣，最早是 1912 年由臺北市日之丸館主杉荣與吉購入，用於迎送旅客。汽車運輸營業，可分爲運送旅客及運送貨物兩大類，其中，運送旅客的車還可細分爲三類：一是公車，二是車行出租汽車，三是計程車。所謂公車是指供一般交通之用，於固定路線行駛之汽車，並於一定的區間向每位乘客收取固定的運費。首先引進汽車作爲一般營業用者，是台灣電影史上鼎鼎大名的高松豐次郎。台北市撫臺街（大和町）的同仁社社長高松氏於 1912 年 9 月 18 日獲得公車與出租汽車之營業許可，自日本國內輸入 5 台汽車，自 1913 年 1 月起，開始營運台北市內及其近郊之路線。繼臺北州之後出現公車的是台中州，接著是台南州、高雄州、新竹州、花蓮港廳、台東廳、澎湖廳等。到了 1930 年代初期，台灣汽車運輸之發達已不下於日本國內，更遠遠領先朝鮮。台北市市營公車可與日本國內各大都市一較高下。〔註 13〕

〔註 11〕 周憲文編著，《台灣經濟史》（台北市：開明書店，1980 年），頁 836 指出，1901 到 1943 年，每旅客的平均票價都不及 1899 年。

〔註 12〕 呂赫若著，林至潔譯，《呂赫若小說全集（上）》（台北縣：INK 印刻，2006 年），頁 136。

〔註 13〕 蔡龍保，《殖民統治之基礎工程——日治時期台灣道路事業之研究（1895～

當時總督府鑑於與鐵路平行之公路，如任民營汽車運輸，則將影響鐵路營業，故決定將公路收歸公營，以利統治，在 1933 年首先開辦基隆、新竹、台北、淡水間與鐵路平行的 133 公里公路路線，繼而擴至台中區，嘉義到屏東，枋寮到台東，花蓮到蘇澳，公路里數的延長，行駛的車輛必然隨之增加。〔註14〕

呂赫若小說中有關公共汽車的描述：一在〈田園與女人〉（1940）江伯煙急著去找女友，想與相戀的女人見面的念頭非常強烈，所以搭上公共汽車〔註15〕；一在〈女人的命運〉（1936）白瑞奇周旋在有錢寡婦和雙美之間陷入兩難，把自己栽進市內公車。〔註16〕公車在市井小民的生活中，成為尋常的代步工具。在這兩段敘述中，公共汽車很自然的出現，顯示日治時期公共汽車的普遍性，亦即除了鐵道事業外，公路事業也很發達，日軍治台之初，便以軍隊力量開闢南北縱貫道路，1916 年後又依照公路標準整理為縱貫公路，整個日治時期，台灣公路計有 17272 公里，足稱甚為綿密。〔註17〕也由於交通建設的普及，讓各式運輸工具適時出現在庶民百姓的生活中，有舊運輸工具面臨淘汰的悲哀，凸顯時代巨輪推進的不得不然；也有新發明帶來便利，生活步調驟然改變的對照。

二、生產方面

早在十七世紀荷蘭人引入甘蔗種植以來，甘蔗跟米一直是台灣的兩大作物，在〈山川草木〉（1944）中，簡寶連最後摒棄音樂生涯，投入生產的行列；〈風頭水尾〉（1944）的徐華和鳳嬌也無懼大自然的艱險，在惡劣的環境下從事生產。〈暴風雨的故事〉（1935）中的老松，〈牛車〉（1935）中添丁想要成為佃農，他們所從事的皆為農業，顯示當時主要生產仍以農業為主。

日治之初，總督府確立了「農業台灣，工業日本」的發展政策，其中振興台灣糖業，就肩負了達成財政獨立與彌補母國貿易逆差的雙重任務。日治時期

　　　1945)》（國立台灣師範大學歷史學系博士論文，2006 年 7 月），頁 250～254。
〔註14〕周憲文編著，《台灣經濟史》（台北市：開明書店，1980 年），頁 852。
〔註15〕呂赫若著，林至潔譯，《呂赫若小說全集（上）》（台北縣：INK 印刻，2006 年），頁 256。
〔註16〕呂赫若著，林至潔譯，《呂赫若小說全集（上）》（台北縣：INK 印刻，2006 年），頁 180。
〔註17〕徐金基，《客家鄉鎮市發展與台灣公路交通之關係──以台灣北部桃竹苗地區為探討中心》（國立台灣大學國家發展研究所碩士論文，2004 年 7 月），頁 33。

台灣有所謂「砂糖之島」的美稱。但對辛苦的農民而言,在「日本精糖,台灣粗糖」的策略下,農民只能眼睜睜的看著一車車的砂糖運回日本,並銷售到世界各地,台灣蔗糖看似經濟產業的主角,其實是被壓榨利用的配角。〔註18〕

除了農業生產外,呂赫若小說中特別描寫了手工藝品的生產,可以窺見當時的經濟生活。在〈財子壽〉(1941)裡的玉梅,本來娘家也是附近有名的富豪,後來因為兩位兄長抽鴉片而蕩盡家產,只好跟老母親搬到牛眠埔部落,以編大甲帽為家庭副業,就這樣錯過了婚期。玉梅不但在婚前以編大甲帽存了一些錢,婚後也在閒暇時再度編起大甲帽,吝嗇的丈夫還因為有進帳而高興。

大甲帽的起源,據文獻記載,苑裡洪鸞女士於西元 1897 年以草席編法改良而成,而後逐漸傳入西部海線地區,因此苑裡人多強調大甲帽蓆的發祥地是苑裡,只是過去因交通不便,而鄰近的大甲可利用海運及糖廠鐵路通后里,再轉運出口,外人不明真相,才有大甲帽蓆之稱。又據大甲帽業者耆老李燕山先生的說法,苗栗廳長嘉永氏鑑於台灣婦女人口閒置,見大甲有草蓆編織,想起日本以麥桿編帽,以遮豔陽,並搭配歐式的西裝,乃於西元 1900 年與大甲保甲局長朱麗,及仕紳杜清、李聰和共商,找幾位婦女以平埔族的草蓆編法,改良成歐式禮帽,是大甲帽的濫觴。〔註19〕

大致上來說:草編的產銷過程,可以有下列三個方式:一是草料供給的大盤商或農人,二是小販,三是草編編織藝人。以性別上來說,男性主經銷至生意的接洽,女性則以編作為主。鄉間的婦女一般視此為一很好的家庭副業,工作並不會很粗重,又可以兼顧家事。〔註20〕翁聖峰在〈日治時期職業婦女題材文學的變遷及女性地位〉中有貼切的形容:

> 製作大甲帽女工每日可得 2、3 角至 1 元,工作可當作無聊的消遣法,或賺錢以滿足虛榮心,或為維持生計的職業,可見大甲帽手工可提供多樣的工作目的,可充實生活內容,也能增加家庭的收入,家中經濟不再僅來自男性,女性的地位在家中可能提昇,增加女性的成就感。〔註21〕

〔註18〕 楊彥騏,《台灣百年糖紀》(台北市:城邦文化,2001 年),頁 49。

〔註19〕 江韶瑩等撰稿,施金柱主編,《中日編織工藝交流展——台灣館》(台中縣:中縣文化,1998 年),頁 30。

〔註20〕 王嵩山,《集體知識、信仰與工藝》(新北市:稻鄉出版社,1999 年),頁 171～172。

〔註21〕 翁聖峰,〈日治時期職業婦女題材文學的變遷及女性地位〉《台灣學誌》創刊

後來日治時代由於外銷的供需，大甲藺草編織工藝因而產業化，並且在樣式技術上有相當的進步。戰後帽商恢復對外貿易，不像過去必須受日本當局的經濟管制，產銷數量逐漸增加，在民國四十五年到五十年間，大甲帽蓆產業可謂到達了顛峰時期，後來隨著社會變遷，工商業發達，民國六十年後，大甲藺草編織業便一落千丈而走向沒落。從草編的興衰和運銷網，可以窺知殖民主義的經濟原則對鄉民社會的影響。

　　呂赫若此段對玉梅編大甲帽增加家庭收入的描述，可以明顯看出當時的婦女地位，不但不能主掌經濟大權，連有生產能力者一樣遭受到不公平的對待。而玉梅本身性格上的懦弱，使得軟土深掘，敵人可以直接侵門踏戶，一味忍讓最後只換來瘋癲的結局。女性不可避免的宿命悲劇，往往在小說中的情節裡重複搬演。

　　綜上所述，在運輸生產的小說書寫有八篇十處，參見表2－1。

表2－1 運輸生產的小說書寫對照表

篇　目	內　容	頁次《呂赫若小說全集》〔註22〕
〈牛車〉	牛車、自行車、載貨兩輪車	54
〈牛車〉	卡車	56～57
〈廟庭〉	自行車	308
〈鄰居〉	自行車	326
〈婚約奇譚〉	火車站	119
〈逃跑的男人〉	火車	193
〈婚約奇譚〉	運甘蔗五分車	136
〈田園與女人〉	公共汽車	256
〈女人的命運〉	室內公車	180
〈財子壽〉	編大甲帽	267～268

第二節　居住建築的小說書寫

　　台灣的傳統居住建築是反應早期移民的一面鏡子，代表當時的政治經濟與社會文化的變遷，移民的原鄉以閩南最多，所以台灣居住建築自然以閩南

號，2010：04，頁10。
〔註22〕 本論文所有表格之頁次均為《呂赫若小說全集》印刻版之頁次，下同。

風格爲藍本而繼續發展。

〈牛車〉（1935）裡對於「台灣人鎭」的描述：

> 鎭郊櫛比鱗次的骯髒房子埋在沙塵中。木板與鐵皮屋頂掉落，雞、
> 火雞與鵝在路上吵鬧，到處都是糞便。汽車很少會挨近這裡。它就
> 是所謂的台灣人鎭。官廳視其爲不衛生的本島人之巢窟，根本就置
> 之不理。〔註23〕

日本半世紀的殖民過後，雖然沒有徹底皇民化台灣人民，但卻爲這濕熱的南
國寶島打下公共衛生的良好根基。位處亞熱帶與熱帶交界，四周環海的台灣，
四季潮濕，夏季酷熱，雖然是孕育生命的寶島，卻也是病菌容易滋生的溫床。
在清朝兩百多年間，台灣被視爲邊陲荒境，甚少爲朝廷所重視，移入台灣的
漢民也都爲各種熱帶疾病所苦。當時醫學常識落後，人們普遍認爲疾病是由
吸入瘴氣或做壞事而致。台灣居民面對瘴癘，除了嚼食檳榔來抵禦瘴氣之外，
尚乞求神明原諒，迎王爺、請媽祖來治療，最早在澎湖馬公建造的天后宮，
就是渡海來台的漢民爲求航海平安及保佑健康而建造的。日人治理台灣初期
對於台灣溽熱的氣候就深感威脅，曾任台北醫學校（台灣大學醫學院前身）
校長的堀內次雄指出：「當局有此認知：台灣統治上最優先重視的應是衛生的
改善，衛生若未能改善，則凡事均無法著手；因此總督府以衛生工作爲當務
之急，致力於衛生的改善。」井手秀和太的《南進台灣》一書指出：「台灣最
大城市，房舍周圍或院子流出污水，到處有沼澤，或是人與狗、人與豬雜居，
雖然到處都有公共廁所，但都積滿了糞便。」〔註24〕

於是日治初期在台各地廣設醫院，從日本引進醫生治病，抑制傳染病爆
發，同時也進行不少公共衛生工程建設，例如設計自來水及下水道系統，且
拓寬街道，設立騎樓，並訂定了許多改善衛生的法令，如春秋季大掃除，家
屋需闢窗以利空氣流通，患病者需強制遷離至隔離醫院等。

日治時期前，台灣所有的城鎭聚落，基本上是自然形成的有機型態組合。
清朝建城牆後雖然出現所謂的「大街」，但其並無現代都市設施效率的考量，
在這樣的傳統城鎭中，幾乎所有的建築物均是由合院空間與街屋空間所組
成。城鎭中的廟宇官衙及住宅，基本上是機能與裝飾系統的差異，而不是空

〔註23〕 呂赫若著，林至潔譯，《呂赫若小說全集（上）》（台北縣：INK 印刻，2006
　　　　 年），頁 68。

〔註24〕 轉引自經典雜誌編著，《赤日炎炎：台灣一八九五——一九四五）》（台北市：
　　　　 經典雜誌，2005 年），頁 124。井手秀和太應爲井出季和太之誤。

間組織與型態上的差別，許多初期的西方宗教建築，甚至都是以台灣傳統建築加以改造而成。

　　日治以後，隨著新型態都市及新型態公共建築的出現，新的空間組織也開始出現，成為台灣百姓新的空間體驗。就整個都市而言，廟前廣場與市集是傳統聚落中，除了街道外，另兩種與市民息息相關的主要開放空間。除了一般活動，前者在慶典時還是儀典空間，而市集則是時段性的商業空間。

　　一八九九年台北市城內即實施市區計畫，成為台灣都市計畫的濫觴。一九〇〇年，台灣總督府再發佈《台灣家屋建築規則》，規定新建築的興建必須經過核准，同時也授權政府可以把不良的建築加以拆除。〔註 25〕在街道改善的過程中，「市區改正」的觀念與實踐也在二十世紀初於台灣成形。當傳統的行政區瓦解，新的行政區劃形成，「市區改正」是日本人早期改造台灣傳統城鎮時的手法。在城鎮發展上，拆除原有城鎮兼具防禦功能及象徵意義的城牆成為不可避免的事。基本上，日治時期實施市區改正與都市計畫，本質上可以被認為是一種「科學化」的都市環境改善過程。在市區改正下，台灣的城市形貌更接近西方都市的型態。

　　呂赫若小說中的居住建築範圍廣泛，舉凡台式、日式、西式兼而有之。在〈財子壽〉（1941）中詳盡描述「福壽堂」的建築，有庭院、有半月形的池子、有植栽、有果樹、有後龍、有豬舍、有廁所，是傳統的中式建築，正廳的擺設就更講究了，歷代祖先的牌位，八仙桌，天花板上掛的燈籠，無一不顯出大戶的奢華。

　　〈合家平安〉（1943）裡有了更細膩的描寫：

　　　　如今已歸別人所有的那棵大埔厝部落的「大厝」，是這個地方最豪華
　　　　的建築物，正身前後兩棟、護龍四棟，建築用地總面積一甲步（一
　　　　甲步等於一公頃），加上五個查某嫺的服侍，玉鳳貴夫人的生活，如
　　　　今回想起來，宛如一場春夢。光是起居室就有兩間，裡面是臥室，
　　　　外面是休養室。臥室是夫婦睡覺的地方。房間的正中央放置一張雙
　　　　層的睡床，豪華、以金絲描繪，有大蟒模樣與花鳥浮雕的大紅靠背
　　　　上，鋪了有美人畫、刺繡的深紅色毛氈。靠窗的化妝台兩側，併排
　　　　了塗漆、有梅花形狀的椅子。即使日正當中，房間裡也微暗。外面

〔註 25〕　經典雜誌編著，《赤日炎炎：台灣一八九五——一九四五》（台北市：經典雜
　　　　　　誌，2005 年），頁 154。

的休養室，正面擺了一張雕有螭的紫檀中型桌。上面擺飾著刻有八
卦的青綠色古銅鼎、筷子、湯匙、香盒、畫有美人圖案的酒杯型花
瓶、碗。

還不僅如此而已：

> 上面的牆壁，正中掛著有財子壽的畫幅，兩旁是寫著「常在祖德永
> 流芳」「遠接宗功慶澤長」金字的對聯。左右兩側各擺放八張楠木的
> 交椅，上面的牆壁還掛著「錦瑟聲中鶯對語，玉梅花際鳳雙飛」「鶯
> 語和諧春風帳暖，桃花絢爛耆酒杯浮」的聯幅與花鳥的畫幅。天花
> 板上懸吊有八仙畫像的深紅色八角花燈，更是平添幾許色彩。〔註26〕

這段細膩的描述，把范慶星之前富貴豪奢的習性，表露無疑，正因為太有錢，
家具擺設無不考究，從「即使日正當中，房間裡也微暗」可以看出，不但屋
宇堂皇，而且室內空間廣闊，每一件擺飾無不凸顯大戶風範。此時唯有深入
仔細的描述，不足以形容范慶星沒落前的發達。而這段冗長細膩的形容，正
可以映襯范慶星散盡家財後的破敗。

　　在〈財子壽〉（1941）裡也有異曲同工之妙，「福壽堂」從昔日的風華對
照今日的破舊，不同於〈合家平安〉（1943）的呈現方式，是由以前的興盛襯
托出後來的家道中落，〈財子壽〉則是以現在的破舊追想昔日的風采。兩者皆
表達出主人公個性的驅使造成不同的下場，范慶星因抽鴉片傾家蕩產，周海
文則因吝嗇，緊摳錢財疏於修繕。兩者對建築的描述，其實是在陪襯、烘托
出主角的習性。根據《台灣經濟史》歷年鴉片吸食者人數調查，1939 年是分
水嶺，吸食特許者開始由萬人降到千人（9693 人），在〈合家平安〉創作的
1943 年左右吸食特許者仍有二千人左右。〔註27〕

　　相同的台式建築，尚有〈逃跑的男人〉（1937）有王舉人台中州四塊厝村，
〔註28〕〈春的呢喃〉（1940）有台灣獨特的「亭仔腳」〔註29〕的描述，〈鄰居〉
（1942）有形容本島人貧民區的「鎮」容，〔註30〕〈玉蘭花〉（1943）有建築

〔註26〕 呂赫若著，林至潔譯，《呂赫若小說全集（下）》（台北縣：INK 印刻，2006
　　　　年），頁 423。
〔註27〕 周憲文編著，《台灣經濟史》（台北市：開明書店，1980 年），頁 594。
〔註28〕 呂赫若著，林至潔譯，《呂赫若小說全集（上）》（台北縣：INK 印刻，2006
　　　　年），頁 199。
〔註29〕 呂赫若著，林至潔譯，《呂赫若小說全集（上）》（台北縣：INK 印刻，2006
　　　　年），頁 240。
〔註30〕 呂赫若著，林至潔譯，《呂赫若小說全集（上）》（台北縣：INK 印刻，2006

正身、護龍的描述等。〔註31〕

日式建築的描述在〈前途手記——某一個小小的記錄〉（1936）中有日式庭園，〔註32〕〈女人的命運〉（1936）中有「日漢合璧的客廳」，〔註33〕〈月光光——光復以前〉（1946）中皇民化的國語家庭等。〔註34〕

西式建築則有〈春的呢喃〉（1940）出現青瓦洋房、西式房間建築，〔註35〕〈財子壽〉（1941）裡提及兄弟討厭古老的建築物，卻對充滿新鮮味的洋房充滿憧憬。〔註36〕

由上可知，呂赫若的建築小說書寫在當時的居住建築中，〈財子壽〉、〈合家平安〉、〈逃跑的男人〉中的台式建築往往象徵著家族的興衰起落，〈前途手記——某一個小小的記錄〉、〈女人的命運〉、〈月光光——光復以前〉中的日式建築則因統治而移入，〈春的呢喃〉、〈財子壽〉中的西式建築則爲潮流所趨。

沈祉杏對日治時期的住宅研究指出：

> 西元 1895 年至 1945 年期間，爲世界歷史變動劇烈的時期，這個變化甚至達到社會最基本的單元——家庭結構之中，傳統大家庭解體成爲小家庭，住宅形式也產生極大的改變。在此時的台灣，因同時受到日本與西洋兩大勢力的影響，亦必須配合世界潮流的趨勢發展，其居住形式從單一整體的傳統中國合院形式，邁向多式多樣、多元文化的現代居住形式。〔註37〕

年），頁 325。

〔註31〕 呂赫若著，林至潔譯，《呂赫若小說全集（下）》（台北縣：INK 印刻，2006年），頁 495〜496。

〔註32〕 呂赫若著，林至潔譯，《呂赫若小說全集（上）》（台北縣：INK 印刻，2006年），頁 144。

〔註33〕 呂赫若著，林至潔譯，《呂赫若小說全集（上）》（台北縣：INK 印刻，2006年），頁 177。

〔註34〕 呂赫若著，林至潔譯，《呂赫若小說全集（下）》（台北縣：INK 印刻，2006年），頁 631。

〔註35〕 呂赫若著，林至潔譯，《呂赫若小說全集（上）》（台北縣：INK 印刻，2006年），頁 227、233。

〔註36〕 呂赫若著，林至潔譯，《呂赫若小說全集（上）》（台北縣：INK 印刻，2006年），頁 266。

〔註37〕 沈祉杏，《日治時期台灣住宅發展 1895〜1945》（台北市：田園城市文化事業有限公司，2002 年），頁 265。

上文中「傳統大家庭解體成為小家庭」，並非全然如此，應只是部分，但家庭結構的確起了變化，也就是說，日治時期台灣的住宅形式，受到當時家庭傳統結構的崩解，社會生產方式的改變以及建造技術的精進，因此產生居住本質上的更動，住宅的空間組織已經從傳統形式上解放出來，而台灣深受中國、日本及西方三種文化的影響和衝擊，這種文化的交互刺激、衝突和融合，也在建築上表露無遺。

　　日人有意識的引進西洋、日本與現代風格的建築，使得原為主導的閩南建築風格不再那麼強勢，公共建築開始被閩南風格之外的建築所取代，閩南風格的建築逐漸縮小到日人無法全盤掌控的住宅、街屋、墳墓與宗教建築上。〔註38〕呂赫若在閩南建築上多所著墨，除了映襯興盛衰敗之外，也間接凸顯了在殖民時代被壓抑的人民情感。

　　綜上所述，居住建築的小說書寫有十篇十三處，參見表2－2。

表2－2 居住建築的小說書寫對照表

篇　　目	內　　容	頁　　次
〈牛車〉	台灣人鎮	68
〈財子壽〉	福壽堂	265
〈合家平安〉	大厝	423
〈逃跑的男人〉	台中州四塊厝村	199
〈春的呢喃〉	亭仔腳	240
〈鄰居〉	本島人貧民區「鎮」容	325
〈玉蘭花〉	建築正身、護龍	495～496
〈前途手記──某一個小小的記錄〉	日式庭園	144
〈女人的命運〉	日漢合璧的客廳	177
〈月光光──光復以前〉	皇民化的國語家庭	631
〈春的呢喃〉	青瓦洋房、西式房間建築	227、233
〈財子壽〉	洋房	266
〈鄰居〉	商店街	326

〔註38〕 傅朝卿，《日治時期台灣建築（1895～1945）》（台北市：大地地理，1999年），頁105。

第三節　飲食衣飾的小說書寫

一、飲食部分

　　台灣種植稻米的歷史由來已久，在稻米的增產與商品化過程中，最大的轉變是 1922 年，由日人磯永吉經過 12 年實驗的結果，成功培育了新品種的蓬萊米，使台灣米由糧食作物晉升為經濟作物。在日治時期，漢人在冬季節令米食，因為天氣漸漸變冷，人們為了滋補身體及對抗寒氣，會有「補冬」的習俗。此時最需要高熱量來補足身體的營養，因此高熱量的米食製品是很普遍的選擇，一般民眾較常使用的是麻油雞飯與湯圓。礙於經濟因素，以湯圓的普及性較高。〔註39〕

　　〈財子壽〉（1941）中的玉梅因生產而吃雞酒補身，卻被秋香奪去。〔註40〕〈百姓〉（1944）也有描述雞酒所需的胡麻油和酒，〔註41〕一樣也是為產婦補身，可知麻油雞酒並非日常飲食，必須是身體需補充營養時的食物。湯圓則相對較為普遍，〈山川草木〉（1944）中農耕隊以吃湯圓來慶祝喜事，客氣的農夫們都不好意思去夾菜餚，〔註42〕這裡的湯圓因其外型圓滿，常用在喜事，象徵吉兆，也因價格較便宜，成為庶民慶祝的飲食代表。

　　在〈財子壽〉（1941），下女秋香將魚肉藏起來自己享用，卻給女主人玉梅吃蘿蔔乾和蘿菜汁，〔註43〕〈廟庭〉（1942）的舅舅家堆放鹹菜桶，〔註44〕蘿蔔乾和鹹菜，相對於魚肉而言，則是屬於便宜低廉的飲食，在生產量大時將過多的蔬菜醃漬保存，不但惜物，而且醃漬的食品容易下飯，是庶民大眾或勞動階級最尋常的飲食。

〔註39〕　王怡茹，《台灣日治時期漢人米食生活之研究》（國立台北大學民俗藝術研究所碩士論文，2005 年 7 月），頁 138～139。

〔註40〕　呂赫若著，林至潔譯，《呂赫若小說全集（上）》（台北縣：INK 印刻，2006年），頁 288。

〔註41〕　呂赫若著，林至潔譯，《呂赫若小說全集（下）》（台北縣：INK 印刻，2006年），頁 616。

〔註42〕　呂赫若著，林至潔譯，《呂赫若小說全集（下）》（台北縣：INK 印刻，2006年），頁 611。

〔註43〕　呂赫若著，林至潔譯，《呂赫若小說全集（上）》（台北縣：INK 印刻，2006年），頁 284。

〔註44〕　呂赫若著，林至潔譯，《呂赫若小說全集（上）》（台北縣：INK 印刻，2006年），頁 319。

　　台灣因歷史上曾經屬於中國領土的一部分，台灣飲食除受到明末中國移民潮所帶來的閩、客菜色彩的影響外，日治時期所遺留下來的生活習慣也開始進入台灣人的飲食生活中。

　　由於呂赫若是客家人，在他的小說中也不免俗的出現客家菜式，因客家人向來以務農為生，因此需大量消耗體力，而且客家菜的口味較重，以「鹹、香、肥」著稱，以補充工作者所需的鹽分、水分和體力，同時為了能下飯，帶酸味的菜也很多，如鹹菜、梅菜、醬瓜等各種蔬菜，都成為他們醃漬的對象。〔註45〕

　　　　台灣的客家人，用鹽與曝曬加工的食物，還是以芥菜為主，由於製

　　　　作過程曝曬、發酵的程度不同，所得到的成品，無論是味道或食用

　　　　的方式也不同，大體可分為鹹菜、鹹菜乾和薑菜等三大類……〔註46〕

在〈廟庭〉（1942）裡有堆放鹹菜桶的描述，〔註47〕在〈清秋〉（1943）裡有「漢學像是久醃的醬菜」，〔註48〕以久醃的醬菜形容漢學，是一種極特殊的譬喻，耀勳出此語是因為小孩時期不懂事，認為「漢學像是久醃的醬菜」，所以討厭它，然而隨著時代的演進，文化典籍在心目中的地位逐漸提升，在面臨日本文化與傳統漢學的衝擊下，耀勳一樣有著知識份子的掙扎。

　　台灣自荷蘭佔領以來，可以將飲食歷史作如下分期：〔註49〕

　　1. 物產開發期（1624～1662 年）

　　2. 閩菜移入期（1661～1895 年

　　3. 日本飲食滲入期（1865～1945 年）

　　4. 外省菜移入與繁榮期（1945～1975 年）

　　5. 新台灣飲食期（1975～迄今）

　　荷蘭人在佔領台灣期間，並未留下明確的飲食習慣與文化，倒是在日治時期，受到日人西化生活的影響，把咖啡館引進台灣。台灣自 1926 年起就有咖啡館的存在，不管是因為受到日人生活習慣與文化的影響，或是從上海飄

〔註45〕　張玉欣、楊秀萍著《飲食文化概論》（台北市：揚志文化，2004 年），頁 129。

〔註46〕　劉還月，《台灣客家族群史：民俗篇》（南投縣：省文獻會，2001 年），頁 251。

〔註47〕　呂赫若著，林至潔譯，《呂赫若小說全集（上）》（台北縣：INK 印刻，2006年），頁 319。

〔註48〕　呂赫若著，林至潔譯，《呂赫若小說全集（下）》（台北縣：INK 印刻，2006年），頁 516。

〔註49〕　張玉欣、楊秀萍著《飲食文化概論》（台北市：揚志文化，2004 年），頁 95～96。

洋過海的中國經驗也好，整個亞洲的喝咖啡經驗，都逃脫不了與西方霸權殖民東方的權力關係有關。〔註50〕

　　日人喝咖啡是在明治維新全面西化的目標下，所產生的一種新的生活方式，台灣人喝咖啡，一方面與日本殖民統治有關，另一方面則與1930年代大量的台人菁英赴日本、歐洲留學有關。

　　賴和的〈赴了春宴回來〉、王詩琅的〈沒落〉、楊雲萍的〈加里飯〉、楊守愚的〈元宵〉中，都把咖啡館視爲虛榮與墮落的象徵空間，而在這些作品的結論裡，知識份子仍舊躲進咖啡館裡，逃避他們在政治上的失意景況。

　　1930年左右，當日本人還在持續對台人殖民深化統治時，另一批受日本教育培養，第二代台籍知識份子正式學成歸台，準備開始在自己的土地上進行教導人民思想、改造及社會實踐的可能。日治時期台人和日人在台北的生活空間，是分別聚集在大稻埕和城內，在這樣壁壘分明的空間區域下，台人所聚集的大稻埕，仍然受到「母國文化」的思想薰陶，逐漸接受日人的西式生活方式影響，包括對於新興喫茶店（咖啡館）的熱愛。

　　彼時的維特咖啡館雖不是目前文獻上最早由台人所開設的第一家咖啡廳，但卻是在大稻埕最早與美術活動有關的一家咖啡館，其經營者爲台灣重要畫家楊三郎的哥哥，曾經在維特擔任主廚和經理的廖水來和王井泉，後來分別開設了「波麗路」和「山水亭」，其中王井泉和呂赫若來往密切，從呂赫若日記即可窺見一斑。

　　此時期的咖啡館經營者自身皆活躍於當時的各類藝文組織，波麗路與天馬茶房除了分別爲美術界與戲劇界的重要聚集場所外，也贊助文學界的活動。如1941年，張文環、王井泉成立《台灣文學》與西川滿成立的《文藝台灣》相抗衡時，「天馬茶房」內結合了「台陽展」五人小組〔註51〕舉辦洋畫展覽，目的就是爲《台灣文學》籌措經費。所以在當時，「波麗路」是台灣畫壇的重要場所，「山水亭」是台灣文壇的重要場所，「天馬茶房」是台灣戲劇界的重要場所。〔註52〕

　　由上可知，咖啡館可說是當時的新聞記者和業餘作家、藝術家們的聚會

〔註50〕　沈孟穎，《咖啡時代：台灣咖啡館百年風騷》（台北縣：遠足文化，2005年），頁16。
〔註51〕　台陽展的成員是陳澄波、楊三郎、郭雪湖、許聲基和洪瑞麟。
〔註52〕　沈孟穎，《咖啡時代：台灣咖啡館百年風騷》（台北縣：遠足文化，2005年），頁41。

場所。呂赫若在〈春的呢喃〉（1940）中提到的咖啡館，〔註53〕其實就是現實生活中自己的寫照，足見當時咖啡館符合文化菁英對於追求現代化的期待，而咖啡館本身的空間特質，對於從事藝文活動，談論新思想，討論時局，打聽線報，採訪新聞，都提供了適當的場所。

《台灣日日新報》在 1913 年年初報導第一次「番茶會」的舉行，日文「番茶」意指粗茶，〔註54〕〈牛車〉（1935）中的楊添丁因到米店找不到載貨工作而心情浮動，一口氣喝光番茶。這裡的番茶應是指農工階級慣常喝的茶，也可能是商店或公開場合用來招待客人的免費茶飲。

二、衣飾部分

日治初期的「解纏放足」和「斷髮剪辮」兩項運動，由於女性的「放足」和男性的「剪辮」，對台灣衣飾文化的演變，帶來巨大的影響。女性在「解纏放足」的發展下，不但改變日後女性的地位和生活，也促使女性可以接受西式的皮鞋；至於男士方面，由於「斷髮剪辮」的實施，傳統服飾不再是男士的唯一選擇，也促使男性能順利接受西式服裝發展的基礎。

1920 年開始的台灣「新文化運動」可以說對台灣文化的思想價值造成極為深遠的影響。許多學者探討此運動的意涵，但較少論者針對物質文化中的衣飾現象，與新文化運動的思想理論精神，這兩者之間的關係進行連結，葉立誠有進一步的論述，亦即在一九二〇、三〇年代，服飾上所呈現的「中式」、「西式」、「中西合璧」三種服裝形式，和「同化政策」期間之所以未能普遍形成「服飾日化現象」，與「新文化運動」所倡導的思想精神息息相關。〔註55〕

彼時「同化政策」的本質，其實並未給台灣人有同等的權力和待遇，而是要求台灣人學習日本語言文化，放棄漢族意識與文化。在這種要求台灣居民積極接受同化的背景下，加上國民革命成功帶來的震撼，以及中國五四運動發展的衝擊，台灣知識份子吸收西方思維的激盪，諸多因素交互影響之下，使台灣居民對自我前途，產生一種強烈的文化自覺。

台灣知識份子在面對「日化」和「反日化」、「傳統」與「現代」、「新」

〔註53〕 呂赫若著，林至潔譯，《呂赫若小說全集（上）》（台北縣：INK 印刻，2006年），頁 241。

〔註54〕 陳柔縉，《台灣西方文明初體驗》（台北市：麥田出版，2005 年），頁 26。

〔註55〕 葉立誠，《台灣服裝史》（台北市：商鼎文化，2001 年），頁 68～86。

與「舊」、「東方」與「西方」、「台灣」與「中國」這些複雜的問題衝擊之下，以「社會達爾文主義」所強調的優勝劣敗、適應和進步，來做為反傳統的理論基礎，為服飾西化提供一個發展生機。而在另一方面，基於藉由保留傳統文化，以做為抵抗日化的依據，也讓中式傳統服飾有了合理生存的條件。

皇民化運動時期，1937年開始實施「國語家庭」制度。所謂「國語家庭」的條件，首先是要全家人都使用日語（未滿四歲及六十歲以上者除外），並且過著皇民化的生活，內容包括奉祀神公大麻（拜日本天皇先天照大神）、改善廳堂（廢棄傳統信仰）、改穿和服或國民服。1940年2月發起的「本島婦女服的改善運動」，為了修正台灣婦女穿著傳統中式服飾，歸納六項建議如下：

1. 保留衣服的右開襟（即鈕釦在右側邊的大襟）。
2. 衣服的長度要長。
3. 不要套頭式。
4. 袖子寬度可以改窄，但領口不要開太大。
5. 袖子要保持寬大。
6. 本省傳統服的剪裁簡單，不必使用紙型即可直接剪裁，用料也很節省，只需衣長的兩倍，希望這點能被納入考慮。

結果有關單位，把傳統服修改為中西合併的服式，並規定新製的衣服式樣如下：

1. 長衫：原有的長度改短 15～20 公分，開叉處加上一塊打三個折的襉布；豎式領子改為摺平式的西式領；腰上要繫一條腰帶。
2. 短衫：衣身的寬大較縮小，長度改短，豎式領子改為西式的摺平式領子。
3. 工作服：規定長短兩種褲裝，上衣則為西式連袖短襯衫。

此外，日本殖民政府也規定戰時簡便的男女服式，男用服有國民服甲乙兩種，均係軍服型態，女用服則為短上衣配燈籠褲等。

至於日本所推行的服飾改善運動，其反應如何？據日人中村哲在 1941 年《台灣時報》雜誌中認為：

> 捨棄活動上較方便的台灣服相當困難。如果和服非常便利，人民自會穿用，然而和服卻是價格昂貴又極不方便，將台灣女裝改為洋裝尚有可能，獎勵和服則毫無意義。〔註56〕

〔註56〕 轉引自葉立誠，《台灣服裝史》（台北市：商鼎文化，2001年），頁 106～108。

由上可知，台灣女性穿和服有實際上推行的困難，反而是改穿洋裝，較為可行。台灣居民在戰後男士普遍穿著西裝，女性普遍穿著洋服的現象，則反映出受西化的影響，遠遠超過皇民化運動的影響。

　　印證於呂赫若在小說中有關衣飾的描寫，也以西式的服裝居多，如〈牛車〉（1935）中的西服，〔註57〕〈婚約奇譚〉（1935）中的洋裝〔註58〕和襯衫領帶，〔註59〕〈女人的命運〉（1936）中的洋裝，〔註60〕〈財子壽〉（1941）中的西裝〔註61〕和喪服下的皮鞋，〔註62〕〈山川草木〉（1944）中的寶連在唸書時時常穿著合身時髦的洋裝，〔註63〕特別值得一提的是，在〈藍衣少女〉（1940）中蔡萬欽的妻子甚至遠至東京研究洋裁，〔註64〕可見當時的時代趨勢和走向，西式服裝已是一般民眾的服飾了。陳柔縉的《人人身上都是一個時代》中提及：「日治時代，台灣人多穿台灣衫和西服，極少數才敢穿和服……」〔註65〕即可證明。

　　至於中式服裝，在〈合家平安〉（1943）中有如下描述：

　　玉鳳在大頭鬃上插了青玉圍繞菊花圖案的髮簪，穿著群蝶戲花的藏藍色長衣，縫上五色粗絲直線的紅色上衣，以翡翠色為底，依舊是縫上五色粗線的裙子。范慶星則穿著黑緞子厚底的黑色短靴，菊花突出圖案的普通長衫。〔註66〕

〔註57〕　呂赫若著，林至潔譯，《呂赫若小說全集（上）》（台北縣：INK印刻，2006年），頁60。

〔註58〕　呂赫若著，林至潔譯，《呂赫若小說全集（上）》（台北縣：INK印刻，2006年），頁119。

〔註59〕　呂赫若著，林至潔譯，《呂赫若小說全集（上）》（台北縣：INK印刻，2006年），頁137。

〔註60〕　呂赫若著，林至潔譯，《呂赫若小說全集（上）》（台北縣：INK印刻，2006年），頁165。

〔註61〕　呂赫若著，林至潔譯，《呂赫若小說全集（上）》（台北縣：INK印刻，2006年），頁274。

〔註62〕　呂赫若著，林至潔譯，《呂赫若小說全集（上）》（台北縣：INK印刻，2006年），頁298。

〔註63〕　呂赫若著，林至潔譯，《呂赫若小說全集（下）》（台北縣：INK印刻，2006年），頁571。

〔註64〕　呂赫若著，林至潔譯，《呂赫若小說全集（上）》（台北縣：INK印刻，2006年），頁220。

〔註65〕　陳柔縉，《人人身上都是一個時代》（台北市：時報文化，2009年），頁94。

〔註66〕　呂赫若著，林至潔譯，《呂赫若小說全集（下）》（台北縣：INK印刻，2006年），頁424。

如同呂赫若一貫的細膩描述，他以往昔的工筆，富麗堂皇的生活享受，反襯出後來的破敗沒落。

　　而皇民化時期的日式服飾也有著墨，如〈婚約奇譚〉（1935）中提及日本服，〔註67〕〈前途手記──某一個小小的記錄〉（1936）中提及竹皮草屐，〔註68〕〈藍衣少女〉（1940）中提及七分大衣和紅帶木屐，〔註69〕〈鄰居〉（1942）中提及的文官服，〔註70〕〈月夜〉（1942）中提及的國民服。〔註71〕

　　這些衣飾部分的描寫，可以看出當時庶民大眾的服裝呈現，中式服裝由盛而衰，象徵著影響勢力的式微；日式服裝雖大力提倡，但在實際使用上仍有不便，處在一個曖昧、渾沌不明的地位。至於西式服裝，則因應了整個時代趨勢發展，正以蓬勃的態勢，悄悄的拓展影響層面。

　　綜上所述，飲食衣飾的小說書寫有十四篇二十五處，參見表2-3。

表2-3 飲食衣飾的小說書寫對照表

篇　目	內　容	頁　次
〈財子壽〉	雞酒	288
〈百姓〉	雞酒	616
〈山川草木〉	湯圓	611
〈財子壽〉	魚肉、蘿蔔乾、蘿菜汁	284
〈廟庭〉	鹹菜桶	319
〈清秋〉	漢學像是久醃的醬菜	516
〈牛車〉	番茶	57
〈春的呢喃〉	咖啡館	241
〈山川草木〉	鴨的料理、鹹蛋、落花生	582
〈牛車〉	西服	60

〔註67〕　呂赫若著，林至潔譯，《呂赫若小說全集（上）》（台北縣：INK印刻，2006年），頁119。

〔註68〕　呂赫若著，林至潔譯，《呂赫若小說全集（上）》（台北縣：INK印刻，2006年），頁144。

〔註69〕　呂赫若著，林至潔譯，《呂赫若小說全集（上）》（台北縣：INK印刻，2006年），頁221。

〔註70〕　呂赫若著，林至潔譯，《呂赫若小說全集（上）》（台北縣：INK印刻，2006年），頁327。

〔註71〕　呂赫若著，林至潔譯，《呂赫若小說全集（下）》（台北縣：INK印刻，2006年），頁405。

〈婚約奇譚〉	洋裝	119
〈婚約奇譚〉	襯衫領帶	137
〈婚約奇譚〉	日本服	119
〈女人的命運〉	洋裝	165
〈財子壽〉	西裝	274
〈財子壽〉	喪服下的皮鞋	298
〈山川草木〉	合身時髦的洋裝	571
〈藍衣少女〉	蔡萬欽的妻子到東京研究洋裁	220
〈合家平安〉	髮簪、長衣、裙子、短靴、普通長衫	424
〈前途手記——某一個小小的記錄〉	竹皮草屐	144
〈藍衣少女〉	七分大衣、紅帶木屐	221
〈鄰居〉	文官服	327
〈鄰居〉	吊帶褲	332
〈月夜〉	國民服	405
〈暴風雨的故事〉	純白衣袍	89

第四節　不良民俗的小說書寫

　　日治之初，日人即將吸食鴉片、辮髮、纏足等視爲台灣社會三大惡習，本節討論是以吸鴉片、纏足和賭博等三種不良習俗來探討。

一、吸鴉片

　　台灣總督府在施行所謂的「漸禁政策」的名義下，成立了「製藥所」，以製造鴉片煙膏。由將製造鴉片的工廠稱爲「製藥所」一事可看出，總督府是將上癮者視爲病患，並且以治療的名義提供禁制品。主導鴉片漸禁政策的是後藤新平，台灣鴉片政策的成績是其統治台灣的重要成果之一，然而在他提出漸禁政策和專賣制度配套實施的意見時，他只著眼於：專賣利益、治安維持、不使日本人沾染惡習，至於殖民地人民的健康問題，根本不在其考慮之列。〔註72〕

─────────────

〔註72〕 鍾淑敏，〈台灣總督府的對岸政策與鴉片問題〉（論文發表於台灣文獻史料整

總督府在 1897 年發佈台灣鴉片令，開始調查鴉片癮者，凡經登記之人，仍許繼續吸食，但嚴禁新吸。不過初期台灣人民對日本當局的政令頗不信任，所以很多鴉片癮者並未登記而秘密吸食。1929 年，修正鴉片令，一面加重處罰，同時對於新癮者，經驗明煙癮較重或身體較弱不易戒除，亦特許吸食，而驗明適於矯正者亦令戒除。當年的鴉片分爲福、祿、壽三等，二、三等的需要逐漸減少而停止製售，所以一般貧苦的癮者逐漸戒除，繼續吸食的都是一些經濟比較寬裕的人。〔註73〕

呂赫若在小說〈逃跑的男人〉（1937）父親自小就開始吸食鴉片，據說祖父認爲先抽了鴉片的話，就不會到處放蕩也不會浪費。〔註74〕〈財子壽〉（1941）玉梅的兩位兄長以一支鴉片的菸管蕩盡家產。〔註75〕〈合家平安〉（1943）中對鴉片販賣和管制的情形又深入了一層，特別寫出了當時施行的鑑札制與限制吸食的份量，〔註76〕這三篇共同以吸食鴉片最後導致家道中落、傾家蕩產，甚至妻離子散的悲慘際遇，「鴉片」一詞等同於破敗的入場券，一旦沾染絕無好下場。

二、纏足

纏足和辮髮原是台灣社會根深柢固的風俗習慣，1899 年末，台北大稻埕中醫師黃玉階糾合紳商同志 40 人，籌組台北天然足會，並向台北縣當局提出立案申請，從此揭開組織化放足運動的序幕。天然足會的成立，反映出總督府的宣導已經收到若干效果，台灣社會開明的紳商受到影響，逐漸接受時潮而改變觀念，對纏足的弊害有所認識並亟思改正。〔註77〕

在此同時，日本社會新氣象的刺激也有助於放足運動的發起，在日治之初，總督府就屢次邀請或招待台灣各地紳耆前往日本旅遊參觀，不少人對日本女子保持天足，能夠普受學校教育，參與社交活動，可以在工商機構做事，

理研究學術研討會，台灣省文獻委員會主辦，2000 年 6 月），頁 2。
〔註73〕 周憲文編著，《台灣經濟史》（台北市：開明書店，1980 年），頁 593～595。
〔註74〕 呂赫若著，林至潔譯，《呂赫若小說全集（上）》（台北縣：INK 印刻，2006年），頁 200。
〔註75〕 呂赫若著，林至潔譯，《呂赫若小說全集（上）》（台北縣：INK 印刻，2006年），頁 267。
〔註76〕 呂赫若著，林至潔譯，《呂赫若小說全集（下）》（台北縣：INK 印刻，2006年），頁 427。
〔註77〕 吳文星，《日治時期台灣的社會領導階層》（台北市：五南，2008 年），頁 217。

一點都不較男性遜色，都留下深刻印象。

除台北天然足會之外，1900 年 3 月，另有參事許廷光、台南新報記者連雅堂等台南地區紳商名流籌組天足會，其他各廳也紛紛仿效，但放足人數始終有限。當時時論指出：

> 女子放足一事較男子斷髮困難，……只因有纏足習慣者仍多存天足女子不易嫁人之觀念，故難以革除此一風俗。值得一提者，基督教可說是全無纏足之風。〔註78〕

1914 年底，《台灣日日新報》鑑於纏足陋習久未革除，於是舉辦「論纏足之弊害及其救濟策」徵文比賽，投稿甚為踴躍，顯示出新舊知識份子已一致認為纏足是必須加以革除的陋習。纏足一般論者認為的缺點有戕害身體、不衛生、行動不便、浪費人力資源、生育孱弱子女而有害強種等，尤其是後兩項，論者紛紛指出纏足女子不便於工作，不事生產，完全仰賴男人供養，成為社會的寄生蟲。

〈月夜〉（1942）裡翠竹的婆婆正是纏足代表：

> 婆婆是六十多歲的老太婆，臉長得非常長，就像是馬臉，細小的雙眼緊挨著額頭向上吊，一副壞心眼的模樣，頭髮幾乎掉光，就像某家齒科醫院所掛的照片，四、五顆骯髒的暴牙埋在臉的下半部，瘦骨嶙峋的身體，配上一雙細腳，而且是纏足的小腳好不容易才得以支撐身體。〔註79〕

呂赫若的這段文字生動躍然紙上，把惡毒婆婆的恐怖外貌，栩栩如生的表達出來，令人不禁為翠竹悲慘的命運擔憂。而婆婆腳上的纏足正象徵著舊時代的惡勢力，儘管在新時代危危顫顫，但依舊張牙舞爪，企圖延續殘存的餘威。

> 對台灣本土菁英來說，纏足的身體，等同於孱弱的「支那」國體，於是當台灣人企圖變身為殖民地裡的維新之民，女性纏足舊俗便成為必須革除的弊害。〔註80〕

如果纏足象徵著舊時代的「惡」，這無非是作者彰顯欲除之而後快的心理反射。

〔註78〕 吳文星，《日治時期台灣的社會領導階層》（台北市：五南，2008 年），頁 225。

〔註79〕 呂赫若著，林至潔譯，《呂赫若小說全集（下）》（台北縣：INK 印刻，2006年），頁 401。

〔註80〕 蔡依伶，《從解纏足到自由戀愛：日治時期傳統文人與知識份子的性別話語》（國立台北教育大學台灣文化研究所碩士論文，2007 年 7 月），頁 111。

〈玉蘭花〉（1943）裡的年輕祖母也是纏足，所以走路的樣子看起來有點蹣跚。在替鈴木善兵衛招魂時，每走一步身體就搖搖晃晃。〔註81〕呂赫若在這裡對年輕祖母的纏足，迥然不同於翠竹婆婆的輕蔑，反而是帶著對舊時代的懷念，這裡的纏足代表著溫柔敦厚，期待用老方法拯救人命，換回健康。而招魂似乎應合了讀者期望，將鈴木善兵衛從鬼門關拉了回來。呂赫若巧妙的藉著上面兩位不同的纏足傳統婦女，成功營造出截然不同的故事結局。

三、賭博

〈牛車〉（1935）中有一推波助瀾的配角——林老，林老因竊盜而進入煉瓦城（日語指監獄），出獄後顯然以賭博為生，他認為在日本天年工作的是傻瓜，能賺多錢的工作都是奪取，與其辛苦流汗才能賺四十、五十錢，不如悠哉遊玩，滾一下可以賺到十圓、二十圓。如果輸了也可以去偷有錢人的錢，就算被抓到還可以吃免錢的牢飯，他甚至因此都和獄中看守成了朋友。〔註82〕林老的出現和這一番話，讓楊添丁增生勇氣，不再以為認真做事是唯一的路，還有許多其他變通的方法。所以後來暗示、默許妻子去出賣原始的本錢，自己在走投無路時去偷鵝，都在林老出現時埋下伏筆，而林老這樣的社會邊緣人，謀生之道當然就是不務正業，身陷而不可自拔的賭博了。

另一處寫到賭博場景是在〈冬夜〉（1947），彩鳳的母親平素好賭，時常賭到深更時分才回來，而且認為賭錢並不是白白輸的，而是要贏了錢來扶助生活的。〔註83〕就因為賭博，把彩鳳一步一步逼到絕境，在這裡呂赫若充分運用愛賭的人性，一方面好逸惡勞，想坐享其成；一方面妄想翻本，把以前輸的贏回來。於是墮入循環，最後不但輸了自己，也賠上了家人。小說中賭徒的結局，總是預告著悲劇，即使呂赫若沒有寫出最後的結果，但讀者對賭博的下場，都了然於心，這時候任何結語反而是冗詞贅字了。

綜上所述，鴉片、纏足、賭博的小說書寫有七篇七處，參見表2－4。

〔註81〕 呂赫若著，林至潔譯，《呂赫若小說全集（下）》（台北縣：INK 印刻，2006年），頁504。

〔註82〕 呂赫若著，林至潔譯，《呂赫若小說全集（上）》（台北縣：INK 印刻，2006年），頁69～70。

〔註83〕 呂赫若著，林至潔譯，《呂赫若小說全集（下）》（台北縣：INK 印刻，2006年），頁638。

表2-4 吸鴉片、纏足、賭博的小說書寫對照表

篇　目	內　　容	頁　次
〈逃跑的男人〉	祖父認為先抽了鴉片就不會到處放蕩也不會浪費	200
〈財子壽〉	玉梅的兩位兄長以一支鴉片的菸管蕩盡家產	267
〈合家平安〉	鴉片鑑札制與限制吸食的份量	427
〈月夜〉	纏足的小腳	401
〈玉蘭花〉	纏足的祖母	504
〈牛車〉	林老因竊盜而進入煉瓦城，出獄後顯然以賭博為生	69～70
〈冬夜〉	彩鳳的母親認為賭錢並不是白白輸的，而是要贏了錢來扶助生活的	638

小　結

　　綜上所述，呂赫若小說中對技術文化的民俗書寫，除了在居住建築上多所著墨，對傳統建築、陳設擺飾描述極其工筆，來象徵舊時代的沒落，大家族的式微之外，其他在運輸生產、飲食衣飾、日常生活的民俗書寫，多是簡單帶過，略微提及，未有更深入的描述和闡釋，可以推敲呂氏在這一部份的民俗呈現方式，只是如實的紀錄當時的庶民生活，符合他一貫的寫實手法，並非為民俗而民俗，是一種「點」的描述，亦即並非刻意以民俗書寫來展現作者意圖，其中的民俗只是切合作者一貫的寫實筆法，隨著劇情忠實呈現，將庶民生活的一切種種平鋪直敘的表達出來，因此所提及的民俗部分，僅是一筆帶過，簡單說明，並不若第三章倫理文化民俗書寫有「線」的脈絡，第四章表達文化民俗書寫有「面」的呈現。只是他忠實的敘述方式，恰好巧妙的在情節的推演中，扮演著穿針引線、推波助瀾的催化劑，使得小說中出現民俗的部分，自然而不造作。在這裡值得注意的是，呂式擅長用傳統的圖騰象徵，來凸顯舊時代的崩落瓦解，其建築小說書寫在當時的居住建築中，〈財子壽〉、〈合家平安〉、〈逃跑的男人〉中的台式建築往往象徵著家族的興衰起落，有一種對過去的緬懷追憶，和一些在殖民統治下不得不屈服的無奈感慨。

第三章　倫理文化的民俗書寫

　　所謂「倫理文化」係指對應人與人的關係範疇，即爲社群觀念的倫理文化：即村落組織、親屬結構、家庭形制、結社等方面。〔註1〕本章將從呂赫若小說中有關倫理文化層面的民俗部分，前三節分從家族制度、婚姻制度、繼承與分配等項目討論之，第四節則以〈石榴〉一篇之篇名來探討民俗，因其內容著重於家庭倫常，故置於本章第四節。

第一節　家族制度的小說書寫

　　台灣人的家族制度和崇拜祖先的傳統觀念有著密不可分的關係，因爲相信靈魂不滅，如果祖先魂魄無人祭祀，於幽冥界過著乞討的生活，孤魂將帶給人間災禍，反之能受到子孫隆重祭祀的靈魂，必定會庇護子孫。所以「不孝有三，無後爲大」的觀念深深左右台灣人的思想，故而產生養子制度，以確保子孫繁榮。

　　家族傳承形成方式有下列數端：〔註2〕

1. 過房子

　　養子制度的基本原則是收同宗者爲嗣。所謂過房子乃甲房無子迎乙房之子爲嗣，是爲正當養子，在年齡上並無限制，但大多十歲以下。過房子通常

〔註1〕 江韶瑩，〈台灣民俗文物分類架構與登錄作業系統研究〉《兩岸民俗文化學術研討會論文集》（南投市：省文化處，1999 年），頁 123～124。
〔註2〕 梶原通好著，李文棋譯，《台灣農民的生活節俗》（台北市：台原出版，1989 年），頁 86～88。

為親族之間議定，因此不像螟蛉子需付身價。

2. 螟蛉子

螟蛉子係出自「螟蛉雖產子卻不知哺育，蜾蠃（土蜂）不產子收螟蛉之幼蟲為己子哺育之。」也就是收異姓之子為自己的兒子加以養育，這是台灣獨特的制度。由於螟蛉子是出身價買取的，故完全斷絕與原父母的親族關係。

3. 媳婦仔

所謂媳婦仔，是以作為自己兒子將來的妻子為目的，而收養的女子。由於同姓不婚的習慣，媳婦仔必為異姓，年齡通常為兩、三歲，原因在於婚姻需要大量的聘金，而幼女只要小額買收，因此，媳婦仔當然為養家的家族，但並非子女，與婚姻嫁過來者相同。

4. 養女

買斷他戶的幼女作為自己的子女，是為養女，但並不成為自己兒子的妻子，這點與媳婦仔不同。養女的目的大多使其操賤業或轉賣，由於後來不允許查某嫺的入戶，故以養女名義。買斷即「買斷根」，出身價買收，以斷兩家之親族關係。

5. 查某嫺

查某嫺係收買幼女後如牛馬使喚，絕對隸屬家長，社會上不承認其人格，形同奴隸，查某為女子之意，嫺則意味卑賤之女。複審法院於大正六年頒佈：「縱合意以他人為查某嫺受終身拘束，其含意違反所謂公眾秩序善良風俗，故無效。」但以養女名義等實際收買仍有不少查某嫺。

6. 招贅、招夫

家女迎婿曰招婿，寡婦迎夫曰招夫。男方仍以父母之姓入女家，依契約或協定分配其間所生的子女歸女方或男方，且可復歸男方家。特別是招夫，男方和女方的娘家之間產生姻親關係，但是，雖然入籍女方的家裡，卻與其家固有的家族沒有任何親族關係。

呂赫若小說中有多處提到養子：在〈前途手記——某一個小小的記錄〉（1936）淑眉苦苦哀求林讓她領養個養子，無非是擔心自己沒有生兒育女，妾身未明的將來，地位必定岌岌可危，因此亟欲有養子來鞏固地位。在〈財子壽〉（1941）周九舍發跡的追溯中，提及他有三位妻子，正妻由於沒有小孩，所以領養了一位養子。在〈鄰居〉（1942）日本人田中夫婦想要收本島人阿民

為養子，有別於前二者領養養子是為了鞏固自己在家族中的地位，田中夫婦欲收養養子則是因為膝下無子，想繼承香火緣故。

〈石榴〉（1943）中則對螟蛉子有了更深入的描述，這種出價買賣以斷絕父母親族關係的收養，是來自家境貧苦的深沈無奈：

> 金生之所以答應讓木火做這家的螟蛉子，是為了回報黃福春的恩
> 義。再則，他認為自己兄弟們坐困愁城，不論去什麼地方，或許都
> 會比現況還好。〔註3〕

螟蛉子和過房子不同，除了有無買斷關係外，過房子的養父有年齡限制，不能收養比自己年長的孩子，需注意輩分、年齡、關係是否適當，在系統上必須是屬於自己的晚輩；選擇螟蛉子的方法就相對簡單，看孩子就可以決定，孩子年紀小價錢較高，年紀大的孩子，因為與親族已經有了深厚感情，所以價格較便宜，木火應當是屬於後者。

〈石榴〉（1943）中哥哥金生因為家計之故入贅，二弟大頭也步其後塵入贅，三弟木火則過繼為螟蛉子，兄弟三人各自屬於不同的家庭，原有的血脈親情在家庭制度下已然不復存在：

> 但是，自己既已被招贅，就是別人家的人，不論何時何地都不應再
> 管親弟弟的事，這種意識強映入他的腦海。〔註4〕

名義上的分隔卻不能阻止親情的聯繫，不管是養子或螟蛉子，其產生原因皆是為了延續子嗣，繼承香火，所以成為當時無子嗣家庭採用的方式，在小說中出現的養子和螟蛉子情事表列如3－1：

表3－1 呂赫若小說認養子嗣情節對照表

％	小說篇名	代表人物和情節
養子	〈前途手記——某一個小小的記錄〉	淑眉希望領養養子
	〈財子壽〉	周九舍原配領養一養子
	〈鄰居〉	田中夫婦想要收養阿民為養子
	〈合家平安〉	范慶星的養子范有福
螟蛉子	〈石榴〉	木火做黃家的螟蛉子

〔註3〕 呂赫若著，林至潔譯，《呂赫若小說全集（下）》（台北縣：INK 印刻，2006
年），頁462。

〔註4〕 呂赫若著，林至潔譯，《呂赫若小說全集（下）》（台北縣：INK 印刻，2006
年），頁458。

由上表可以看出養子制度是一種確保子孫綿延的過渡手段，至於養子的身份地位，幾乎等同婚生子或親生子，一樣擁有財產繼承權，這一點將在本章第三節繼續討論。

第二節　婚姻制度的小說書寫

在鄭成功治理台灣之前，雖然已有漢人來台墾拓，但彼時不可攜帶家眷，不成婚姻。自從鄭成功治台，才開始有家眷來台同住，婚姻制度自此展開。來台墾拓以漳、泉、粵居多，雖然有閩南人、客家人風俗的不同，但仍本周公所制之禮為依據，即納采、問名、納吉、納徵、請期、親迎等六禮為規範。〔註5〕

一、婚前禮

1. 納采：納采是傳統婚禮的第一步驟，男方主婚人請媒婆帶禮物前往提親，女方收下禮物則表示第一步成功，將禮品退還則表示拒絕。

2. 問名：男方得到女方應允後，接著舉行問名儀式，也就是男方先開具準新郎的生庚八字，以往還必須加上三代（曾祖父母、祖父母、父母），後來簡化成父母，交媒婆給予女方。女方收到庚帖，也將準新娘及父母的庚帖，交給媒婆轉給男方。男方則找相命師批命狀，或向家廟擲筊決定，然後在三天內家中沒有特殊事故，才進行第三步驟納吉。

3. 納吉：納吉即小聘、小定。男方要準備聘物由媒婆帶領扛工前往女家舉行納吉儀式，女方在收受聘物聘書後，也將回聘物品，答聘書置於檻中，循原路回到男家。

4. 納徵：納徵即大聘、大定。男方要請相命師選擇良辰吉日進行。過程與納吉類似，但聘物禮數更為周到。中午，男女雙方各設宴款待親戚，同申慶祝婚姻的喜悅。儀式進行到納徵已算大致完成。

5. 請期：又稱「送日頭」，就是決定好結婚日期後，通知女家。媒人要選好一個不妨礙兩家的吉日，由男方送請期親迎書，即請期禮書和禮物到女家，女家也要還禮。

二、正婚禮

1. 親迎：按照古例，親迎是新郎本身乘轎到女家去迎娶新娘。

〔註5〕 姚漢秋，《台灣婚俗古今談》（台北市：台原出版，1991 年），頁 18～86。

2. 洞房花燭夜：新娘的貞操，在此受到嚴格的考驗，如果新娘失節，不但夫妻會失和，甚至會導致離婚。

3. 舅爺探房：婚後第三天，新娘的兄弟舅爺會去探房，及探查婚後情形。

三、婚後禮

1. 歸寧會親：婚後第四日，女方仍請舅爺攜帶小禮物到男方家，邀請新姊夫和姊姊歸寧。

2. 饋女：在婚後一個月內，或下午，或晚間，娘家都要以女兒喜歡的食物，派遣舅爺或其他家人，送到男方家，給女兒當作點心食用。

3. 廟見與歇夏：廟見是指向家廟中一切祖先的謁見禮，歇夏則是指婚後的第一個三伏天，女家要邀請女兒回娘家休息幾天。

4. 懷孕與生產：懷孕與生產之月稱「順月」，並有各種習俗。

四、正婚之外

1. 納妾與續絃：有經濟能力的男子在正妻之外可納妾，妻子死亡或離婚的男人也可續絃。古禮納妾續絃都不可坐花轎、行親迎禮，僅由媒人陪同，以竹簾轎抬來，不可從大門進入，需從側門或後門進門。

2. 招贅：娶媳婦要花一筆聘金，因此經濟狀況不好的男子，或家中無男丁的女方，則採用入贅招婿的方式。

3. 童養媳：即台語「媳婦仔」，自小收養的女童，長大做為媳婦。

4. 養女：不同童養媳，是收養的女兒，但有以養女之名，行婢女之實，甚至令操賤業者。

5. 指腹為婚：尚未出生，即由雙方家長決定婚事。

6. 冥婚：男女皆告死亡或有一方死亡而成的婚姻。

7. 休妻：律例給予丈夫有休妻的權力。

8. 寡婦與嫠婦：寡婦為先生過世的婦人，嫠婦則為被休棄的婦人。嫠婦因為娘家不肯收容，多半走上再嫁一途。

五、若依婚姻制度的種類可以分為：

1. 普通婚姻（女子嫁到夫家）

2. 招夫婚姻：丈夫已亡的寡婦，由於經營家業和養育子女的困難，所以招夫。但是招來的丈夫沒有繼承權，多半是貧困的男人，因無錢娶妻，不得已而接受招夫，但彼此訂有一定的年限，孩子出生後，以一子或

數子留在女家，婚姻關係同時結束，兩人又分立戶口。

3. 招婿婚姻：家中沒有男丁，只有女兒，以致家財無人管理，所以要招婿。

4. 戶內婚姻：收養媳婦仔等到達適婚年齡後，爲之舉行結婚儀式。〔註6〕

　　其中養媳婦仔主要有兩個原因，一是因爲兒子長大結婚要準備一筆聘金，趁幼小時娶進來就不必花費太多錢；再者因爲從小在家中居住，不但能熟悉家裡的事，也和家人保持親密關係，使喚起來也較方便，再加上從小與丈夫共處一個屋簷下，婚後生活減少適應，可以比較幸福美滿。但媳婦仔的美滿婚姻，在呂赫若的筆下卻不是那麼一回事。

　　呂赫若在〈暴風雨的故事〉（1935）安排苦命的罔市是童養媳，就此展開她悲苦的一生：

> 罔市五歲的時候被抱來老松家當童養媳，原來的家也是窮苦的佃農人家。姊妹七、八個人，在生活上也是很吃力的，生母只得把她送去當童養媳，小時候常跟老松一起玩，養牛、田裡的事她都能得心應手，很得父母的緣，於是，就在她二十歲那年的春天，跟老松正式結爲夫妻。〔註7〕

這段文字簡單明白的將童養媳在當時的責任和義務交代清楚，童養媳年幼實是夫家的幫手，長成後則肩負傳宗接代的使命，而終身都必須爲夫家賣命，婚姻幸福還好，婚姻不幸福或未能結成夫婦者也大有人在，〈田園與女人〉（1940）裡的彩碧是另一個不幸的女人：

> 伯煙非常忿怒。
>
> 「我不是都已經說得很清楚了嗎？她爲什麼還不回去呢？」
>
> 「我知道啊。不過，說是回去，你以爲這麼簡單啊。從小把她養大，而且彩碧很溫順，是個好女孩……哎！你也要想想看。這可不是兒戲呢。」
>
> 「我拒絕娶她爲妻。堅決……」
>
> 「眞令人傷腦筋啊。你小時候說要娶她爲妻，高興成那個樣子……」

〔註6〕　林明義主編，《台灣冠婚葬祭家禮全書》（台北市：武陵，1995 年），頁 119～126。

〔註7〕　呂赫若著，林至潔譯，《呂赫若小說全集（上）》（台北縣：INK 印刻，2006 年），頁 92。

〔註8〕

同樣是童養媳，同樣得到父母的認同，老松和罔市因為一起長大，沒有時空的隔閡而得以成婚，伯煙和彩碧卻因為伯煙求學後與麗卿相戀，而欲與彩碧解除婚約。在這裡呂赫若藉民俗替知識份子和庶民大眾區隔了婚姻的自主權，更在下列這段文字說明教育落差對傳統婚約的不滿：

> 兩年前就已堅決向雙親表明取消婚約，而且父親也說教育程度不同而放棄了。可是，從小就訂下婚約的未婚妻，現在還養在家裡。最初以為是妹妹，當知道是作為自己的妻子而養在家裡時，莫名其妙地反抗。尤其與麗卿談戀愛之後，更致力於取消婚約。〔註9〕

呂赫若在另一篇雜文〈媳婦仔的立場〉，也說明了童養媳的婚姻不成，更可能埋下家庭風波：

> 如果兒子嫌棄媳婦仔，又與外面女人結婚，媳婦仔也不喜歡男方，這樣的問題極容易解決。萬一媳婦仔喜歡男方麻煩就來了。自己的男人被奪走，而淪作妹妹的媳婦仔，心裡自然不甘。於是嫉妒新娘，虐待新娘，從來不懷善意。大抵這時候媳婦仔多半會巴結已有感情的家人聯手攻擊新娘子，家庭的風波從此層出不窮。〔註10〕

呂氏這篇原載於1943年十一月《民俗台灣》3卷11號，同期尚有張文環的〈老娼撲滅論〉、吳新榮的〈媳婦仔螺〉、楊千鶴的〈女人的命運〉等，皆對媳婦仔的制度提出批判。

由此可看出作者對傳統婚姻提出的質疑和批判，不是自己作主的婚姻，究竟潛藏了多少不幸和無奈？在批判當時婚姻制度下，主要的犧牲者通常是女性，最具代表的當推〈廟庭〉（1942）和〈月夜〉（1942）中的翠竹，翠竹的先生已經有八次婚姻紀錄而視為理所當然，再婚的翠竹卻沒有相同的待遇，在封建父權的思想下，即使面對婚姻中的種種虐待，仍然必須百般忍耐：

> 翠竹的情形，是這次婚姻再失敗的話，就是第二次的婚姻災難，考慮

〔註8〕 呂赫若著，林至潔譯，《呂赫若小說全集（上）》（台北縣：INK印刻，2006年），頁251。

〔註9〕 呂赫若著，林至潔譯，《呂赫若小說全集（上）》（台北縣：INK印刻，2006年），頁247。

〔註10〕 呂赫若著，林至潔譯，《呂赫若小說全集（下）》（台北縣：INK印刻，2006年），頁654。

到第三次再婚的事時，到底有哪一種的結婚資格呢？我逐漸感同身受。當然，我個人的意見，既然對方如此不像話，就沒有必要勉強在一起。不過，考慮到翠竹是舅父女兒的立場，與其第三次不幸地再婚，倒不如忍耐目前的婚姻，找出某個融合點，方為上策。〔註11〕

上段文字明顯看出兩性在婚姻制度下的不平等，傳統的封建父權思想在此表露無遺，男性再婚可以稀鬆平常，女性則犯大不韙，尤其被離棄的女子，幾乎是無家可回、無路可去，從翠竹父母的對話可見端倪：

「傻瓜！你到底要女兒嫁幾次啊？考慮一下名譽吧。女兒是只要能把她嫁出去一次，就算是已盡了雙親的義務。」

「你是說女兒被虐待是件很名譽的事囉。」舅媽也不甘示弱。〔註12〕

「你愛錢勝過愛翠竹的命嗎？」

「我是愛錢，而且離婚看看，你認為那麼輕易就能再婚嗎？如果不行，後果又會如何？」

「這是沒有辦法的事，都是翠竹的命運。」

「哼！還不是因為祖先的牌位不祭拜姑婆（女性的直系長輩）」〔註13〕

由此可知，沒有夫家的女性在家庭和社會中是失去地位的，甚至在祖先牌位上也沒有立足之地，女性只有附屬在男性家族下的位置，所託非人或遇人不淑，只能認命，這是呂赫若的不平之鳴。

相較於男性在婚姻自主上的自覺，女性被壓迫的命運，也在呂赫若筆下有了新風貌，〈婚約奇譚〉（1935）中的琴琴便是一例：

那時，她是所謂的馬克斯女孩，經常出入於曾啟蒙春木思想的國棟家。在他們那個團體中，由於有不讓鬚眉的熱情與尖銳的意見，因此男人們相當看好她的前途。「台灣女性……」是琴琴的口頭禪。「不更自覺是不行的。首先，身為知識份子的女性，卻只能一心一意當個布爾喬亞新娘，未免可笑至極。真正的女性解放……不是……這

〔註11〕 呂赫若著，林至潔譯，《呂赫若小說全集（下）》（台北縣：INK 印刻，2006年），頁 397～398。

〔註12〕 呂赫若著，林至潔譯，《呂赫若小說全集（上）》（台北縣：INK 印刻，2006年），頁 318。

〔註13〕 呂赫若著，林至潔譯，《呂赫若小說全集（上）》（台北縣：INK 印刻，2006年），頁 320～321。

時候是不可能的。」〔註14〕

新時代的女性，受過教育思潮薰陶的女性，不再像以往唯父母之命、媒妁之言是從，對選擇對象有了自我的認知，即使婚姻制度仍是遵循古禮，但所嫁的對象必須經過新娘的認可。

呂赫若對舊時婚姻陋習的批判，還可以從下一段嘲諷看出端倪：

> 在父親的眼中看來，這麼多的有錢人家向只是公學校畢業的女兒提
> 親，該是多麼幸福的事。甚至認為一定是自己的好運到來。為了挽
> 救沒落的家計，正絞盡腦汁想跟有財勢人家攀親，讓女兒釣個金龜
> 婿，幫助他達成願望。〔註15〕

山根勇藏在《台灣民族性百談》中提及日治時期的聘金，當時娶公學校畢業的女子，聘金至少要三百圓，教育程度越高，聘金也隨之增加。如果是當時台灣唯一三年制女子中等學校畢業，聘金則躍升為八百圓，如果再讀一年師範科畢業，聘金提高為一千圓，如果容貌美好，可以更加提高聘金金額，甚至到二千圓。〔註16〕

而父母把子女婚姻當作生財工具的也所在多有，如〈廟庭〉（1942）中的翠竹爸爸說：「……我已經用盡方法才使翠竹再婚。對方拿了我三百圓的陪嫁金與日用家具。絕對沒有白白捨棄的道理。」〔註17〕在〈冬夜〉（1947）裡彩鳳再嫁的郭欽明有付三萬元做聘金：「因為郭欽明有繳付三萬元出來做聘金，所以街頭巷尾都羨望著她。彩鳳的兩親拿到三萬圓就沒作一聲……」〔註18〕

嫁女收聘在當時是極自然之事，至於聘金多寡則視女方條件而有高低：

> 聘金在婚約條件中算是很重要的，從前聘金大概在一百二十元到二
> 百四十元之間，現在則以萬計，具有姿色的或高等學校畢業的則更
> 高。這不由得使人感覺女人好像是貨物般的被買賣，要求高聘金的

〔註14〕　呂赫若著，林至潔譯，《呂赫若小說全集（上）》（台北縣：INK 印刻，2006
　　　　年），頁 126。

〔註15〕　呂赫若著，林至潔譯，《呂赫若小說全集（上）》（台北縣：INK 印刻，2006
　　　　年），頁 127。

〔註16〕　山根勇藏，《台灣民族性百談》（台北市：南天，1995 年【1930】），頁 235～
　　　　236。

〔註17〕　呂赫若著，林至潔譯，《呂赫若小說全集（上）》（台北縣：INK 印刻，2006
　　　　年），頁 320。

〔註18〕　呂赫若著，林至潔譯，《呂赫若小說全集（下）》（台北縣：INK 印刻，2006
　　　　年），頁 646。

家庭中，有不少是因生活貧苦，或者是作為將來其他兄弟的結婚費
用。〔註19〕

嫁女的聘金不但可以改善家中經濟，甚且可以做為其他兄弟將來娶妻的費
用，這應該是養育女兒的附加價值吧！父母有待價而沽的心情是可以理解
的，且婚姻主導的因素，經濟狀況常是重要原因，有經濟基礎的男方，可以
付出一筆聘金給女方；沒有經濟能力的男子，相對的則被招贅，〈石榴〉（1943）
中有如下描述：

入贅的條件只說是八年，之後就無條件讓他獨立。是個母親一人、
兄嫂有兩個小孩的家庭。為妹招夫的動機是希望有個勞動的幫手，
所以看中金生默默勤奮工作的優點。當然，並沒有說生下的小孩歸
屬他們家。〔註20〕

金生完全無力負擔娶妻的費用，顧及還有兩個弟弟，入贅似乎是最好的決定，
其後二弟也一樣入贅，三弟則因年紀較輕成為螟蛉子。

〈牛車〉（1935）中的楊添丁也是入贅阿梅家，由於入贅在氣勢上總是矮人
一截，妻子阿梅會抓住男人的弱點大喊：「出去！家是我的。窩囊的男奴。出去。」
〔註21〕入贅的男人地位低落是因為男子嫁入女家，與一般女子嫁入男家迥異。
一般來說，通常為女方家只有女兒最為常見，也有家中雖有男孩，但是體諒女
兒體弱多病，或是捨不得女兒出嫁的情況下，皆會採取招贅的方式。

舊時的婚姻制度，以完成父母期望者居多，至於當事者自己的意願，似乎
不是那麼重要，無怪乎在接受新式教育洗禮後的青年，不分男女，會對傳統婚
姻制度產生懷疑。一九二○年代台灣正值日本大正與昭和初期的開放自由時
代，鼓吹「戀愛結婚」的聲音時有所聞，但此種行為只限於極少數人才有：

日本時代敢於撞破舊式禁錮與禮教牢籠的自由戀愛故事，莫過於小
說家楊逵和太太葉陶。……兩人被以「戀愛墮落，從事某種陰謀」
為名，剝去所有職務。他們隨後在彰化的小巷內「過著無夫妻之名
的同居生活」。……衛道人士還透過日本官方的「台灣日日新報」，

〔註19〕 林明義主編，《台灣冠婚葬祭家禮全書》（台北市：武陵，1995 年），頁 132
～133。
〔註20〕 呂赫若著，林至潔譯，《呂赫若小說全集（下）》（台北縣：INK 印刻，2006
年），頁 471。
〔註21〕 呂赫若著，林至潔譯，《呂赫若小說全集（上）》（台北縣：INK 印刻，2006
年），頁 71。

　　嚴厲批評戀愛結婚是「野獸苟合」的行為。〔註22〕

彼時自由戀愛的氛圍已然形成，但保守的社會風氣，卻沒有給自由戀愛太大的空間。雖有自覺傳統婚姻的諸多弊端，但敢於挑戰、衝撞傳統的畢竟是少數，文學家於是寄情於作品，反應在文字書寫中，一吐心中悒鬱，也就是極其尋常之事了。

　　呂赫若顯然對傳統婚姻制有許多批判，對女性的不公平待遇尤其深刻描述，他筆下的婚姻情況不幸居多，小說中出現的婚姻形式列表如 3－2：

表 3－2 呂赫若小說的婚姻制度對照表

婚姻形式	小說篇名	代表人物和情節
入贅	〈牛車〉	楊添丁入贅阿梅家
	〈石榴〉	金生、大頭因家境困窘而入贅
童養媳	〈暴風雨的故事〉	罔市五歲時成為老松家的童養媳
	〈春的呢喃〉	彩碧是江伯煙的童養媳
	〈田園與女人〉	
繼室	〈財子壽〉	玉梅是周海文的繼室
	〈廟庭〉	翠竹再婚成為繼室
	〈月夜〉	
	〈合家平安〉	玉鳳為范慶星的繼室
妾	〈前途手記——某一個小小的記錄〉	淑眉為妾，一心一意想擁有孩子
相親	〈婚約奇譚〉	李明和和琴琴
	〈藍衣少女〉	姜大川和妙麗（從小訂婚約）
	〈財子壽〉	周海文和玉梅
	〈廟庭〉	翠竹與再嫁的先生（經人說媒）
	〈月夜〉	
自由戀愛	〈女人的命運〉	白瑞奇和雙美
	〈春的呢喃〉	江伯煙和劉麗卿
	〈田園與女人〉	
	〈冬夜〉	郭欽明和楊彩鳳

〔註22〕　陳柔縉作，《台灣西方文明初體驗》（台北市：麥田出版，2005 年），頁 304。

上列婚姻制度下的眷屬，除了〈石榴〉中的金生及大頭外，皆是鋪陳一個個不幸的結局：〈牛車〉中的楊添丁和阿梅爲了金錢時常爭吵；〈暴風雨的故事〉罔市爲地主寶財所欺，最後自殺；〈春的呢喃〉、〈田園與女人〉的江伯煙拒絕與童養媳彩碧成婚；〈財子壽〉的繼室玉梅產後發狂；〈廟庭〉、〈月夜〉的翠竹遭到夫家百般虐待；〈合家平安〉的范慶星耽溺鴉片，散盡家財；〈前途手記——某一個小小的記錄〉的淑眉抑鬱以終；〈婚約奇譚〉的琴琴逃婚；〈藍衣少女〉的妙麗不願意與姜大川結婚。即使是自由戀愛，〈女人的命運〉的白瑞奇仍是拋棄雙美；〈春的呢喃〉、〈田園與女人〉的江伯煙和劉麗卿沒有結果；〈冬夜〉中的楊彩鳳更是悽慘，遭受郭欽明無情殘忍的對待。呂赫若筆下的婚姻制度，爲何是如出一轍的不得善終？除了是情節鋪陳的張力考量外，絕大部分應是作者對現實的不滿，當具體行動不見容於當時社會，或者無法有積極作爲時，訴諸文字，在小說中以民俗書寫呈現內心世界，應是作者意欲表達的另一種形式。

第三節　繼承與分配的小說書寫

台灣家庭中的繼承有宗祧繼承和財產繼承兩種，宗祧指的是祭祀祖先者的資格問題，由於父傳子、子傳孫直系的繼承，香火大多不會斷絕，這一點和日本的家督相續很相似，不同點在於，宗祧繼承只限於祭祀祖先者的繼承，不包括財產的繼承權，而家督相續則同時涵括宗祧繼承和財產繼承。日本的家督相續繼承人可以是女子或養子，台灣的宗祧繼承人則不可以是女子或異姓養子。〔註23〕

宗祧制度的繼承人必須是男子，而且以同宗同姓爲必要條件，其繼承順序先爲親子，後爲養子。親子又有長子庶子等先後順序，養子也有同宗同姓的先後順序，異宗異姓的養子則無宗祧繼承權。宗祧繼承以一宗一嗣爲原則，但也有兩祧繼承的例外，原則上盡量以一宗一嗣爲宗祧繼承的原則。後來台灣宗族制度逐漸式微，財產的繼承權才是大家比較重視的問題，財產分配的舊習慣是「嫡全庶半螟蛉又半」，也就是庶子是嫡子的二分之一，螟蛉子是庶子的二分之一，也就是嫡子的四分之一。以〈財子壽〉（1941）爲例，福壽堂的主人周九舍有三妻，家族列表如3－3：

〔註23〕　林明義主編，《台灣冠婚葬祭家禮全書》（台北市：武陵，1995年），頁120〜121。

表3-3〈財子壽〉周家世系表

第一代		第二代		第三代
夫	妻	夫	妻	
周九舍	（原配）	（養子，歿）		（一男二女）
	（二房）桂春夫人	周海文	（前妻）	周子豈 周子思 周子賢
			（繼室）玉梅	（一女）
		周海山		
	（三房）	周海瑞		
		周海泉		

全篇以第二代周海文為中心：

> 么子海泉十五歲時，九舍以七十五歲的高齡去世。次子海文已經三
> 十歲了，在父親死後掌握實權。由於桂春夫人已經相當高齡，而且
> 掌握實權的是自己的親生子，所以安心的將家計委託兒子們全權處
> 理。唯一擔心的是異母的海瑞與海泉會心理不平。〔註24〕

在尚未分家前，周海文和周海山即互相猜忌對方會敗散家產，所以巴不得早
日分家，以確保自己的那一份能完全掌握，大家族的傾軋，由此可見一斑。
在〈財子壽〉（1941）中，凡親生子女皆享有分配財產的權力。

以〈風水〉（1942）為例，周家下有二房，列表如3-4：

表3-4〈風水〉周家世系表

第一代	第二代
（大房）周長乾	長子（讀經濟科）
	次子（讀法文科）
	三子（中途休學）
（二房）周長坤	長子（醫生）
	次子（醫生）

〔註24〕 呂赫若著，林至潔譯，《呂赫若小說全集（上）》（台北縣：INK 印刻，2006
年），頁274。

　　大房二房因爲風水問題，在父母洗骨與不洗骨之間，角力拉扯。

　　在〈風水〉中的哥哥周長乾：

> 在父親死後的翌年春天，當弟弟提議要分家時，儘管母親依然健在，
> 他立即答應了。〔註25〕

與〈財子壽〉相同的是，兩個周家都是在父親過世，母親尚健在時分的家，
足證當時仍以男性主人主導家族的繼承分配。

> 依照從前的慣例，分家時，只有祭祀祖先牌位的正廳通常是當作「公
> 廳」，共有的東西一律原封不動放著。可是，分家時，周長坤卻說要
> 立刻分配公廳裡的東西。就連好說話的周長乾老人也生氣了。因爲
> 他感覺簡直是要分配祖先的牌位。〔註26〕

這裡提到當時分家的慣例，公廳裡的東西保持原封不動，通常由長子繼承，
文中安排長子周長乾最後以六百圓買下弟弟的份作爲收場，此種安排凸顯兄
弟個性的迥異：一仁厚，一自私貪婪；接著周長坤又再度要求分配：

> 經過了一年，周長坤違背分家當時的約定，提出要分配作爲老母扶
> 養費的二甲步水田。一分家，老母就跟著周長乾老人過活，二甲步
> 水田的收穫當然歸周長乾老人所有。周長坤說那是哥哥增加的收
> 入。「如果是這樣的話，好吧！」老人爽快地作分配。老母哭著反對，
> 大罵周長坤不孝。〔註27〕

然後周長坤爲了自家的飛黃騰達，聽信地理師之言，該洗骨的父親屍骨不洗
骨，不該洗骨的母親屍骨卻要強加把肉刮除，兩者之間作了強烈對比，藉由
民俗的描寫展現寫作上的映襯手法。

　　以〈合家平安〉（1943）爲例，范老舍之子范慶星

1. 前妻育一養子，即爲長子范有福

2. 繼室玉鳳育有二子，即爲次子范萬傳，三子范萬成，兩人去台東工作
   皆不想回家，近三十歲皆未婚。

　　范氏家族表列如 3－5：

〔註25〕　呂赫若著，林至潔譯，《呂赫若小説全集（上）》（台北縣：INK 印刻，2006
　　　　　年），頁 348。

〔註26〕　呂赫若著，林至潔譯，《呂赫若小説全集（上）》（台北縣：INK 印刻，2006
　　　　　年），頁 348～349。

〔註27〕　呂赫若著，林至潔譯，《呂赫若小説全集（上）》（台北縣：INK 印刻，2006
　　　　　年），頁 350。

表3-5〈合家平安〉范家世系表

第一代	第二代		第三代		第四代
	夫	妻	夫	妻	
范老舍	范慶星	（前妻）	（養子）范有福	（師傅的養女）	（二子女）
		（繼室）玉鳳	范萬傳	（未婚）	
			范萬成	（未婚）	

范慶星因為吸食鴉片，家道中落，貧困交迫時還必須厚著臉皮向養子索討金錢。迫於無奈的養子范有福，只能默默承受長子的壓力：

> 他靜靜地閉上眼睛，想起非手足的二弟與三弟。自己如果也能像二弟與三弟一樣逃離家庭的桎梏而到南洋去就好了。不過，慌忙想到自己沒有學問，還是只具備為二弟與三弟擦屁股的價值。不過，立刻又反省，或許這就是被叫做長子者的立場。如今二弟與三弟已去遠方，被留下來六十多歲的老父與老母，不依靠自己的話，又有誰可以依靠呢？〔註28〕

這段話看出即使沒有血緣關係的養子，在家族中一樣具有相同的地位。只是諷刺的是，當養子還有利用價值時，他的長子責任被提升，養子身份被忽略；一旦失去利用價值，養子的地位恐遠遠不如親生子。

以〈石榴〉（1943）為例，金生、大頭、木火為父母雙亡的貧苦三兄弟：

> 金生二十五歲時，由福春舍作媒，入贅到同是小佃農的這個家。最初聽福春舍提起時，因不忍與弟弟們分離而反對。經過他再三懇切的開導，弟弟們已達能獨立的年齡，而且生活這般貧困，如果不入贅他家，是無法娶妻的。金生有點動心，但約定只要能安頓好弟弟們的前途，一切都沒有問題。兩、三天後，福春舍開出這麼個條件：木火就給福春舍的同族當螟蛉子，而大頭就由他收留作為傭農。木火做為別人家的小孩使他頗放心不下。但是，雖說是貧困，也留下二分左右的土地，再加上他們的生活的確貧困，於是就答應那個提議。〔註29〕

〔註28〕 呂赫若著，林至潔譯，《呂赫若小說全集（下）》（台北縣：INK印刻，2006年），頁447。

〔註29〕 呂赫若著，林至潔譯，《呂赫若小說全集（下）》（台北縣：INK印刻，2006年），頁470。

上段描述可以看出長子在家族中的地位和重要性。台灣是男尊女卑的社會，屬男子系統主義，並且認為祭祀祖先，就是完成人道大義。所以直系的嫡長子，要擔任祭祀祖先的任務，宗桃承繼的觀念就是子孫要一代一代的傳下去，並且永遠繁榮，這才是對祖先最大的孝順，所以不但要多子多孫，最好多是男孩，如果沒有男孩，便向同宗的人認養孩子（過房子），或向異宗異姓的人收養孩子（螟蛉子）。

以〈逃跑的男人〉（1937）為例，由第三代王慶雲在火車上述說自己的遭遇，王家家道的中落。王氏家族列表如 3－6：

表 3－6〈逃跑的男人〉王家世系表

第一代	第二代		第三代		第四代
	夫	妻	夫	妻	
王舉人（台中州四塊厝八家村村長）	王深河	（前妻）	王慶雲	罔留	（一男）
		（填房）	金星（繼母與前夫所生）		
	（大弟，為婢妾所生）				
	（二弟，為婢妾所生）				

第二代在分家時，依第二代長子的想法，訂出分配財產原則，並可從中一窺當時對庶出子的看法和待遇：

> 父親家有三兄弟，雖說如此，真正只有父親一個人。兩個叔叔因為是婢妾的孩子，所以父親很趾高氣昂。財產的分配也是依父親個人的想法而分成三等分，父親得一份，我因為是長孫所以得一份，兩個叔叔因為是婢妾偏房得一人份，所以父親理應得三分之二。我想有三千五百石。不過，負債則完全相反，分成三等分，三個兄弟各負擔一份，因此父親分擔一份，而兩個叔叔分擔三分之二，實在是很過份的做法。〔註30〕

這段描述說明在財產分配和繼承上，除了長子地位重要之外，長孫地位也舉足輕重，可以和叔叔輩並列。

以〈清秋〉（1943）為例，祖父為莊長，父親在莊公所當會計，第三代耀勳醫專畢業，耀東藥專畢業，求學歷程完全依循祖、父要求，參見表 3－7：

〔註30〕 呂赫若著，林至潔譯，《呂赫若小說全集（上）》（台北縣：INK 印刻，2006年），頁 200。

表3-7〈清秋〉謝家世系表

第一代	第二代	第三代	
祖父 （莊長）	父親 （莊公所會計）	謝耀勳（醫專畢業）	
		謝耀東（藥專畢業）	
		謝婉如（女校畢業，在莊保育園工作）	

　　謝家前兩代的苦心經營，希望在第三代看到開花結果，哥哥學醫，弟弟學藥，將來開業應是最好組合，孰知哥哥遊移在醫德、報酬、理想之間，弟弟則選擇南進，完全背離父祖的期望。其間維繫三代之間的情感，就是傳統的孝道。主人翁謝耀勳一直在孝道、理想、自我認知間拉扯衝撞。從王建國、林瑞明的看法可資證明：

> 檢閱呂赫若的小說，無疑會發現「家」是呂赫若筆下所亟力鉤勒描繪的一個重要母題，而這個母題也幾乎囊括了呂赫若大半的小說，甚至在後來戰爭急遽展開之際，還因「家」大得咎，招來不同文學陣營的批評，並且相較於其他日據時代的所有台灣新文學作家，關於「家」的經營，無論在質或量上，庶幾無人能出其右，允為日據時期寫作台灣家族史的第一人。〔註31〕

> 呂赫若的小說以「家」為最基本單位，藉著成員間的應對進退、舊慣習俗、道德人性、社會變遷及殖民統治的影響，千絲萬縷的被牽引出來，構成一個綿密完整的小說世界。〔註32〕

呂赫若的確以家為單位，建構成一脈相承的家族制度，在代代相傳的承續中，透過民俗描寫，將要呈現的問題突顯出來，其中不只是對傳統封建父權的批判，也有對殖民主義的剝削壓榨進行反思。

第四節　〈石榴〉──一粒粒民俗的種子

　　〈石榴〉（1943）在呂赫若小說中是相當特殊的一篇，其內文中從頭到尾不曾出現有關石榴的任何描述，篇名名稱一改再改，又是被攻訐後亟欲表達的題材，其篇名本身就充滿了民俗意涵，內容又描述倫理親情，故於本節單獨討論。

〔註31〕　王建國，《呂赫若小說研究與詮釋》（台南市：南市圖，2002年），頁28。
〔註32〕　林瑞明，〈呂赫若的「台灣家族史」與寫實風格〉《呂赫若作品研究》（台北市：文建會，1997年），頁69。

在呂赫若的二十六篇小說中，其小說篇名與內容都具有一定的相關連結，不管直接表達或反面嘲諷，大部分的篇名都可以從中嗅出作者意欲表達的情境和氛圍，而且很容易瞭解並掌握。篇名直接和小說內容有關，讓人一目了然作者要表達的內容和意涵，例如〈牛車〉、〈暴風雨的故事〉、〈婚約奇譚〉、〈前途手記——某一個小小的記錄〉、〈女人的命運〉、〈逃跑的男人〉、〈藍衣少女〉、〈田園與女人〉、〈廟庭〉、〈鄰居〉、〈風水〉、〈月夜〉、〈清秋〉、〈山川草木〉、〈風頭水尾〉、〈百姓〉、〈故鄉的戰事一——改姓名〉、〈冬夜〉等，也有表達作者反諷的意圖，從篇名原本的希冀，再從內容點出完全不是如此的反諷，計有、〈財子壽〉、〈合家平安〉、〈一年級生〉、〈故鄉的戰事二——一個獎〉等篇，這些內容和篇名很容易連結，使讀者心領神會。另外〈春的呢喃〉是以鋼琴曲命名，揭開江伯煙學音樂的背景；〈月光光——光復以前〉中的〈月光光〉是孩童耳熟能詳的童謠。出現植物命名的唯有〈石榴〉、〈玉蘭花〉兩篇，其中玉蘭花是主人翁家中庭園的樹種，也是向鈴木善兵衛告別的地標。唯獨〈石榴〉一篇，其內文中從頭到尾不曾出現有關石榴的任何描述，因此〈石榴〉的意象也引發研究者多方的探討。

呂赫若是早慧型的作家，22 歲就以〈牛車〉享譽文壇，但他的寫作生涯也並非一帆風順，1943 年被西川滿抨擊為「糞寫實主義」，呂赫若在氣憤之餘，可能會對自己未來寫作方向和定位，重新有一番省思和交戰。而他對自己的期許和鞭策，也常常出現在日記中，令他苦思良久的創作題材〈石榴〉也因此誕生了：

> 令我苦惱的題材——總算想到好題材了。題為〈兄弟〉——兄弟愛
> 是主題。〔註33〕

〈石榴〉篇名就有一段曲折，題目從〈兄弟〉、〈血〉、〈流〉、最後改為〈石榴〉，不同於呂赫若的其他小說，通常小說篇名和內容直接相呼應，令讀者望文生義、心領神會，而〈石榴〉在內容上，從頭至尾未曾出現「石榴」一詞，講的是兄弟之情，家族倫常之禮。根據柳書琴的說法：

> 在台灣民俗中，石榴因其果實多子，被取為子孫繁榮之意，在婚禮
> 中甚至被當作結婚禮品相贈。子孫滿堂、香煙不絕在農業社會被認
> 為是幸福家庭的象徵，以〈石榴〉為題的這篇小說，正是述說一個

〔註33〕 呂赫若著，鍾瑞芳譯，《呂赫若日記》（台南市：國家台灣文學館，2004 年），
頁 355。

貧農對這樣一個幸福家庭的渴望。〔註34〕

由上可知，〈石榴〉的篇名本身就有民俗的意象。在全篇計有十處相關民俗書寫，茲列表如3－8。

表3－8〈石榴〉的民俗書寫與分類對照表

內　容	民俗書寫分類	頁　次
蝛蛉子	倫理文化的民俗書寫	459
喝椰汁治精神病	表達文化的民俗書寫	476
招贅年限	倫理文化的民俗書寫	478
葬禮（夭折）	表達文化的民俗書寫	481
合爐過房	表達文化的民俗書寫	484
論語曰：「商聞之矣：死生有命，富貴在天。」	表達文化的民俗書寫	465
歌謠：目蓮救母、飛虎山	表達文化的民俗書寫	469
作夢	表達文化的民俗書寫	472～473
香的煙向旁拉長	表達文化的民俗書寫	485
香的煙直往上升	表達文化的民俗書寫	486

　　〈石榴〉是在西川滿和葉石濤的攻訐後，加上工藤好美教授鼓勵：「結構、文章很好。希望將來朝向追求美的事物或是有建設性的方向去發展」，〔註35〕呂赫若亟欲突破的力作，其中大量的使用民俗書寫，融入三兄弟的際遇中，呈顯家庭宗族、孝道倫常的基本觀念，呂赫若的用心是值得肯定的。尤其其中對民俗極細膩的寫實手法，讓人對長子金生的家族觀及責任感肅然起敬，在合爐過房的過程中，在點香祝禱的儀式裡，都有令人感動的描述，此一部份會在下一章表達文化的民俗書寫討論。

　　鍾美芳認為石榴是為了對抗西川滿的櫻花傳統，認為石榴中的子是象徵一粒粒反抗的種子。〔註36〕許俊雅對「石榴」另有不同的看法，認為呂氏希冀讀者能看見一群最渺小、最被忽視的人物，在生活中無可奈何的悲劇，他

〔註34〕　柳書琴，〈再剝〈石榴〉——決戰時期呂赫若小說的創作母題（1942～45）〉，《呂赫若作品研究——台灣第一才子》（台北市：文建會，1997年），頁149。
〔註35〕　呂赫若著，鍾瑞芳譯，《呂赫若日記》（台南市：國家台灣文學館，2004年），頁352。
〔註36〕　鍾美芳，〈呂赫若的創作歷程再探——以〈廟庭〉、〈月夜〉為例〉，淡水工商管理學院台灣文學系籌備處「台灣文學研討會」論文，1995：11。

以最不起眼、最廉價、最多子的水果，來寫最低階層人物的故事，而這些人物同時也佔最多數，就如同多子的石榴。〔註 37〕綜觀以上，石榴就是民俗，也在訴說民俗，石榴代表多子多孫，代表一粒粒反抗的種子，代表一群最渺小、最被忽視的人物在生活中無可奈何的悲劇，更代表台灣豐富多元、傳承不息的民俗。這一篇特殊的〈石榴〉，石榴中一粒粒的子，各有不同的解讀，鑑於石榴本身的民俗含意，也可以視為一粒粒民俗的種子，藉著石榴多子多孫的民俗意涵，生生不息的傳承下去。

小　結

　　相較於第二章技術文化的民俗書寫，本章呂赫若在倫理文化的民俗書寫上，很顯然有了不同的闡釋方式，不同於前章「點」的形式，大部分民俗只是點到為止的出現，而是進入「線」的描述，其表達意涵也由一般日常生活轉而進入家庭：

> 如以呂赫若一九三七年前後作品細加觀察，便可發現呂氏早期作品〈牛車〉，受外界力量之影響相當大，易言之，此一現象乃殖民地台灣人民之苦難，來自於外界經濟衰退和現代化影響所造成。然而呂氏一九三七年後之作品如〈財子壽〉〈風水〉〈合家平安〉〈石榴〉等故事之中心已轉至家庭內部，外界之力量幾乎已非重點。而傳統孝道的強調，則頻頻出現於小說之中。〔註38〕

這種轉變很技巧的將民俗包裝在其間，不像第二章提到的民俗，不管是交通運輸、飲食衣飾、日常生活等方面，僅僅是點到為止，本章對於倫理文化的民俗，已經由點延伸到線，經由家族的脈絡，更深入的描述民俗、闡釋民俗。基本上是作者對於家族力量的影響，傳統孝道的式微，婚姻制度的弊端，有深層的省思和探討。而在提倡皇民文學的彼時，反動抗日的作品根本毫無曝光的機會，作者只好善用機巧，寄寓意於文字之中，表心情於情節之間，才能在文學場域佔有一席之地。

> 事實上風習民俗之描繪是有其方向逆轉。從早期的批判到後期的表面質疑而骨子裡的用心保存，是有其政治因素在。……由於此時思

〔註37〕　許俊雅，〈冷筆寫熱腸──論呂赫若的小說〉，《台灣文學散論》，頁 308。
〔註38〕　許俊雅，〈日治時期台灣小說中的民俗風情〉，《見樹又見林──文學看台灣》（台北市：渤海堂，2005），頁 147。

想箝制日益嚴厲，在作品裡，正面反抗日本殖民統治已成不可能，
於是，作家著力描寫台灣人之現實生活，民族固有之風俗習慣，生
動描述市井人物、風土習俗，強調傳統之道德理念，注重孝道之發
揚。〔註39〕

正如第二章中呂赫若對傳統建築由輝煌走向黯淡，由興盛走向衰敗，是以民
俗書寫表達現代化之後文化的消長，本章倫理文化的民俗書寫也是一種保護
色，並將民俗的發展推演藉由家族的脈絡，不露痕跡的嵌入作品的精神中，
如此小心慎重行事，不但作品得以廣為流行，其背後的真正用意也得以彰顯。
呂赫若的小說作品一向寫實，寫的就是真實生活，說的也是現實故事，只是
巧妙的運用民俗，時而批判，時而同情，看起來合情合理，無可挑剔，呂赫
若透過民俗想要傳遞的訊息，可謂是用心良苦。

〔註39〕 許俊雅，〈日治時期台灣小說中的民俗風情〉，《見樹又見林——文學看台灣》
　　　　（台北市：渤海堂，2005），頁146。

第四章　表達文化的民俗書寫

　　所謂「表達文化」係指對應人與超自然的關係範疇，即為精神觀念的表達文化：即宗教信仰、生命禮俗、歲時行事、祭祀儀式、迷信禁忌、民俗技藝與藝能、口傳文學、歌謠等方面。〔註1〕本章將從宗教信仰、祭祀儀式、風水迷信禁忌、民間文學四部分來分別探討。由於前三節在釋義與內容上互有關連並重疊，因此在小說中凡以廟宇或神佛形式出現者，歸到第一節宗教信仰的小說書寫討論；凡有關喪葬、祭祀儀式者，歸到第二節祭祀儀式的小說書寫討論；凡有關風水、宗教或祭祀衍生出來的迷信或禁忌，則歸到第三節風水迷信禁忌的小說書寫討論。

第一節　宗教信仰的小說書寫

　　台灣人原有的宗教，是距今兩百六十年前，隨移民從中國華南傳來，仍承繼華南原鄉的傳統。而在中國，由其民族性中醞釀創造出來的宗教有儒教和道教：儒教是以孔子儒家思想為代表；道教則以老子的道家中心思想的意識型態降格變形，與民間信仰結合而成。就形式而言，可以分為道、儒、佛三教，但就實質上而言，其實是三教混融的一大民間宗教。〔註2〕

〔註1〕　江韶瑩，〈台灣民俗文物分類架構與登錄作業系統研究〉，《兩岸民俗文化學術研討會論文集》（南投市：省文化處，1999年），頁123～124。

〔註2〕　增田福太郎著，黃有興譯，江燦騰編，《台灣宗教信仰》（台北市：東大，2005年），頁96～97。

日治時期台灣的宗教除了上述三教混融的民間宗教外，再加上日本人傳來的宗教，包括惟神道（國家的神道）、教派神道、佛教、基督教。呂赫若小說中的民間信仰，主要是佛、儒、道三教混融的民間宗教為主，但也受到日本民間傳說的影響，茲分述如次。

一、佛教

身處於殖民統治下的台灣佛教，面臨政治母國日本和文化母國中國的雙重作用下，不僅同時接受中日佛教的影響，也扮演了中日雙方佛教傳播的媒介角色。日本在治台之初雖已控制台灣，但對台民之反抗仍極提防，除了各地有軍隊鎮壓，日本佛教也隨著軍隊入台，此即所謂「隨軍佈教」。雖然當時日本僧侶佛教知識的教育水平高於台灣僧侶甚多，也較有服務社會的熱誠，但因為日僧未遵守傳統戒律（禁娶妻食肉），所以台灣島民皈依者甚少。對一個佛教徒來說，出家僧侶之所以值得尊敬供養，是因為他遵守茹素禁慾等基本的戒律，忍人所不能忍，行人所不能行，具有神聖性的地位，這一套行諸千年的宗教文化不容小覷，因此台灣佛教僧團雖然表面上與日本佛教親近，甚至有組織上的從屬關係，但其實是不認同的。〔註3〕

上段提及「日僧未遵守傳統戒律」，實則為日本明治五年（1872）4月25日，新政府以太政官佈告法律，允許僧尼婚嫁，也就是日治時期法律已允許僧尼婚嫁，然而處於新舊變化階段，一般社會大眾對此接受度不高，因此後來有「中教事件」及《鳴鼓集》反佛教破戒詩歌的產生，即可見端倪。〔註4〕

佛教與民俗文化的交融是一個重要的課題，佛教在傳入台灣後，展現的民俗化特質更為明顯，顏尚文便認為佛教在台灣的發展，可歸納出三種類型：一是從中國佛教脫胎，在家佛教式的齋教；一是存在於士宦、僧侶間「教理型」、宗派傳承「制度化」的「正信佛教」；一是流傳於庶民大眾社會底層「靈驗型」、「世俗化」、「擴散型」的「民間佛教」。〔註5〕顏尚文所指稱的「民間

〔註3〕 李世偉，《台灣佛教、儒教與民間信仰》（台北縣：博揚文化，2008年），頁3~25。

〔註4〕 參見翁聖峯，〈《鳴鼓集》反佛教破戒詩歌的意識與內涵〉，《台灣古典文學研究集刊》第二號，2009年12月，頁309~334。

〔註5〕 顏尚文，〈清代以來嘉義市觀音信仰寺廟類型之發展〉，《佛學研究中心學報》第八期，2003年7月，頁191~192。

佛教」，亦有「民俗佛教」之名，由此可見佛教「靈驗型」的深入民心，由此印證呂赫若小說〈前途手記——某一個小小的記錄〉（1936）淑眉為了求子，「她突然變得很有信心地每天去佛寺」〔註6〕，這裡的佛寺即是流傳於庶民大眾社會底層「靈驗型」、「世俗化」、「擴散型」的「民間佛教」。淑眉之所以很有信心，便是基於民間佛教，所謂的佛光普照，有求必應，只要善男信女發心祈求，佛菩薩必然大發慈悲，普渡芸芸眾生。

二、土地公

　　明末清初開始陸續移居本島的民眾，多半為農民，為了祈求航海平安而信仰媽祖，登陸台灣之後，由於經濟的成功而祈求土地公。土地公別名福德正神、福德爺、后土伯公，即為社稷之神，社是土地，稷是五穀，人類居住於土地上，賴五穀為生，基於這個自然理法而祭祀土地公，感謝其恩德，祈禱其賜福，故將其人格化加以信仰崇拜。在民間信仰中，認為土地公除了能使五穀豐收外，也能使人發財，民間傳說人類在世間積德或見義勇為或力行公益，死後就能成為福德正神。

　　呂赫若小說中〈暴風雨的故事〉（1935）出現土地公廟的描寫，背景是在中秋十五的晚上，家裡除了老頭子之外，大家都到土地公廟去了。〔註7〕可見土地公廟除了是民眾信仰的中心，也是熱鬧聚集的場所。在這篇佃農老松與地主寶財之間的糾葛，貧富之間的差距，其中穿插了土地公的書寫，不由得聯想土地公的象徵意義。傳說土地公是將幸福與財物平等的授予人類的財神，但卻遭到土地媽的反對，因此，人類世界才會出現貧富懸殊的現象。〔註8〕

　　另一則〈逃跑的男人〉（1937）中，土地公廟附近是群眾聚集，道人是非長短之處。〔註9〕逃跑的男人慶雲無意中在此聽到了妻子的背叛，在氣憤難當之際，才有了後來的情節推展。

〔註6〕　呂赫若著，林至潔譯，《呂赫若小說全集（上）》（台北縣：INK 印刻，2006年），頁153。
〔註7〕　呂赫若著，林至潔譯，《呂赫若小說全集（上）》（台北縣：INK 印刻，2006年），頁114。
〔註8〕　曾景來，《台灣的迷信與陋習》（台北市：武陵，1994年），頁230。
〔註9〕　呂赫若著，林至潔譯，《呂赫若小說全集（上）》（台北縣：INK 印刻，2006年），頁212。

三、關帝廟

關帝君就是關羽，信仰者極多，商人之所以信仰關羽，據說關羽生前在
兵營曾從事記帳的工作，現在一般人所用的簿記法是他發明的，把金錢分成
原收出存四項，使帳目一目了然，後世的人便以爲他是一位精於計算的人，
所以奉爲商業之神。另一個傳說是，商人最重視的是信義，而關羽的重信義
正是模範，所以奉祀爲神，鞭策自己在商場上永不失信，更有一個傳說是關
羽死後，曾再復活，爲的是報仇，顯示他有不得不止的精神，這正是商人所
不可缺少的，所以奉祀他。

呂赫若小說中關帝廟的描述出現多次，首先是〈廟庭〉（1942）裡的描寫：
「舅舅家毗連關帝廟，所以關帝廟不但串起童年的點點滴滴，更象徵著歲月
的流逝。」〔註 10〕在整篇小說中，關帝廟不斷的出現，串連情節的鋪陳。垂
水千惠對關帝廟有另一番見解：

> 因爲關帝廟對主角以及翠竹來說，是個有共同回憶的地方，而透過
> 描寫荒廢的關帝廟，強調出不再是花樣年華的翠竹的飄零，這點自
> 不待言，但我認爲呂的用意並不僅如此。「廟庭」中描寫關帝廟的荒
> 廢是在暗示 1936 年間的寺廟重整運動。本來寺廟對台灣人而言就
> 不只是重要的宗教場所而已，還是自衛、自治的據點，加上在廟庭所
> 演出的歌仔戲、布袋戲等等演劇活動，考慮以上要素的話便可以想
> 像成是象徵台灣文化的空間了。〔註 11〕

垂水千惠認爲在 1936 年後，寺廟迭遭破壞，因此這裡以關帝廟的破敗來暗示
台灣文化可能遭受到的破壞。小說中把關帝廟當作台灣文化的象徵，也代表
作者對台灣文化式微的憂心。

〈清秋〉（1943）裡的關帝廟也有異曲同工之妙，耀勳藉著關帝廟引出故
鄉的斯土情懷，依戀之情油然而生，在追尋過往的回憶，款款細訴時間是難
以掩蓋的障礙，截然劃分出過去和現在，令人無限感慨。〔註 12〕〈山川草木〉
（1944）的關帝廟又另有功能，寶連在回歸田園後，忙著在村裡關帝廟弄個

〔註 10〕 呂赫若著，林至潔譯，《呂赫若小說全集（上）》（台北縣：INK 印刻，2006
年），頁 307。

〔註 11〕 垂水千惠著，莫素微譯，〈呂赫若與『陳夫人』──以一九四二年後呂作品爲
中心〉，未發表。

〔註 12〕 呂赫若著，林至潔譯，《呂赫若小說全集（下）》（台北縣：INK 印刻，2006
年），頁 536。

保育園什麼的。〔註 13〕所以關帝廟除了記錄時間的軌跡，更扮演社區教化的正面功能。

四、開漳聖王

開漳聖王簡稱聖王，因為是陳姓的鼻祖，又稱陳聖王，陳聖王為唐代的武進士陳元光，又名陳永華。當時福建皆為蠻人所居，是未開化之區，陳元光奉元帥的命令，率領軍隊驅逐蠻族，平定漳州七縣。開漳將軍布施仁政，撫育人民，深受尊敬，後來漢人移住很多，因將軍拓地有功，死後被封為威惠聖王，最受漳州人的景仰，當漳州人移民到台灣時，在全台各地紛紛建廟。〔註 14〕

呂赫若小說中出現一次開漳聖王，是在〈鄰居〉（1942）田中夫人突然以高亢的聲音說：「不要！不要！我雖然不知道誰是開漳聖王，可是我討厭奇怪的藥草。阿民一定可以完全治癒的。」〔註 15〕

從賴和的〈蛇先生〉一文，一方面呈現了台灣人盲從偏方的愚昧思考，一方面也凸顯了西醫的逐利心態。在當時殖民者醫學政策，漢醫學被貶低為迷信落伍的草藥偏方，忽略了它是先民的文化傳承與生活智慧。殖民政府貶抑漢醫的落後性，而極力宣揚西方醫學的進步性，也無怪乎田中夫人會極端抗拒奇怪的藥草。

五、天公

天公又稱玉皇上帝或天公祖，本神立於天地而生，化成萬類而成神，本神創造天地萬物，常派遣萬神下凡視察人民的善惡，也就是各地寺廟的神明，全是天公派遣下來的，而天公被當成萬神之主，如果向神佛祈願而未能應驗時，最後就會轉而祈求玉皇上帝。

呂赫若小說〈月夜〉（1942）中翠竹的婆婆頭髮散亂，外表看起來很恐怖，上吊的雙眼，拿著線香向蒼天哭訴翠竹的惡形惡狀：

〔註13〕 呂赫若著，林至潔譯，《呂赫若小說全集（下）》（台北縣：INK 印刻，2006年），頁 594。
〔註14〕 林明義主編，《台灣冠婚葬祭家禮全書》（台北市：武陵，1988 年），頁 248。
〔註15〕 呂赫若著，林至潔譯，《呂赫若小說全集（上）》（台北縣：INK 印刻，2006年），頁 340。

「天公仔，請你顯靈聽我說。」婆婆站在門口拜天叫喚。「媳婦這個
魔女竟然臭罵我一頓。請把她殺死。請打雷劈死她。請派吊死鬼來
找她。」〔註16〕

這裡跋扈的婆婆藉著呼請天公，主宰萬神的玉皇大帝，對媳婦使出最高等級
的詛咒，象徵婆媳之間恩斷情絕，再無轉寰餘地。呂赫若在這裡以生動的描
述，將婆婆的凌厲氣勢，透過一句「天公仔」就表露無遺。

六、天上聖母

天上聖母就是媽祖，是台灣人普遍信仰的神。呂赫若小說〈玉蘭花〉(1943)
描述年輕祖母：

她除了每天在家的正廳祭祀天上聖母、玄天上帝、三官大帝等，也到
部落各處向土地公、有應公、石頭公等發願，祈求叔父的平安。〔註17〕

玄天上帝與文昌帝君、魁斗金星、南斗星君、北斗星君、七星娘娘，同被視
為無極界的星辰崇拜。

三官大帝也稱三界公，為天官、地官、水官的三界神，受玉皇大帝之命來
治理人類世界，天官賜福，地官赦免人類的罪過，水官解除人們的災厄。〔註18〕

有應公表示萬善同歸的意思，是無緣枯骨的總稱，台灣人把這些枯骨都
崇拜為神，通常用金斗來裝這些枯骨，供奉在所建的小廟裡，廟前掛一塊紅
布，上面寫著有求必應，這就是有應公廟。

呂赫若這裡的書寫將一般的民間信仰區分為二層面，前者為道教的神仙
或儒教的聖賢，後者則為真相未明的鬼神，台灣信仰唯一神佛的情形非常少，
幾乎什麼都信，善男信女在情急之下，也什麼都拜。

根據《呂赫若日記》的紀錄，呂赫若自己在面臨選擇時，會到廟裡抽籤，
可見當時一般民間信仰求神問卜的普遍。〔註19〕即使是知識份子，也不能免
俗的受民俗影響，生活中也離不開民俗。

〔註16〕 呂赫若著，林至潔譯，《呂赫若小說全集（下）》（台北縣：INK 印刻，2006
年），頁 409。

〔註17〕 呂赫若著，林至潔譯，《呂赫若小說全集（下）》（台北縣：INK 印刻，2006
年），頁 493。

〔註18〕 鈴木清一郎著，馮作民譯，《增訂台灣舊慣習俗信仰》（台北市：眾文圖書，
1989 年），頁 503。

〔註19〕 見《呂赫若日記》1942 年 9 月 16 日，在芝山巖抽神籤，求問將來以作家為
生，移往台北如何，頁 200；1942 年 11 月 18 日，求遷居台北的籤，頁 239。

七、日本民間傳說

　　一寸法師源自日本民間故事，一對夫婦因為求子心切，向神明祈求即使如手指大的孩子也好，果然如願得子。民俗學者把具有特殊出生經歷的英雄叫做「小人兒」，認為他們是古代日本人信仰的重要物件。也就是說，只有這種具有神性的英雄，才能驅除可怕的鬼。日本人喜歡這些故事，不單是由於古老的信仰原因，也是在體驗一種非日常的「以小搏大」的神奇力量，即只有一寸的小小人兒或不到十歲的小孩子，卻制伏比一般人還大還強的妖怪，真是厲害。所以日本人自古一直懷著一種心理：喜歡那看似又小又弱的人打敗又大又強的人，「一寸法師」即其中一例。

　　〈前途手記──某一個小小的記錄〉（1936）：

　　　　但陣痛已過去了。她支起半身看生下來的嬰兒，但卻愣住了。那不
　　　　是哇哇地哭著的胖娃娃，而是留著麥稈般的細長白髮的一寸法師，
　　　　正在靠墊上到處舞著，但一看到母親的臉，便裝成可怕的樣子飛撲
　　　　過來。她倉皇地拚命地飛奔出房間……。然後醒過來。〔註20〕

這地方出現的一寸法師頗耐人尋味，一方面呼應淑眉求子心切的心情，一方面則在夢境中呈現屢屢求子不成的恐懼和驚惶。在父系社會下，母因子而貴，有子嗣才有繼承與地位，正可以代表淑眉亟欲有子、鞏固地位的心境。

　　日本統治台灣五十年，除了皇民化運動時期之外，對於台灣舊俗採取寬容的政策，使得民間社會活動在傳統基礎上繼續衍進，而未產生巨大的轉變。最明顯的是，做為民眾生活與信仰中心的寺廟未曾受到壓制，其相關的祭典、演戲活動得以延續。初期雖有佔領廟宇、破壞神像及神器情事，但樺山總督曾在 1896 年一月十八日明示：「本島原來之廟宮寺院等，在其創辦雖有公私之別，皆屬信仰尊崇的結果，也是德義之標準，秩序之淵源，治民保安上不可或缺也。目前軍務倥傯之際，雖不得已暫為軍用，切勿損傷舊觀，需要特別注意，斷不容許破壞神像，散亂神器等行為，今後須小心保存，如暫供軍用，需儘速回復舊觀。」〔註21〕也因此小說中有多樣宗教信仰，百家齊放，各教爭鳴，在信仰上隨庶民自由心證，產生豐富的民俗內容。

〔註20〕　呂赫若著，林至潔譯，《呂赫若小說全集（上）》（台北縣：INK 印刻，2006
　　　　　年），頁 151。

〔註21〕　邱坤良，《舊劇與新劇：日治時期台灣戲劇之研究（1895～1945）》（台北市：
　　　　　自立晚報，1992 年），頁 36。

綜上所述，呂赫若小說中有關宗教信仰的小說書寫部分，有九篇十一處，其中三篇提到關帝廟，有兩篇提到土地公廟，一篇提到佛寺；以神佛形式出現的則有天公仔、開漳聖王、媽祖，參見表4−1宗教信仰的小說書寫對照表。

表4−1宗教信仰的小說書寫對照表

篇　目	內　容	頁　次
〈暴風雨的故事〉	土地公廟	114
〈前途手記——某一個小小的記錄〉	一寸法師	151
〈前途手記——某一個小小的記錄〉	佛寺求子	153
〈逃跑的男人〉	土地公廟	212
〈廟庭〉	關帝廟	307
〈鄰居〉	開漳聖王	340
〈月夜〉	天公仔	409
〈玉蘭花〉	天上聖母	493
〈玉蘭花〉	媽祖	507
〈清秋〉	關帝廟	536
〈山川草木〉	關帝廟	594

第二節　祭祀儀式的小說書寫

台灣人對過世稱做「過身」，由於對死字特別忌諱，因此通常說「過氣」、「老去」、「轉去」、「別世」，在處理「過身」後事上，可以分為四個階段：〔註22〕

第一階段：彌留「摒廳」，斷氣「做譴爽」。

第二階段：買棺「接壽」，入殮「打桶」。

第三階段：遷棺「出山」，安葬「除靈」。

第四階段：造墓「巡山」，完墳「謝土」。

在彌留狀態時，家屬必須做好三件事：穿壽衣、「掠紙轎」、「摒廳」，「摒廳」有壽終正寢的意涵，這時要把神明移走，並著手遮掩神案，易正廳為靈堂，把正廳內各種紅色之物，如門聯門神等等，用報紙或白紙遮蓋，並把神位和「公媽」全部遮蓋起來，若有「天公爐」也一併取下。

〔註22〕 黃文博，《台灣人的生死學》（台北市：常民文化，2000年），頁16～17。

在〈財子壽〉（1941）中桂春夫人臨終前，有相同場景的描述：

　　某個寧靜的傍晚，整個福壽堂籠罩在沈悶的氣氛中，許多平常沒有
　　看過的人出入其間。突然間激烈的哀嚎聲劃破寧靜。不久後，正廳
　　出現人影，用大竹簍蓋住祖先的牌位，關上大門，狼狽地騷動起來。
　　〔註23〕

上段描述正是「摒廳」，即將臨終者從原來睡的房間，搬移到正廳由三張長椅
條合併成的舖位上，等候斷氣。搬移出來之前，慣例必須將神龕上的神畫、
神像、公媽牌、香爐及正樑上的天公爐、天燈等一併遮蓋，或遷移他處，以
免有所沖犯。

　　「做譴爽」是台灣人祈求吉祥的一種吉咒，也就是「念好話」，通常由「婆
仔」來做，〔註24〕通常在斷氣前後，受喪家通知而應聘前來處理，而家屬必
須等到「做譴爽」念好話之後才痛哭流涕，是一種對親人逝世的心態調整及
情緒緩衝。

　　「做譴爽」完後，立即要做「入木」的準備，一方面張羅喪服、發佈訃
音、籌備辭生牲醴，一方面得前往選購棺木，棺木送來，喪家大小必須跪迎
新厝，由婆仔協助入木封釘。雖然入木蓋棺，但台灣人鮮少入土為安，總得
「打桶」停柩一段時日。

　　「出山」時，僧道先行超靈，接著遷棺，然後舉行告別式，之後即行發
引「出山」。

　　〈石榴〉（1943）中木火發病早逝，葬禮從簡：

　　不久，他再次走到外庭，與福春舍商議葬禮的運送方式。福春舍認
　　為還是有必要舉行一般的葬禮，金生主張弟弟因為是夭折，只要招
　　喚一位道士誦經即可，最後決定照他所說的。妻子的哥哥穿著田間
　　勞動服來了，告訴他妻子隨後就到。如今會為弟弟的死哀號的人只
　　有妻子了，瞬間這個念頭閃過他的腦海。〔註25〕

相較於木火葬禮的簡單寒酸，〈財子壽〉（1941）中桂春夫人的葬禮排場就成

〔註23〕　呂赫若著，林至潔譯，《呂赫若小說全集（上）》（台北縣：INK 印刻，2006
　　　　年），頁 295。
〔註24〕　「婆仔」不限定為女性，是台灣人對專門替人料理喪事的專業人員之稱謂，
　　　　見黃文博，《台灣人的生死學》（台北市：常民文化，2000 年），頁 22。
〔註25〕　呂赫若著，林至潔譯，《呂赫若小說全集（下）》（台北縣：INK 印刻，2006
　　　　年），頁 481。

為生者炫耀財富的表徵：

> 桂春夫人的葬禮舉行了兩晝夜。對貧窮的牛眠埔部落居民而言，被
> 稱作「九舍娘」夫人的葬禮之盛大，成為部落居民的熱門話題。終
> 日大鼓、銅鑼、嗩吶的聲音從部落的南端傳來。部落居民在田裡聽
> 到，互相交換訊息。〔註26〕

更特別的是對於「耙砂」的長篇描述：

> 該夜最賺人眼淚的，大概就是戲劇「耙砂」了。在院子的正中央堆
> 一座小砂山，周圍鋪上稻草，遺族們穿著生麻的喪服坐下來。砂山
> 上插了兩顆雞蛋當作眼珠，然後點上蠟燭，遺族們屏息凝視。戴著
> 牛頭與馬面假面具的兩個道士，隔著砂山對罵，四處奔跑，等他們
> 一消失，出現一位胸前披著長白布的道士，帶領著遺族們環繞砂山
> 的周圍，一邊又以充滿悲調的聲音哭泣。走一步停一步，哭著用白
> 布拭淚。剎那間，遺族們也放聲大哭。道士哭著唱出「十二月懷胎」
> 的悲傷詞句，以及感謝母親養育的哀痛之情等，與遺族們思念母親
> 的悲淒相輝映，深深感動了周遭看熱鬧的人群，女人們的眼睛已經
> 哭腫了。〔註27〕

這段生動的描述，不但將傳統葬儀的形式和母親恩重緊密結合之外，作者要
透過民俗書寫進一步闡釋家族觀念和孝道精神，這段「耙砂」感動在場的人，
卻獨獨對親生子海文、海山沒有起任何作用，海山在喪服下還穿著西裝皮鞋，
海文則不僅沒穿喪服，法事時也沒有加入遺族的行列，對比批判的筆法極為
明顯。

下葬前，必先「放風」，拔「囝孫釘」、「配灰土」，並「點主」引魂入神主
牌，在「分五穀子」後引魂回家。回到家後，先行「過火」，然後「除靈」。「放
風」也叫「放水」、「放栓」或「放涵」，即在靈柩前後鑽孔使空氣進入棺內，目
的在使遺體早日腐化。拔「囝孫釘」是道士或地理師，領孝男一起拔出「入木」
時淺釘棺材頭的「囝孫釘」，祈求各房都能「出丁」。「配灰土」是指喪家大小用
喪服衣角裝起一些白灰土或沙土倒向棺上表示親手埋葬。「點主」是替神主牌開

〔註26〕 呂赫若著，林至潔譯，《呂赫若小說全集（上）》（台北縣：INK印刻，2006
年），頁296。

〔註27〕 呂赫若著，林至潔譯，《呂赫若小說全集（上）》（台北縣：INK印刻，2006
年），頁297。

光,將亡者三魂中的一魂招引進入神主牌之意。「分五穀子」分贈送葬親友,「過火」是淨身除穢,然後把靈厝、庫錢、銀紙、幢旛、魂身、亡者衣物,一起火化,送給亡靈在天之用,這就是送靈,也就是「除靈」。〔註28〕

　　整個後事,最後的工作只剩監造墳墓和擇日謝土兩項。喪禮是台灣民間各種風俗中,抗變性最頑強的一種,從其繁瑣複雜的祭儀就可以看出,雖然有日漸簡化的趨勢,但比起婚嫁習俗的簡化,喪禮在台灣人趨吉避凶的心理下,仍是繁瑣。

　　台灣喪俗深受佛教因果報應的影響,除了將亡者安葬之外,還要做七、做旬、做百日、做對年、做三年,這種喪後祭奠,本著事死如事生的精神,來報答父母的養育之恩。做七是生者對死者懷念的一種行為儀式,相傳亡靈每七天會回家來探望一次,所以在死者回來的日子,做一些法事,希望死者能藉以得到超脫,早日升天。〔註29〕

　　做七依古制,自亡故之日起每七日為一個七,做到七七四十九日為滿七,單數的一、三、五、七,四個七為大七;雙數的二、四、六,三個七為小七。頭七就是死後第七天,這天是大旬,據說到這一天的時候,死者方知他已經死亡,所以他的靈魂會回到家裡來哭泣,遺族不可以比死者遲哭。因此從半夜子時十一時過後便開始哭靈並祭奠。〈女人的命運〉(1936)中雙美的母親死去剛過完頭七,〔註30〕雙美緬懷突然死去的母親,才意識到與母親的死別,意味著此後要更依賴瑞奇了。

　　合爐是指將神主牌火化,取一些灰倒入公媽爐中,另自神主爐中移三支香入公媽爐,並將死者的世次名諱題入祖先牌位內。是日要舉行祭祀,供奉一副牲體,當中一定要有「雞」,意謂「起家」,三碗紅圓表示亡者自今日起與歷代祖先團圓,年節同受子孫祭祀。發粿、菜飯,菜餚用碗公裝盛,與做七用飯碗裝有所區別,原來當作神主爐的碗公,此時要洗乾淨裝滿紅圓仔,以求吉利,如此即完成合爐儀式。在合爐之前逢年節不可做年糕,端午、中元不可綁粽,家中不清潔不能拜天公。〔註31〕

〔註28〕　黃文博,《台灣人的生死學》(台北市:常民文化,2000 年),頁 40～55。
〔註29〕　魏英滿、陳瑞隆編,《慎終追遠台灣喪葬禮俗源由》(台南市:世峰出版社,2005 年),頁 84。
〔註30〕　呂赫若著,林至潔譯,《呂赫若小說全集(上)》(台北縣:INK 印刻,2006 年),頁 169。
〔註31〕　魏英滿、陳瑞隆編,《慎終追遠台灣喪葬禮俗源由》(台南市:世峰出版社,

〈石榴〉(1943):「依照福春舍選定的方法,同時也爲了節約,決定合爐與過房同日進行。」〔註32〕「因爲入贅,所以他祖先的靈位放入吊籠,設置在稻穀脫殼的房間。」「金生從樑上把掛著的吊籠拿下來,擺在長椅上,將祖先的靈位放入籠裡,前面擺著供物,悄悄告諸木火合爐的事。」〔註33〕這段描述除顯示入贅身份的寄居心理,連牌位都放在吊籠中,更彰顯了長子在家族中地位的重要,爲早逝的弟弟合爐、過房,態度異常嚴肅認眞,將傳統孝道倫常觀念寄託在小說情節中。〈石榴〉一篇,呂赫若描述民俗筆法細膩,包括作夢、拜拜的細節都蘊含深意,此一部份將於下節討論。

綜上所述,呂赫若小說中有關祭祀儀式的小說書寫部分,有五篇七處,全爲喪葬過程的各種儀式,參見表4-2祭祀儀式的小說書寫對照表。

表4-2 祭祀儀式的小說書寫對照表

篇 目	內 容	頁 次
〈女人的命運〉	頭七	169
〈逃跑的男人〉	喪事持續兩個月	199
〈財子壽〉	桂春夫人過世,大竹簍蓋牌位	295
〈財子壽〉	耙砂	297
〈石榴〉	葬禮	481
〈石榴〉	合爐、過房	484
〈清秋〉	掃墓	535

第三節　風水禁忌迷信的小說書寫

風水說是從陰陽五行說來的,就是指宇宙萬物之本在於風水。風和水是指意味著天地二氣,如果這二氣能自然調和,不但對自己有利,子孫也會獲益。所以建房子、寺廟、村莊、部落,都注重風水,選擇墓地更是人生大事,而子女對父母盡孝,就像是人對自然應盡的義務。

2005年),頁93~95。
〔註32〕 呂赫若著,林至潔譯,《呂赫若小說全集(下)》(台北縣:INK印刻,2006年),頁484。
〔註33〕 呂赫若著,林至潔譯,《呂赫若小說全集(下)》(台北縣:INK印刻,2006年),頁485。

　　台灣民間將墳墓之營建俗稱「做風水」，將擇墓地稱爲「找風水」，可見風水觀念和墓葬觀念兩者之間已成一體。

　　撿骨就是啓攢，又稱拾骨、拾金、洗骨。撿骨前，必先擇日。〔註34〕撿骨師撬開棺蓋後，由腳依序到頭開始撿骨，通常以米酒或毛刷處理，撿起的骨頭要放在地面曝曬，曬乾後再依序從腳到頭裝入骨甕內。

　　撿骨再葬的原因有二：一是相信祖先墳墓風水可以福蔭子孫，因此若遇家運衰落，則認爲是祖先遺骨不安，乃開墓撿骨，請地理師擇定藏風得水之佳地再葬；二是墓地浸水或土崩侵墓，乃撿骨再葬。一般而言，台灣之粵籍移民普遍有撿骨再葬的習俗，閩籍移民則因故而爲之。

　　潛伏著鬼靈之靈力的屍體，及其所處之墳墓，仍然具有影響生人的力量，處理的方式是將之置於「好風水」之中，以宇宙的力量，使其可以降福於子孫。《家禮會通》中提到，可以改葬的條件是「男女淫亂癲狂，子孫死亡殆盡，田園家業耗散」，這些重大變故，一般認爲可能是壞風水所引致的結果，必須改葬屍骨，以趨吉避凶。〔註35〕以這個觀點來看，埋藏墳墓中的棺柩，原本就具有強烈的鬼靈力量，可能作祟害人，所以民眾心理深信：選擇好的風水，是運用宇宙的力量，使鬼靈的靈力免於作祟，甚至因絕佳的風水而降福子孫。

　　台灣居民一直認爲屍葬爲凶葬，因爲葬的是一身臭皮囊，而骨葬爲吉葬，因爲葬的是金斗，所以有洗骨改葬的習俗。親人埋葬數年後，擇吉日開墳，一般習俗未滿十六歲而亡的死者不撿骨，三十歲以內而亡者五年後撿骨，四五十歲後亡者則六到七年撿骨。〔註36〕開棺後，若屍骨已腐化則撿出骨頭，擦去泥土，在太陽下曬乾後，用絲棉線繫結組合，裝入高約二尺的圓形陶甕，俗稱「黃金甕」，或稱「金斗」。再由地理師重新選擇另一塊吉地，選一個好日子，再行安葬。但若開墳之後發現屍骨未腐，則被認爲不吉祥，甚至有蔭屍的說法，而蔭屍會給子孫帶來身體上的病痛或事業上的不順利。

　　〈風水〉（1942）對此現象有極深入的探討：「因爲父親已去世十五年了，至今尚未幫他洗骨，任憑墳墓荒廢，對自己的不孝引以爲恥。」〔註37〕如果

〔註34〕　周慶芳等著，《台灣民間殯葬禮俗彙編》（高雄市：高雄復文圖書出版社，2005年），頁335。

〔註35〕　呂理政，《傳統信仰與現代社會》（台北縣：稻香出版社，1992年），頁135。

〔註36〕　魏英滿、陳瑞隆編，《慎終追遠台灣喪葬禮俗源由》（台南市：世峰出版社，2005年），頁246。

〔註37〕　呂赫若著，林至潔譯，《呂赫若小說全集（上）》（台北縣：INK印刻，2006

按照洗骨的風俗，十五年早已超過撿骨的時限，讓先人一直處於「凶葬」的情況，當然引致不孝的自責。

據曾景來所著《台灣的迷信與陋習》指出風水的弊害，有下列數端：〔註38〕

一爲地理師的矛盾，俗謠有云：「地理先生慣說誕，指南指北指西東；山中若有王侯地，何不尋來葬乃翁？」眞是一語中的，民眾相信地理師的風水，遠遠超過葬儀中該有的愼終追遠的精神。

二爲改葬之弊，由於民眾的迷信使得奸智之徒加以利用，趁機牟利或結黨騙財，假風水之名行營利之實，甚至改葬多次，既傷財又傷神。

三爲停棺的陋習，停棺一段時日，本爲選定死後吉地，但可能因爭產、債務或其他因素而停棺，延宕時日，有違衛生原則。

〈風水〉（1942）中有更明白的揭露：

> 當然，並不是老人不相信風水的利益，不過，僅止於世間一般的常識程度，不會如此相信它的效能。或許富貴眞的受到風水之相左右。反之，老人不相信有意識地決定能富貴的風水。第一，這是天機。所以，地理師無法讓自己本身變得富貴。否則，一發現富貴之相的地，地理師沒有必要爲別人的祖先做風水，只要爲自己的祖先做風水就好了。實在沒有必要爲區區不到十圓的紅包奔走於山間。〔註39〕

喪葬屬凶事，懷孕屬喜事，「凶沖喜」的結果，遭殃的是孕婦本身及肚裡的胎兒。因此孕婦不得觀看人家喪葬行列或喪葬儀式，不得觀看自家棺柩封釘或入壙，更不得手觸死屍或棺木。此外，喪葬的食物不得讓孕婦吃下，喪家致贈的毛巾不得讓孕婦使用，喪事完畢的遺留物，亦不得讓孕婦接觸。這些都是避免孕婦感染死亡陰影以及無端被沖剋到。〔註40〕〈財子壽〉（1941）玉梅發瘋一事，有好事者即認爲是相沖：

> 「一定是跟九舍娘死亡的時刻相沖了。因爲產婦與亡者之間有許多忌諱。」〔註41〕

〔註38〕曾景來，《台灣的迷信與陋習》（台北市：武陵，1994年），頁222～224。

〔註39〕呂赫若著，林至潔譯，《呂赫若小說全集（上）》（台北縣：INK印刻，2006年），頁351～352。

〔註40〕林明峪，《台灣民間禁忌》（台北市：聯亞出版社，1982年），頁102。

〔註41〕呂赫若著，林至潔譯，《呂赫若小說全集（上）》（台北縣：INK印刻，2006年），頁299。

只有知道內情的人，才明白玉梅是因為坐月子期間調養不良，加上產褥熱又硬撐，這使得一般人難以理解，有錢人海文的妻子竟然也會調養不良，恐怕是雞酒食用過度吧！這是「有錢的貧窮人」的諷刺。

台灣延續漢族社會傳統，是一個父權社會，所形成的文化是以男性為主導的，家族的世系傳承，基本上是以男性繼承所設計的宗教祭祀權、宗教主導權及財產分配權，而女性必須「歸」於他姓，才能擁有相關的權力，特別是死後享祀的被祭祀權，因此，女性必須出嫁，死後才能合法的、名正言順的進入夫家的祖先行列，永受祭祀，不致淪為孤魂野鬼，因此有「尪架桌（神明桌）頂不奉祀姑婆」或「厝內不奉祀姑婆」的慣例。〔註42〕

因此〈廟庭〉（1942）裡翠竹的父親即使知道女兒再嫁後所受的委屈，但仍百般設法讓女兒回婆家維繫婚姻，即是囿於「祖先的牌位不祭拜姑婆」〔註43〕，而「女子神主牌的供奉問題，可能也是影響往昔童養媳婚盛行的原因之一」。〔註44〕正廳是傳統家宅最重要、最神聖的空間，女兒是不被允許死在正廳，她的棺木也不能從正廳的門出入，通常人們不會替她準備神主牌或定期祭拜，較好的待遇，頂多是把神主牌放在籃子裡吊在巷路、廚房或是牆角。

〈石榴〉（1943）中金生為木火合爐、過房的情節，無非也是求得一份被祭拜的一席之地，長子金生的用心良苦令人動容。呂赫若於此篇民俗書寫頗多，描寫尤為細膩，從作夢夢到死去的父母來帶走木火，隱然指責金生讓木火去做螟蛉子的悲劇，夢中的情節一方面顯現金生的自責，一方面也預告了木火將遭不測，走向死亡，隨父母而去。而金生在為木火合爐祭拜時，他要孩子們燃香拜拜，目送香裊裊上升的煙，「香的煙向旁拉長，緩緩繞著靈牌盤桓。」〔註45〕好像木火的靈魂已經回來了。然後金生拉著過繼給木火的次子的手在祭拜時，「這次的煙直往上升。」〔註46〕好像天上的木火知道了，感受

〔註42〕 黃萍瑛，《台灣民間信仰「孤娘」的奉祀——一個社會史的考察》（台北縣板橋市：稻鄉，2008 年），頁 23。

〔註43〕 呂赫若著，林至潔譯，《呂赫若小說全集（上）》（台北縣：INK 印刻，2006年），頁 321。

〔註44〕 莊英章，〈族譜與童養媳婚研究——頭份陳家的例子〉《第三屆亞洲族譜學術研究會會議紀錄》（台北市：聯經出版社，1987 年），頁 466。

〔註45〕 呂赫若著，林至潔譯，《呂赫若小說全集（下）》（台北縣：INK 印刻，2006年），頁 485。

〔註46〕 呂赫若著，林至潔譯，《呂赫若小說全集（下）》（台北縣：INK 印刻，2006年），頁 486。

到哥哥的好意，哥哥也認爲自己做對了一件事，充滿了幸福感。這裡由香的煙裊裊的不同，含蓄的表達出陰陽兩界溝通的方式，在民俗裡簡單的燃香拜拜，其實居中蘊藏了多麼複雜的情感因素，藉著裊裊香煙，心中的願望和期待都得到了救贖和滿足。

　　台灣民間流傳著「無收驚的囝仔飼勿會大漢」的觀念，顯示「收驚」在台灣生命禮俗中，有著舉足輕重的地位。原先收驚是「紅頭仔」驅邪押煞的法事之一，隨著「角色擴散」的結果，漸漸形成一般常人也能夠勝任的工作。不過，儘管一般人也能擔任「收驚仙」、「收驚婆仔」，民間對收驚技藝的傳承卻是抱持著神秘而保守的態度，大多私相授受於媳婦或是僅傳授一名弟子，因而替收驚這項民間巫術蒙上一層神秘色彩。〔註47〕

　　有人認爲收驚是民間信仰所形成的一種儀俗，是一種迷信的陋習，但在醫療缺乏的古早社會，養育孩子的過程中，難免會碰上較爲特殊的疾病，往往求醫無門，這時候收驚就是另一種形式的醫療窗口，如〈玉蘭花〉（1943）中有類似的招魂情節：

> 年輕祖母的腋下抱著鈴木善兵衛的西服上衣，手持著線香與金紙。……然後點燃香，向著水流的方向拜拜，口中開始唸唸有詞。……不久後，年輕祖母燃燒金紙，拿著鈴木善兵衛的上衣，在火焰上畫圈。……年輕祖母拿著香的手上抱著鈴木善兵衛的上衣，走進水邊，以兩根手指掬水，數次灑在上衣上。……然後年輕祖母捲起衣服的前襬，把鈴木善兵衛的上衣放進去，以持香的手緊緊地抱著，走在前頭，步上歸途。邊走邊喊：「鈴木先生！回來吧！鈴木先生！回來吧！」……總之，年輕祖母是在招回鈴木善兵衛被水沖攪奪去的靈魂。〔註48〕

這種繁複細微的招魂手法，缺乏科學根據，卻有招魂者堅定的信念作爲後盾，這種信念產生力量，往往達成不可思議的療癒效果。後來鈴木善兵衛可能是因爲靈魂歸來，也可能是因爲大家悉心的照顧，病很快就痊癒了。

　　乩童是巫覡的一種，有各自的神明附於身上，並依該神明的指示進行法

〔註47〕　劉還月、陳阿昭、陳靜芳，《台灣島民的生命禮俗》（台北市：常民文化，2003年），頁145～146。

〔註48〕　呂赫若著，林至潔譯，《呂赫若小說全集（下）》（台北縣：INK印刻，2006年），頁503～504。

術驅退病魔。日治時代，乩童被依台灣違警令依法取締以來，較難立足，依1918 年的調查，全島共有一千一百十四人，之後有漸漸減少的趨向，但在 1937年，僅僅東石地方被檢舉者就有三百二十九人，再加上 1941 年，台南的乩童人數被列出來的就有五百七十八人之多，雖於 1937 年被迫轉業，但仍有五百十七名之多。由以上調查數字可知，乩童是一種很難滅絕的民間習俗。〔註49〕

　　國分直一認為乩童風俗的盛行，在於台灣先民移民環境惡劣，再加上缺乏醫療機關，因此類似醫療的宗教就此盛行起來，「這種環境正是孕育迷信性宗教的溫床」，雖然有些地區因環境改善而有改變，但有些地方村落生活並未好轉，他們仍然肯定古老的巫術，那些造成迷信性宗教的基礎並未改變。例如〈廟庭〉（1942）：

> 「那個人就是乩童。現在要割頭了。非常有趣噢，哥哥。仔細看清楚。」
>
> 我屏息凝視。過了一會兒，裸身男人的手開始抖動。不久後，全身都在躍動。我緊握翠竹的手。翠竹也用力反握我的手。看著看著，刷一聲，男人拔起劍，開始砍自己的背部。〔註50〕

廟會時乩童附身的自殘行為，的確時有所見，為顯現神威傷及皮肉而無所畏懼、不會疼痛，看在一般人眼裡，尤其是孩童純真的認知中，是匪夷所思的，這樣的描寫筆觸也生動的構圖驚悚的畫面，在視覺上有擴大的張力。

　　在日本，在參加完送葬回到家時，家人會在他們進門之前先用鹽撒他們，料理店的門前通常會放著兩堆鹽，大力士舉行相撲比賽前要先撒鹽，小孩不小心在灶前小便也要撒鹽，表示把污穢清除乾淨。台灣本島民間也有類似的風俗，會以撒鹽或撒米的方式來去邪或趕走惡神。〔註51〕〈風水〉（1942）裡即有在屋裡撒鹽和米的描述。〔註52〕

　　日治時期小說如賴和的〈鬥鬧熱〉（1926）、楊守愚的〈移溪〉（1936）、朱點人的〈島都〉（1932）都不約而同對迷信提出了批判。賴和認為鋪張奢侈

〔註49〕　國分直一，〈乩童的研究〉《民俗台灣‧第一輯》（台北市：武陵出版社，1990年），頁 90。

〔註50〕　呂赫若著，林至潔譯，《呂赫若小說全集（上）》（台北縣：INK 印刻，2006年），頁 312。

〔註51〕　〈異常事物引起的迷信〉《民俗台灣‧第七輯》（台北市：武陵出版社，1990年），頁 22。

〔註52〕　呂赫若著，林至潔譯，《呂赫若小說全集（上）》（台北縣：INK 印刻，2006年），頁 353。

的廟會拜拜是無謂的金錢浪費；楊守愚批評乩童的胡言亂語，不但損失錢財，甚至鬧出人命；朱點人更是抨擊無知迷信造成的家庭悲劇。呂赫若的〈風水〉（1942）雖然也對迷信地理風水，罔顧人倫孝道提出批判，但相形之下，呂赫若對這些不良民俗顯然同情的成分居多。

　　日治時期文學作品所涉及的民間信仰，不外乎媽祖、乩童、王爺、風水、建醮這幾項，至於文學作品則指出這樣的民間信仰，不只浪費金錢又折損人情，勞民傷財而無甚意義，但這些對信仰的主體——神、媽祖、王爺等在宗教定義上並無任何不當不妥，只是因為這些信仰舉行的慶典廟會活動，所產生的副作用，就一律判定它是迷信。〔註53〕呂赫若在處理迷信議題上顯然異常小心，他不去碰觸勞民傷財的負面意象，雖然在〈風水〉中也抨擊迷信，但通篇主旨仍回歸到家族倫常、孝道精神，可見他操作民俗書寫的區塊，其實是有用意並且小心謹慎的。

　　綜上所述，呂赫若小說中有關風水、禁忌、迷信的小說書寫部分，有七篇十六處，其中風水部分有一篇，迷信部分有七篇，禁忌部分有一篇，也就是這七篇中，篇篇都有提及迷信的問題。參見表4－3風水禁忌迷信小說書寫對照表。

表4－3風水禁忌迷信小說書寫對照表

篇　目	內　容	頁　次
〈前途手記——某一個小小的記錄〉	草根、香灰、符水	154
〈財子壽〉	相沖	299
〈廟庭〉	乩童	312
〈廟庭〉	祖先牌位不祭拜姑婆	321
〈鄰居〉	開漳聖王、藥草	340
〈風水〉	托夢	345
〈風水〉	洗骨	345
〈風水〉	在屋裡灑鹽和米	353
〈風水〉	挖掘風水	363
〈風水〉	作祟	359
〈石榴〉	作夢	472～473

〔註53〕　彭瑞金，《台灣文學史論集》（高雄市：春暉，2006年），頁353。

〈石榴〉	喝椰汁治精神病	476
〈石榴〉	香的煙向旁拉長	485
〈石榴〉	香的煙直往上升	486
〈玉蘭花〉	照相會奪去自己的影子	490
〈玉蘭花〉	招魂	503〜504

第四節　民間文學的小說書寫

「民間文學」一詞是英文 Folk Literature 的對應用語，又稱「口傳文學」或「口語文學」，指的是民眾口口相傳的神話、傳說、民間故事、歌謠、諺語一類。〔註54〕呂赫若的小說中，運用到民間文學的書寫還不少，茲分述如次。

東方孝義的《台灣習俗》中分析台灣的雅正文學如「詩詞歌賦」以及民間文學如「童謠」、「俗謠」、「民謠」、「山歌」、「俗歌」、「採茶歌」、「流行歌」以及有關歷史之歌謠和〈阿片矯正歌〉、〈解纏足歌〉、〈國語學習歌〉、〈歐戰歌〉、〈社會革命歌〉、〈反動團體攻擊歌〉、〈霧社番反亂歌〉、〈肉彈三勇士歌〉與其他官廳團體之宣傳歌之外，尚有「神話」、「傳說」、「趣話」、「寓話」等民間故事以及《孟將女送寒衣》、《陳三五娘》、《三伯英台》等膾炙人口的閩南俗曲唱本。〔註55〕

呂赫若小說中出現歌謠的部分有：〈牛車〉陳三五娘，〈合家平安〉吳漢殺妻、今古奇觀、山伯英台、雪梅教子、雨夜花、李阿仙思君，〈石榴〉目蓮救母、飛虎山，〈月光光──光復以前〉月光光等。

歌謠一般以「七字仔」歌仔調的形式呈現，取材多來自民間故事，如陳三五娘的故事流傳于閩、粵民間，由於流傳廣、時日久，又迭經小說、戲文、俗曲的竄改，有的刪截枝葉，有的畫蛇添足，後來產生多種版本，已非故事原貌了。

在〈月光光──光復以前〉，莊玉秋和孩子們一起仰頭看月，一面唱出〈月光光〉：

　　月光光，
　　秀才郎，

〔註54〕　胡萬川，《民間文學的理論與實際》（新竹市：清大出版社，2004年），頁1。
〔註55〕　黃文車，《日治時期台灣閩南歌謠研究》（台北市：文津，2008年），頁111。

> 騎白馬，過南塘。
>
> 南塘繪得過，
>
> 掠貓來接貨……〔註56〕

在呂赫若的故鄉潭子收集到的〈月光光〉，有以下版本：

1. 月光光　秀才郎　騎白馬　過南塘　天清清　舉人子　坐烏轎　上北京

2. 月光光　秀才郎　騎白馬　過南塘　天清清　舉人子　坐黑轎　上北京

3. 月光光　秀才郎　騎白馬　過坔cong5　坔cong5深　繪當過　拖田坏　田坏重……

4. 月光光　秀才郎　騎白馬　過泥塘　泥塘深　不得過　拖田土　田土重

5. 月光光　秀才郎　騎白馬　過坔cong5　坔cong5深　繪當過　擔田坏　田坏重……

6. 月光光　秀才郎　騎白馬　過泥塘　泥塘不能過　挑田土　田土重……〔註57〕

由上可知，〈月光光〉的普及及流行程度，人人琅琅上口，流傳之廣，造成版本眾多。但大體不違初衷，是市井小民的兒歌童謠，從小唱到大的母語情懷，透過〈月光光〉的歌聲，把積存已久的憤怒和不滿，一股腦的全部宣洩出來。

至於俗語，那更是前人智慧的結晶，內容涵括各種民間文學，包括散文類的神話、童話、動物故事、寓言、生活故事、笑話和歷史故事，韻文類的歌謠、諺語、謎語等，短短的文字中卻集結了生活智慧和人生哲理，在小說中運用更有畫龍點睛之用。〈藍衣少女〉（1940）出現：

> 「藝術是什麼？文化是什麼？這是個有錢能使鬼推磨的世界嗎……」〔註58〕

〔註56〕呂赫若著，林至潔譯，《呂赫若小說全集（下）》（台北縣：INK 印刻，2006年），頁636。

〔註57〕胡萬川、陳嘉瑞總編輯，《潭子鄉閩南語謠諺集》（台中縣：中縣文化，2002年），頁46～53。

〔註58〕呂赫若著，林至潔譯，《呂赫若小說全集（上）》（台北縣：INK 印刻，2006年），頁217。

「有錢能使鬼推磨」這句俗話，又做「有錢使得鬼推車」，或做「有錢買得鬼上樹」，在唐朝有民間故事說「錢可通神」，中國河北也有一則「有錢能使鬼推磨」的民間故事，是說北京大財主張伯元發跡的經過，張伯元財大氣粗，嘴邊最常掛著的一句話，便是「有錢能使鬼推磨」。〔註59〕然而金錢並非萬能，但卻能在某些情境上予人致命的一擊，〈藍衣少女〉中校長對台灣文化的貶抑，村人無知的詆毀，都迫使一個樸直的教育藝術者進退失據。

　　呂赫若使用民間文學的小說書寫範圍遍及歌謠、諺語、傳說、戲劇，內容包括民間故事、歷史典故、鄉野傳奇等等，恰如其份的安插再各情節的演進中，是庶民生活的一部份，也極自然的反應彼時生活的諸多相貌。

　　附帶一提的是，〈合家平安〉（1943）有提及台語流行歌曲〈雨夜花〉，如果把流行歌曲當作廣義的歌謠來看，可以視為大眾文學。值得特別注意的是，〈雨夜花〉是客家人鄧雨賢的作品，他最為膾炙人口的三首作品——〈望春風〉、〈月夜愁〉、〈雨夜花〉在當時都被「徵召」成了時局歌曲，分別被改填日語歌詞，另命名為〈大地在召喚〉、〈軍夫之妻〉、〈名譽的軍夫〉，在鄧雨賢短暫的生命中，卻為台語歌曲留下了勢必會永遠傳唱下去的作品。〔註60〕

　　綜上所述，呂赫若小說中有關民間文學的小說書寫部分，有十一篇十六處，其中歌謠最多，有五篇，俗諺語有三篇，傳說有兩篇，故事及講古有兩篇，另有對聯和匾額的書寫，而上列之內容，多與民間故事和歷史故事有關。參見表4-4民間文學小說書寫對照表。

表4-4民間文學小說書寫對照表

篇　　目	內　　容	頁　　次
〈牛車〉	歌謠：陳三五娘	64
〈藍衣少女〉	諺語：有錢能使鬼推磨	217
〈財子壽〉	傳說：妖怪出沒	264
〈財子壽〉	周九舍傳說	272
〈財子壽〉	戲劇：大舜耕田	267
〈風水〉	俗語：把心一橫	358
〈合家平安〉	俗語：翅膀已經長硬，視雙親如糞土	417、422

〔註59〕　陳益源，《俗話說》（台北縣：富春文化，1998年），頁211～216。
〔註60〕　莊永明，《台灣歌謠追想曲》（台北市：前衛，1995年），頁98～99。

〈合家平安〉	對聯	423
〈合家平安〉	說唱歌謠：吳漢殺妻、今古奇觀、山伯英台、雪梅教子	425
〈合家平安〉	歌謠：雨夜花、李阿仙思君	432
〈石榴〉	歌謠：目蓮救母、飛虎山	469、470
〈玉蘭花〉	說故事	499
〈清秋〉	匾額：仙手佛心、醫德可風	529
〈風頭水尾〉	說書人講古	613
〈百姓〉	酬神唱戲	615
〈月光光——光復以前〉	歌謠：月光光	636

小　結

　　不同於第二章技術文化的民俗書寫，偏重於「點」的呈現，只是在小說中驚鴻一瞥；也不若第三章倫理文化的民俗書寫，偏重於「線」的呈現，以家族孝道的脈絡切入主題。本章表達文化的民俗書寫，則是「面」的呈現，廣泛而全面的將民俗書寫融入作品內容，是作者有意識的運用民俗書寫，遂行其文學創作的目的，彰顯知識份子的淑世理想。從宗教信仰的多元及普遍，切合庶民心靈依歸及文化認知，再配合祭祀儀式的繁瑣和嚴格，展現台灣人視死如視生的尊敬心理，並從中衍生的風水觀念和迷信禁忌，這些在在都與民俗息息相關。呂赫若與同一時期作家最大的不同是，別人對民俗陋習批判之處，呂赫若雖有批評，但顯然更有包容。

　　而民間文學穿插在小說情節中，更有畫龍點睛、推波助瀾的效果。有歌謠表達故事主人翁內心的情感；有戲劇表演展現小說的中心思想；有諺語俗語來加強故事人物的對白張力；有傳說和民間故事來增添色彩豐富內涵……。這些民間文學的小說書寫不同於第二章技術文化的民俗書寫，同樣短暫出現，但前者卻被賦予與創作主旨攸關的催化劑角色。

　　日治時期的民俗書寫，這段話形容貼切：

> 1937～1945 年間的台灣民間信仰書寫，不似皇民化運動之前幾乎侷限於「迷信」的固定批判眼光，而是多了一份時代性的任務，將台灣民間信仰與台灣特有文化、有別於日本人的精神象徵劃上等號，

　　故作家們紛紛援引鄉土人物的小事、民俗材料的書寫，來強化了民

　　族的文化特徵，幫助台灣文化不會在歷史洪流中消失。〔註61〕

由上可知，當時相關的民俗書寫是一種潮流，各個作家基於本身看待民俗而有不同的解讀，再加上作者個人的寫作風格，使民俗書寫呈顯多元的寫作方式。

　　1943 年西川滿強烈指責「本島作家」，箭靶之一正是直指呂赫若，抨擊台灣文學主流爲「糞寫實主義」，呼籲作家回歸日本傳統，以建立「皇國文學」，使呂赫若於日記中大罵西川滿爲「文學陰謀活動家」。〔註62〕葉石濤提出「清算糞寫實主義」，使呂赫若再次勃然大怒，氣他做人身攻擊。〔註63〕與其說呂赫若此時的關切有內縮或喪失懷疑性、思考性的妥協色彩，不如說他已在時代的限制下盡力地做出了堅持，並在其後創作出〈石榴〉，運用大量民俗書寫，對兄弟之情、家族延續做了深入刻畫。在皇民化運動直接威脅台灣社會，而改姓名又對漢人宗族結構造成破壞的情況下，呂赫若揉合對台灣社會組織及傳統、信仰、風俗而創出的鄉村家族小說，更深具意義。其中採用大量的民俗書寫，或點、或線、或面的融入小說中，在現在分析起來，更具有時代意涵。

〔註61〕　葉宜婷，《日治時期中、短篇小說中神道與台灣風俗信仰的書寫研究（1937
　　　　　～1945）》（國立台北教育大學台灣文化研究所碩士論文，2011 年 1 月），頁
　　　　　156。
〔註62〕　見《呂赫若日記》1943 年 5 月 7 日，頁 339。
〔註63〕　見《呂赫若日記》1943 年 5 月 17 日，頁 344。

第五章　結　論

呂赫若在日記裡寫下：

> 試著讀《台灣風俗志》。我們似乎遺忘了要去認識我們自己風俗的優
> 點了，拯救她吧！〔註1〕

片岡巖於一九二一年所著的《台灣風俗誌》〔註2〕對當時有關台灣人的家庭起
居和社會生活，皆有詳細的描述，片岡巖有意藉著民間文學來瞭解台灣風俗，
因此采錄了許多台灣人的音樂、雜念、謎語、笑話、故事、傳說，其中民間
故事採原音記錄的方式，並加以解說對照，頗具價值。日人長期投入人力與
時間做台灣舊慣調查，其成果是有目共睹的。呂赫若讀著日本人對台灣風俗
的調查與記錄，想必感慨萬千！屬於台灣的文化傳統，卻靠日人作有系統的
分析整理，實在令人汗顏。呂赫若所謂的「拯救」，絕不是一時興起，說說而
已，而是起而做，立即在作品中呈現出來，這也是本論文想深入探討的原因。

首章緒論除了論及前人成果外，並以江韶瑩的民俗分類，將呂赫若的小
說分從技術文化、倫理文化、表達文化三個層面來探討呂赫若小說中的民俗
書寫。

第二章是技術文化的民俗書寫，所謂「技術文化」係指對應人與自然的
關係範疇，即為物質觀念的技術文化，即與日常生活有關的衣飾、飲食、居
住、運輸、生產、工藝等方面皆屬之。這一章分別由運輸生產、居住建築、
飲食衣飾、生活中不良民俗的小說書寫來分別討論。在一一列舉小說中出現

〔註 1〕　呂赫若著，鍾瑞芳譯，《呂赫若日記》（台南市：國家台灣文學館，2004 年），
　　　　　頁 79。
〔註 2〕　片岡巖著，陳金田譯，《台灣風俗誌》（台北市：眾文圖書，1990 年）。

的民俗書寫後，發現本章呂赫若的小說民俗書寫，除了在居住建築上有較長篇幅的敘述外，其他方面都極簡略，僅止於出現而已，並未特別著墨，如自行車、公共汽車、五分車、編大甲帽、日式庭園、青瓦洋房、咖啡館、西服洋裝、文官服、國民服等，都是因應情節，在庶民生活中自然呈現，並非爲民俗而書寫，是爲「點」的描述，亦即並非刻意以民俗書寫來展現作者意圖，只是在內容中恰如其份的出現，是庶民生活的尋常事項。

其中對傳統建築、陳設擺飾描述極其工筆，來象徵舊時代的沒落，大家族的式微之外，也呼應第三章對傳統封建的批判與慨嘆。至於對鴉片、纏足、賭博的惡習描寫，在小說中除了鴉片蕩盡家產外，其他並無明確結局，但眾所周知的弊害，其實不必再深入描述，一切了然於心，這也是呂赫若小說中結局常有不言可喻的餘韻。

第三章是倫理文化的民俗書寫，所謂倫理文化係指對應人與人的關係範疇，即爲社群觀念的倫理文化：即村落組織、親屬結構、家庭形制、結社等方面。這一章分別由家族制度、婚姻制度、繼承與分配的小說書寫來討論。不同於第二章技術文化的民俗書寫是以「點」的方式呈現，本章倫理文化的民俗書寫則是以家族傳承的脈絡，清楚的以「線」的軌跡描述。其表達意涵也由一般日常生活轉而進入家庭，這種轉變很技巧的將民俗包裝在其間，不像第二章提到的民俗，不管是交通運輸、飲食衣飾、日常生活等方面，僅僅是點到爲止，本章對於倫理文化的民俗，已經由點延伸到線，經由家族的脈絡，更深入的描述民俗、闡釋民俗。基本上是作者對於家族力量的影響，傳統孝道的式微，婚姻制度的弊端，有深層的省思和探討。

值得注意的是，在傳統父權之下，傳宗接代觀念濃厚，舊有的婚姻存在著不符人性的制度，特別是對女性的不公平。呂赫若小說中及常見悲憫女性的筆觸，把封建社會性別歧視的差別待遇表露無遺。

本章第四節討論〈石榴〉一篇，主要是其篇名相當特殊，表面上看與內容完全無涉，事實上作者欲藉石榴本身豐富的民俗意象，闡釋發揚一粒粒民俗的種子，其表達家族傳承、孝道倫常的企圖可昭日月，對血脈延續的家族觀念，呂赫若有深層的體悟，透過作品與篇名來示現。

第四章是表達文化的民俗書寫，所謂表達文化係指對應人與超自然的關係範疇，即爲精神觀念的表達文化：即宗教信仰、生命禮俗、歲時行事、祭祀儀式、迷信禁忌、民俗技藝與藝能，口傳文學、歌謠等方面。這一章分別

由宗教信仰、祭祀儀式、風水迷信禁忌、民間文學四部分來分別探討。有別
於前兩章，技術文化的民俗書寫以「點」來呈現；倫理文化的民俗書寫以「線」
來呈現；本章表達文化則以「面」的方式呈現。呂赫若以大量的民俗書寫，
有系統的融入小說中。他用多元的民間信仰表達傳承，和信仰背後的深刻寓
意，如關帝廟的興盛衰敗，象徵小說主人翁的命運情感；他用繁複的祭祀儀
式，表達台灣人慎終追遠、視死如視生的尊敬心理；他批判風水、描述禁忌
迷信，卻也映襯出台灣人民善良樸實、天真熱情的一面；他揮灑民間文學，
用歌謠、戲劇、俗語、民間故事，豐富了小說的內容，靈活了小說的情節。

　　本章大量與全面性的民俗書寫，使民俗不是裝飾陪襯，而是烘托主題的
靈魂中心，呂赫若有計畫的運用民俗，將知識份子的熱情，對社會的期待，
對陋習的批判，對弱勢的悲憫，都透過民俗書寫，一一展示出來。

　　本論文有系統的將呂赫若的小說根據技術文化的民俗書寫、倫理文化的
民俗書寫、表達文化的民俗書寫三大類，作了歸納分析與整理，並將其在小
說中出現的形式，可以總結為「點」、「線」、「面」三個層面。也就是說有些
民俗書寫只是庶民生活的一部份，隨著情節短暫出現在小說中，作者並未著
墨。有些民俗卻連結成脈絡，以家族倫常的內涵貫串小說主旨。更有些民俗
鋪天蓋地，以綿密的敘述交織網絡，構成作者意欲表達的深層內容。由此可
以推論，呂赫若小說中的民俗書寫，具備反應時代，抒發民情，悲憫社會的
關懷情愫。雖然對於不合時宜的民俗也有批判，但仍可從中嗅出同情的成分，
尤其對弱勢者無奈、悲憐、慨嘆的筆觸，常常出現在作品裡，是知識份子深
沈的省思。凡此種種，皆可見他對於傳統習俗的珍視，飲水思源的情感。

　　透過民俗書寫，〈前途手記——某一個小小的記錄〉寫資產家之妾悲慘的
生命；〈逃跑的男人〉寫大家族的矛盾、骨肉相剋的悲劇；〈財子壽〉寫自私
地主的故事；〈風水〉寫迷信而違背人倫、罔顧孝道的離譜行徑；〈闔家平安〉
寫地主為鴉片傾家蕩產，闔家不得平安；〈月夜〉寫再嫁女子的命運，傳統女
人的宿命悲歌；〈石榴〉寫貧苦兄弟的感情和血脈的傳承，兄弟之情溢於言表；
〈清秋〉寫醫生在濟世和賺錢之間的反省和掙扎，在時代的潮流起伏擺
盪……這些篇章均充分反應當時的社會環境和時代氛圍。正如周志煌所言：

　　　民俗研究者在打破菁英與群眾隔閡之際，常訴諸於一種「共同體」
　　　的想像與建造，就想像的「意象」群而言，包括民間歌謠、故事、
　　　傳說、童話、語言、戲曲、音樂、繪畫、建築、舞蹈、手工藝品、

> 宗教、飲食、服飾……等可以喚起民族共同記憶，表現民族共同情
> 感，反映民族文化共同思維、共同生活價值等民俗事項，都可以成
> 爲聯結民族共同體之想像的意象。〔註3〕

呂赫若不是民俗研究者，但他善用民俗，利用民俗，遂行他的創作理想和民
族情感。呂赫若一手藉民俗打造出來的小說世界，除了如實反應社會現狀，
有對封建舊制的批判，也潛藏著對殖民政治的反彈。

　　和野慶彥對呂赫若作品下了如下的評論：

> 小說不能沒有血肉。他（呂赫若）的作品，好像切到哪裡都會淌血，
> 也好像會被其中的台灣味噎著。再也沒有任何像他一般正面挑戰台
> 灣現實的作家了。〔註4〕

這濃濃的「台灣味」，與呂赫若大量的運用民俗書寫有直接的關連，呂赫若積
極經營寫作事業，戮力開創文學生命，他認爲：

> 即使我們只是一介文人，還是可以藉著一支筆啓發、寫下戰時國民
> 最柔軟而率直的心情寫照。寄予戰時國民的熱愛生活與實現新的道
> 義於筆下。〔註5〕

若從呂赫若的創作歷程來看其民俗書寫，呂赫若從〈牛車〉開始，就很典型
的反應出一個台灣知識份子在歷史轉型期的批判和不滿。在創作前期，他的
〈暴風雨的故事〉、〈婚約奇譚〉、〈前途手記——某一個小小的記錄〉、〈女人
的命運〉、〈逃跑的男人〉寫的是農民疾苦、農村經濟破產所發生的悲劇、傳
統婚姻的不合理、女性宿命論的命運等，這個時期小說中的民俗書寫偏重在
婚姻制度，他冷眼旁觀社會問題，藉由民俗書寫提出抗議。後來在停留東京
的期間，逐漸對都會生活感到不耐，反而嚮往回到鄉村，可以專注的耕耘文
學。這個時期他的作品如〈財子壽〉、〈廟庭〉、〈鄰居〉、〈風水〉、〈月夜〉、〈合
家平安〉、〈石榴〉、〈玉蘭花〉、〈清秋〉等轉而進入家庭，這時期的民俗書寫

〔註3〕　周志煌，〈共同體的想像：一九三〇年代前後台灣與中國歌謠采錄活動之繫聯
　　　　與同異〉，彰化師範大學台文所「與傳統對話：民間文化的當代觀照」學術研
　　　　討會，2007：08，頁15。
〔註4〕　和野慶彥，〈呂赫若論——關於作品集《清秋》〉，原刊《台灣時報》293，1944
　　　　年6月10日，現收錄在黃英哲編，《日治時期臺灣文藝評論集：雜誌篇》第
　　　　四冊（台南市：國家台灣文學館籌備處，2006年），頁475。
〔註5〕　呂赫若，〈台灣文學者齊奮起〉，原刊《台灣文藝》1：4，1944年8月13日，
　　　　現收錄在黃英哲編，《日治時期臺灣文藝評論集：雜誌篇》第四冊（台南市：
　　　　國家台灣文學館籌備處，2006年），頁478。

描寫了台灣封建家庭的陰暗面、倫理孝道的式微，大量的民俗書寫在這全盛時期的小說中，扮演著舉足輕重的地位，強化了敘事內容，也生動了人物性格。至於戰後四篇以中文創作的小說，在文字使用的嫻熟度顯然不若日文，在人物情節的刻畫上也不像之前細膩深入，但都無損於呂氏在文學史上的地位。

雖然呂赫若不是民俗家，但是他巧妙的運用民俗，細膩的刻畫出善良眞誠的人性。在〈石榴〉中，大哥金生身爲長子，所負的家庭責任與兄弟之情，在素樸的民俗書寫中，讓讀者對大哥的用心和認眞，深深動容。在爲弟弟木火合爐、過房的過程中，處處以民俗經營氛圍：門外是狗在抓門的聲音，風從窗口呼嘯而入，蠟燭搖曳閃爍，大家屛氣凝神，彷彿木火的靈魂已經回來了。這時候香的煙向旁拉長，緩緩繞著靈牌盤桓，遠處傳來狗叫聲，冥冥中昭告木火回來了。在完成所有儀式後，香的煙直往上升，彷彿弟弟在天上默默看著哥哥所做的一切，用心感受到哥哥的苦心，哥哥也認爲自己做對了事而充滿幸福感。這種藉由香的溝通方式，將陰陽兩隔的兄弟之情緊緊聯繫，讀來動人心弦，其生動細膩的筆觸，將民俗書寫與小說美學合而爲一。

而呂赫若的民俗書寫除了情感眞摯、細膩感人之外，他還擅長用對比映襯的筆法，來鋪陳劇情。例如用建築擺設的窮奢極侈、富貴堂皇，來對照沒落後的破敗和走投無路；有錢大戶的排場氣勢和貧苦人家的寒酸鄙陋；遵循孝道和忤逆不孝的兄弟嘴臉等，這些對比強烈的描述手法，經常在小說裡串連情節，增加張力，引人入勝。最經典的〈財子壽〉的「耙砂」，周家桂春夫人的隆重葬禮，感謝母親生養恩情的戲劇演出，只能感動不相干的部落居民，而親生子海山在喪服下穿著西裝皮鞋，另一子海文不但沒穿喪服，連法事都不參加。豪門喪事如此辦理，反觀〈石榴〉中窮苦的三兄弟，大哥在爲弟弟合爐、過房的儀式裡，只能簡單至極，場面寒愴，但絲毫不損兄弟之間濃濃的親情。兩者之間富與窮的差異，無情與有情的對比，強烈的對照，可以再次印證呂赫若的民俗書寫，成功的以映襯筆法提升了文學層面，將錯綜複雜的人性，藉由民俗充分展現，是將民俗書寫與小說美學結合，產生加乘加倍的力道。

呂赫若的小說創作，從農工遭遇、婦女命運、家庭糾葛與時事關懷，處處表現了他的淑世理想，他在不同時期展顯了不同訴求與企圖，而一以貫之的民俗書寫，始終在小說的元素中不可或缺，扮演著催化劑的角色。由上可

知，呂赫若的小說，反映了時代使命，他其中穿插的民俗書寫，除了展現台灣味，更是與其寫作企圖和文學志業相結合，一方面凸顯戰時人民想望，一方面刻畫出時代縮影，彼時庶民生活、思想情感、作爲行事，一一躍然紙上，呂赫若小說的民俗書寫更具有時代性之意義。

最後，本論文研究的小說文本及參考資料，皆以譯本爲主，在呂赫若二十六篇小說中，除了〈故鄉的戰事一——改姓名〉、〈故鄉的戰事二——一個獎〉、〈月光光——光復以前〉、〈冬夜〉四篇爲中文小說外，其餘二十二篇皆是以日文寫作的小說，雖說林至潔的翻譯一般而言頗受肯定，但畢竟是透過譯作來了解文本，所探究的文字與原作可能會產生若干差異，這是本論文研究所受的限制。若能以小說日文原文，配合當時日文資料、史實記錄，會更有助於貼近作品原貌，對於時代意義的詮釋會更精準，這是未來值得再努力的目標。

附　錄

《呂赫若小說全集》中民俗書寫分類統計一覽表

小說篇名	民俗書寫	頁　次	民俗分類
牛車	自行車、載貨兩輪車、牛車	54	技術文化
	卡車	56～57	技術文化
	番茶	57	技術文化
	西服	60	技術文化
	歌謠：陳三五娘	64	表達文化
	台灣人鎮	68	技術文化
	入贅	71	倫理文化
	賭博	69～70	技術文化
暴風雨的故事	純白衣袍	89	技術文化
	童養媳	92	倫理文化
	土地公廟	114	表達文化
	八月十五拜拜	114	表達文化
	土地公廟	115	表達文化
婚約奇譚	洋裝、日本服	119	技術文化
	退婚、解除婚約	125	倫理文化
	提親	127	倫理文化
	訂婚	128	倫理文化
	運甘蔗五分車	136	技術文化
	襯衫、領帶	137	技術文化

	妾，養子	142	倫理文化
	竹皮草屐	144	技術文化
	日式庭園	144	技術文化
前途手記	分財產	145	倫理文化
	一寸法師	151	表達文化
	去佛寺求子	153	表達文化
	草根、香灰、符水	154	表達文化
	洋裝	165	技術文化
	貞潔坊	167	倫理文化
女人的命運	頭七	169	表達文化
	日漢合璧的客廳	177	技術文化
	入贅、財產分配	179	倫理文化
	市內公車	180	技術文化
	王舉人台中州四塊厝村	199	技術文化
	喪事持續兩個月	199	表達文化
	財產分配	200	倫理文化
	抽鴉片	200	技術文化
逃跑的男人	填房、拖油瓶	203	倫理文化
	入籍、分財產	203	倫理文化
	父親分配財產不均而下場不好	206	倫理文化
	遷戶籍	207	倫理文化
	土地公廟	212	表達文化
	有錢能使鬼推磨	217	表達文化
藍衣少女	妻子上東京研究洋裁	220	技術文化
	七分大衣、紅帶木屐	221	技術文化
	婚約	224	倫理文化
	青瓦洋房	227	技術文化
	西式房間建築	233	技術文化
春的呢喃	亭仔腳	240	技術文化
	咖啡廳	241	技術文化
	未婚妻、童養媳	247	倫理文化
	託媒人正式求婚	247	倫理文化

田園與女人	童養媳	252	倫理文化
	公共汽車	256	技術文化
財子壽	謠傳妖怪出沒	263～264	表達文化
	福壽堂	265	技術文化
	建築擺設	265～266	技術文化
	鴉片	267	技術文化
	戲劇：大舜耕田	267	表達文化
	編大甲帽	267～268	技術文化
	續絃	267	倫理文化
	故事	272	表達文化
	養子	272	倫理文化
	分家	274	倫理文化
	西裝	274	技術文化
	魚肉、蘿蔔乾、蘿菜汁	284	技術文化
	雞酒	288	技術文化
	桂春夫人喪，大竹簍蓋牌位	295	表達文化
	戲劇：耙砂	297	表達文化
	喪服下西裝皮鞋	298	技術文化
	相沖	299	表達文化
廟庭	關帝廟	307	表達文化
	自行車	308	技術文化
	關帝廟（破舊）	311	表達文化
	乩童	312	表達文化
	鹹菜桶	319	技術文化
	陪嫁金	320	倫理文化
	祖先牌位不祭拜姑婆	321	表達文化
鄰居	本島人貧民區	325	技術文化
	商店街	326	技術文化
	自行車	326	技術文化
	文官服	327	技術文化
	吊帶褲	332	技術文化
	健民，民雄，男生命名	338	倫理文化
	開漳聖王、草藥	340	表達文化
	收為養子	341	倫理文化

風水	托夢	345	表達文化
	洗骨	345	表達文化
	扶養費的二甲步水田	350	倫理文化
	灑鹽和米	353	表達文化
	挖掘	363	表達文化
	分家	348	倫理文化
	「把心一橫」	358	表達文化
	作祟	359	表達文化
月夜	天公仔	409	表達文化
	纏足	401	技術文化
	國民服	405	技術文化
合家平安	六十大壽、養子	417	倫理文化
	大厝	423	技術文化
	建築、擺設	423	技術文化
	服飾	424	技術文化
	鴉片鑑札制度	427	技術文化
	民謠	432	表達文化
	抽鴉片	432	技術文化
	「翅膀已經長硬，視雙親如糞土」	417	表達文化
	「翅膀已經長硬，視雙親如糞土」	422	表達文化
	對聯、聯幅	423	表達文化
	吳漢殺妻、今古奇觀、山伯英台、雪梅教子	425	表達文化
	雨夜花、李阿仙思君歌	432	表達文化
石榴	蟆蛉子	459	倫理文化
	喝椰汁治精神病	476	表達文化
	招贅年限	478	倫理文化
	夭折葬禮	481	表達文化
	合爐、過房	484	表達文化
	論語曰「商聞之矣：死生有命，富貴在天。」	465	表達文化
	目蓮救母、飛虎山	469	表達文化
	作夢代表意義	472～473	表達文化
	香的煙向旁拉長	485	表達文化
	香的煙直往上升	486	表達文化

	照相奪影	490	表達文化
	傳宗接代	491	倫理文化
	天上聖母、玄天上帝、三官大帝	493	表達文化
	土地公、有應公、石頭公	493	表達文化
玉蘭花	建築正身護龍	495～496	技術文化
	招魂	503～504	表達文化
	說故事	499	表達文化
	纏足	504	技術文化
	媽祖啊	507	表達文化
	詩經序曰……魏文帝曰……	515	表達文化
	漢學像久醃的醬菜	516	技術文化
	相親	522	倫理文化
清秋	仙手佛心、醫德可風	529	表達文化
	掃墓	535	表達文化
	重陽節	534	表達文化
	關帝廟	536	表達文化
	寶連的服飾	571	技術文化
	分家	578	技術文化
山川草木	繼承、點香祭拜	580	技術文化
	飲食（配給）	582	技術文化
	關帝廟	594	表達文化
風頭水尾	吃湯圓、大喜日	611	技術文化
	說書人講古、神明	613	表達文化
百姓	酬神唱戲	615	表達文化
	做月子雞酒	616	技術文化
月光光	皇民化國語家庭（擺設）	631	技術文化
	月光光	636	表達文化
冬夜	賭博	638	技術文化
	三萬元聘金	646	倫理文化

備註：本表民俗書寫出現次數的計次標準，是以同一項民俗書寫在該篇中統計一次，
　　　如〈牛車〉中提及「牛車」多次，但計爲一次。若同一項民俗書寫各代表不同
　　　意義，則分別計次，如〈石榴〉中「香的煙向旁拉長」和「香的煙直往上升」
　　　各代表不同的意義，則計爲二次。

參考書目

（一）專書

1. 山根勇藏，《台灣民族性百談》（台北市：南天，1995 年）。

2. 方孝謙，《殖民地台灣的認同摸索》（台北市：巨流，2007 年）。

3. 王嵩山，《集體知識、信仰與工藝》（新北市：稻鄉出版社，1999 年）。

4. 王建國，《呂赫若小說研究與詮釋》（台南市：南市圖，2002 年）。

5. 王鼎鈞，《小說技巧舉隅》（台中市：光啓出版社，1963 年）。

6. 王德威，《台灣：從文學看歷史》（台北市：麥田，2009 年）。

7. 古繼堂，《台灣小說發展史》（台北市：文史哲，1992 年）。

8. 片岡巖著，陳金田譯，《台灣風俗誌》（台北市：眾文，1996 年）。

9. 朱家慧，《兩個太陽下的台灣作家——龍瑛宗與呂赫若研究》（台南市：南市藝術中心，2000 年）。

10. 朱雙一，《台灣文學思潮與淵源》（台北市：海峽學術，2005 年）。

11. 伊能嘉矩著，江慶林等譯，《台灣文化誌》（台中：台灣省文獻委員會，1991 年）。

12. 沈清松，《台灣精神與文化發展》（台北市：台灣商務，2001 年）。

13. 吳新榮，《吳新榮回憶錄》（台北市：前衛，1989 年）。

14. 吳新榮著、張良澤編，《吳新榮日記（戰前）》（台北市：遠景，1981 年）。

15. 吳新榮著、張良澤編，《吳新榮日記（戰後）》（台北市：遠景，1981 年）。

16. 吳新榮著、張良澤編，《吳新榮書簡》（台北市：遠景，1981 年）。

17. 吳瀛濤，《台灣民俗》（台北：眾文，1994 年）。

18. 呂理政，《傳統信仰與現代社會》（台北：稻香，1992 年）。

19. 呂赫若著、林至潔譯，《呂赫若小說全集》（台北市：聯合文學，1995 年）。

20. 呂赫若著、林至潔譯，《呂赫若小説全集》（台北縣中和市：印刻，2006年）。

21. 呂赫若著、鍾瑞芳譯，《呂赫若日記（1942～1944）中譯本》（台南市：國家台灣文學館，2004年）。

22. 呂紹理，《水螺響起——日治時期台灣社會的生活作息》（台北市：遠流，1999年）。

23. 巫永福，《巫永福全集——小説卷 I》（台北市：傳神福音，1995年）。

24. 巫永福，《巫永福全集——文集卷／小説》（台北市：傳神福音，1999年）。

25. 巫永福，《巫永福全集——文集卷／附錄》（台北市：傳神福音，1999年）。

26. 巫永福，《巫永福全集——文集卷／評論》（台北市：傳神福音，1999年）。

27. 巫永福，《巫永福全集——評論卷 I》（台北市：傳神福音，1996年）。

28. 巫永福，《巫永福全集——評論卷 II》（台北市：傳神福音，1996年）。

29. 李世偉，《台灣佛教、儒教與民間信仰》（台北縣：博揚文化，2008年）。

30. 李秀娥，《台灣民俗節慶》（台中市：晨星，2004年）。

31. 李喬，《小説入門》（台北：大安，1996年）。

32. 李瑞騰主編，《評論 30 家：台灣文學三十年菁英選 1978～2008》（台北市：九歌，2008年）。

33. 李欽賢著，金炫辰改編，《台灣的古地圖「日治時期」》（台北縣：遠足文化，2002年）。

34. 李筱峰，《二二八消失的台灣精英》（台北市：自立晚報，1990年）。

35. 李獻章，《台灣民間文學集》（台北市：龍文，1989年）。

36. 肖成，《日據時期台灣社會圖譜：1920～1945 台灣小説研究》（北京：九州出版社，2004年）。

37. 佐倉孫三，《台風雜記》（台北：台灣銀行，1961年）。

38. 朱光潛，《美學再出發》（台北市：丹青，1987年）。

39. 江韶瑩等撰稿，施金柱主編，《中日編織工藝交流展·台灣館》（台中縣：中縣文化，1998年）。

40. 沈孟穎，《咖啡時代：台灣咖啡館百年風騷》（台北縣：遠足文化，2005年）。

41. 沈祉杏，《日治時期台灣住宅發展 1895～1945》（台北市：田園城市文化事業有限公司，2002年）。

42. 吳文星，《日治時期台灣的社會領導階層》（台北市：五南，2008年）。

43. 尾崎秀樹著，陸平舟、間扶桑子合譯，《舊殖民地文學的研究》（台北市：人間，2004年）。

44. 原功著，莫素微譯，《台灣新文學運動的展開：與日本文學的接點》（台北市：全華，2004 年）。

45. 林川夫編，《民俗台灣》第 1～7 卷（台北市：武陵，1995 年）。

46. 林明峪，《台灣民間禁忌》（台北市：聯亞出版社，1982 年）。

47. 林明義主編，《台灣冠婚葬祭家禮全書》（台北市：武陵，1995 年）。

48. 林美容編集，《白話圖說台風雜記：台日風俗一百年》（台北市：台灣書房，2007 年）。

49. 林載爵，《台灣文學的兩種精神》（台南市：南市文化，1996 年）。

50. 東方孝義，《台灣習俗》（台北市：南天，1997 年）。

51. 金劍，《美學與文學新論》（台北市：台灣商務，2003 年）。

52. 周慶芳等著，《台灣民間殯葬禮俗彙編》（高雄市：高雄復文圖書出版社，2005 年）。

53. 周憲文編著，《台灣經濟史》（台北市：開明書店，1980 年）。

54. 邱坤良，《舊劇與新劇：日治時期台灣戲劇之研究（1895～1945）》（台北市：自立晚報，1992 年）。

55. 邱貴芬，《後殖民及其外》（台北市：麥田，2003 年）。

56. 洪泉湖等著，《台灣的多元文化》（台北市：五南，2005 年）。

57. 胡菊人，《小說技巧》（台北市：遠景，1984 年）。

58. 胡萬川，《民間文學的理論與實際》（新竹市：清大出版社，2004 年）。

59. 胡萬川，《台灣民間故事類型：含母題索引》（臺北市：里仁，2008 年）。

60. 胡萬川、陳嘉瑞總編輯，《潭子鄉閩南語謠諺集》（台中縣：中縣文化，2002 年）。

61. 垂水千惠，《呂赫若研究──1943 年までの分析を中心として》（東京：風間書房，2002 年）。

62. 垂水千惠著、涂翠花譯，《台灣的日本語文學》（台北市：前衛，1998 年）。

63. 施淑編，《日據時代台灣小說選》（台北市：前衛，1992 年）。

64. 施懿琳等著，《台灣文學百年顯影》（台北市：玉山社，2003 年）。

65. 施懿琳、鍾美芳、楊翠，《台中縣文學發展史──田野調查報告書》（台中縣：台中縣立文化中心，1993 年）。

66. 施懿琳、鍾美芳、楊翠，《台中縣文學發展史》（台中縣：台中縣立文化中心，1995 年）。

67. 柳書琴等作、江自得主編，《殖民地經驗與台灣文學：第一屆台杏台灣文學學術研討會論文集》（台北市：遠流，2000 年）。

68. 柳書琴、邱貴芬主編，《後殖民的東亞在地化思考：台灣文學場域》（台南

市：國家台灣文學館籌備處，2006 年）。

69. 姚漢秋，《台灣婚俗古今談》（台北市：台原出版，1991 年）。

70. 翁聖峰，《日據時期台灣新舊文學論爭新探》（台北市：五南，2006 年）。

71. 徐國章譯，《台灣總督府警察沿革誌第一篇中譯本 I》（南投市：國史館台灣文獻館，2005 年）。

72. 徐國章譯，《台灣總督府警察沿革誌第一篇中譯本 II》（南投市：國史館台灣文獻館，2007 年）。

73. 梁明雄，《日據時期台灣新文學運動研究》（台北市：文史哲，1996 年）。

74. 梶原通好著，李文祺譯，《台灣農民的生活節俗》（台北市：台原出版，1989）。張炎憲、高淑媛，《鹿窟事件調查研究》（台北縣：台北縣立文化中心，1998 年）。

75. 張炎憲、陳鳳華，《寒村的哭泣鹿窟事件》（台北縣：台北縣立文化中心，2000 年）。

76. 張忠明編著，《美學導論》（台北市：新陸，2007 年）。

77. 張恆豪主編，《呂赫若集》（台北市：前衛，1991 年）。

78. 張玉欣、楊秀萍著《飲食文化概論》（台北市：揚志文化，2004 年）。

79. 許俊雅，《日據時期台灣小說研究》（台北市：文史哲，1995 年）。

80. 許俊雅，《台灣文學散論》（台北市：文史哲，1994 年）。

81. 許俊雅，《台灣文學論：從現代到當代》（台北市：南天，1997 年）。

82. 許俊雅，《見樹又見林——文學看台灣》（台北市：渤海堂，2005 年）。

83. 許常惠、呂垂寬、徐麗紗、林清財，《台中縣音樂發展史》（台中縣：台中縣立文化中心，1989 年）。

84. 國分直一，《台灣的歷史與民俗》（台北市：武陵，1998 年）。

85. 陳正之，《民俗思想起：消失中的常民文化》（南投市：台灣省政府，2000 年）。

86. 陳芳明，《殖民地台灣——左翼政治運動史論》（台北市：麥田，2006 年）。

87. 陳芳明，《左翼台灣——殖民地文學運動史論》（台北市：麥田，2007 年）。

88. 陳映真等著，《呂赫若作品研究》（台北市：聯合文學，1997 年）。

89. 陳柔縉，《台灣西方文明初體驗》（台北市：麥田出版，2005 年）。

90. 陳柔縉，《人人身上都是一個時代》（台北市：時報文化，2009 年）。

91. 陳益源，《俗話說》（台北縣：富春文化，1998 年）。

92. 陳建忠，《日據時期台灣作家論：現代性、本土性、殖民性》（台北市：五南，2004 年）。

93. 陳建忠等合著，《台灣小說史論》（台北市：麥田，2007 年）。

94. 陳義芝編，《台灣現代小說史綜論》（台北市：聯經，1998 年）。

95. 彭瑞金，《台灣新文學運動四十年》（高雄市：春暉，1997 年）。

96. 彭瑞金，《台灣文學史論集》（高雄市：春暉，2006 年）。

97. 彭瑞金，《台灣文學步道》（高雄縣：高縣文化局，2007 年）。

98. 彭懷恩，《當代社會學概論》（台北市：風雲論壇，2004 年）。

99. 黃英哲編，《日治時期臺灣文藝評論集：雜誌篇》（台南市：國家台灣文學館籌備處，2006 年）。

100. 黃文車，《日治時期台灣閩南歌謠研究》（台北市：文津，2008 年）。

101. 黃文博，《台灣人的生死學》（台北市：常民文化，2000 年）。

102. 黃萍瑛，《台灣民間信仰「孤娘」的奉祀——一個社會史的考察》（台北縣板橋市：稻鄉，2008 年）。

103. 莊永明，《台灣歌謠追想曲》（台北市：前衛，1995 年）。

104. 莊萬壽等編著，《台灣的文學》（台北縣淡水鎮：群策會李登輝學校，2004 年）。

105. 游勝冠，《台灣本土論的興起與發展》（台北市：群學，2009 年）。

106. 曾景來，《台灣的迷信與陋習》（台北市：武陵，1998 年）。

107. 傅朝卿，《日治時期台灣建築（1895～1945）》（台北市：大地地理，1999 年）。

108. 楊千鶴，《花開時節》（台北市：南天，2001 年）。

109. 楊千鶴著；張良澤、林智美合譯，《人生的三稜鏡》（台北市：南天，1999 年）。

110. 楊彥騏，《台灣百年糖紀》（台北市：城邦文化，2001 年）。

111. 楊馥菱、徐國能、陳正芳合著，《台灣小說》（台北縣：空大，2003 年）。

112. 葉立誠，《台灣服裝史》（台北市：商鼎文化，2001 年）。

113. 葉石濤，《小說筆記》（台北市：前衛，1983 年）。

114. 葉石濤，《台灣文學史綱》（高雄市：春暉，1987 年）。

115. 葉石濤，《走向台灣文學》（台北市：自立晚報，1990 年）。

116. 葉石濤，《台灣文學集 1 日文作品選集》（高雄市：春暉，1996 年）。

117. 葉芸芸編著，《證言2‧28》（台北市：人間，1990 年）。

118. 葉渭渠，《日本文學思潮史》（台北市：五南，2003 年）。

119. 鈴木清一郎著，馮作民譯，《台灣舊慣習俗信仰》（台北：眾文，2000 年）。

120. 鄭志明，《文學民俗與民俗文學》（嘉義縣：南華管理學院，1999 年）。

121. 鄭政誠，《台灣大調查：臨時台灣舊慣調查會之研究》（台北縣：博揚文

化，2005 年）。

122. 蔡文輝、李紹嶸編著，《社會學概論》（台北市：三民，2006 年）。

123. 蔡相煇，吳永猛編著，《台灣民間信仰》（台北縣：空大，2001 年）。

124. 增田福太郎著，黃有興譯，《台灣宗教論集》（南投：台灣省文獻會，2001 年）。

125. 增田福太郎原著，江燦騰主編，黃有興譯，《台灣宗教信仰》（台北市：東大，2005 年）

126. 劉枝萬，《台灣民間信仰論集》（台北市：聯經，1983 年）。

127. 劉還月、陳阿昭、陳靜芳，《台灣島民的生命禮俗》（台北市：常民文化 2003 年）。

128. 劉還月，《台灣客家族群史：民俗篇》（南投縣：省文獻會，2001 年）。

129. 鍾逸人，《辛酸六十年（下）》（台北市：前衛，1995 年）。

130. 鍾逸人，《辛酸六十年（上）》（台北市：前衛，1993 年）。

131. 鍾肇政著、莊紫蓉編，《台灣文學十講》（台北市：前衛，2000 年）。

132. 鎮清文，《小國家大文學》（台北市：玉山社，2000 年）。

133. 藍博州，《台灣好女人》（台北市：聯合文學，2001 年）。

134. 藍博州，《沉屍、流亡、二二八》（台北市：時報文化，1991 年）。

135. 藍博州，《幌馬車之歌》（台北市：時報文化，1991 年）。

136. 藍博洲，《消失在歷史迷霧中的作家身影》（台北市：聯合文學，2001 年）。

137. 魏英滿、陳瑞隆編，《慎終追遠台灣喪葬禮俗源由》（台南市：世峰出版社，2005 年）。

138. 蘇新，《未歸的台共鬥魂——蘇新自傳與文集》（台北市：時報文化，1993 年）。

139. （Forster, E. M.）佛斯特著，李文彬譯，《小說面面觀》（台北市：志文出版社，1978 年）。

140. （Kundera, Milan）米蘭昆德拉著，尉遲秀譯，《小說的藝術》（台北市：皇冠，2004 年）。

141. （Lodge, David）大衛洛吉著，李維拉譯，《小說的五十堂課》（台北縣新店市：木馬文化出版，2006 年）。

（二）期刊及專書論文

1. 王建國，〈呂赫若清秋的再詮釋（上）〉，《文學台灣》39，2001：07，頁 242～260。

2. 王建國，〈呂赫若清秋的再詮釋（下）〉，《文學台灣》40，2001：10，頁 146～171。

3. 石婉舜,〈懷念林摶秋〉,《文學台灣》27,1998:07,頁146～157。

4. 朱家慧,〈藝術追求或社會責任?──從順德醫院及其樂評看呂赫若的藝術觀〉,《文學台灣》35,2000:07,頁207～234。

5. 朱家慧、垂水千惠、黃英哲編,〈呂赫若著作年譜〉,《日本統治期台灣文學台灣人作家作品集》第一卷,頁399～403。

6. 江仁傑,〈龍瑛宗、呂赫若小說中的台灣知識份子與階級〉,《台灣歷史學會通訊》6,1998:03,頁23～30。

7. 呂赫若研究(東京:台灣近現代史研究會,1981:01),頁90～102。

8. 巫永福,〈呂赫若的點點滴滴〉,《文學台灣》創刊號,1991:12,頁13～5。

9. 林至潔,〈呂赫若最後作品──冬夜之剖析〉,清華大學「賴和及其同時代的作家──日據時期台灣文學國際學術會議」論文,1994:11。

10. 林至潔,〈呂赫若與志賀直哉文學作品之比較「逃跑的男人」、「到網走」的剖析〉,淡水工商管理學院台灣文學系籌備處「台灣文學研討會」論文,1995:11。

11. 林明德,〈日據時代台灣人在日本文壇──以楊逵「送報伕」、呂赫若「牛車」、龍瑛宗「植有木瓜的小鎮」爲例〉,《聯合文學》127,1995:05,頁142～51。

12. 林美琴,〈台灣第一才子──呂赫若意識型態探究與生平再評價〉,《台灣文藝》159,1997:10,頁122～9。

13. 林瑞明,〈呂赫若的「台灣家族史」與寫實風格〉,《台灣新文學》9,1997:12,頁302～14。

14. 周志煌,〈共同體的想像:一九三〇年代前後台灣與中國歌謠采錄活動之繫聯與同異〉,彰化師範大學台文所「與傳統對話:民間文化的當代觀照」學術研討會,2007:08。

15. 邱詩珊,〈戰後初期台灣文化協進會之音樂活動〉,《台灣史料研究》18,2002:03,頁27～57。

16. 垂水千惠,〈論「清秋」之遲延結構──呂赫若論〉,清華大學「賴和及其同時代的作家──日據時期台灣文學國際學術會議」論文,1994:11。

17. 垂水千惠作、許佩賢譯,〈被叫做RO(呂)的人──台中師範時代的呂赫若〉,《文學台灣》24,1997:10,頁137～53。

18. 垂水千惠著,莫素微譯,〈呂赫若與『陳夫人』──以一九四二年後呂作品爲中心〉,未發表。

19. 施淑,〈書齋、城市與鄉村──日據時代的左翼文學運動及小說中的左翼知識份子〉,《文學台灣》15,1995:07,頁68～102。

20. 施淑,〈最後的牛車──論呂赫若的小說〉,《台灣文藝》85,1983:11,

頁 7～13。

21. 洪珊慧，〈女人與婚姻的糾葛靨夢──論呂赫若的女性主題小說〉，《南亞學報》22，2002：08，頁 161～177。

22. 洪錦淳〈悲歌兩唱──論呂赫若「牛車」與王禎和「嫁妝一牛車」〉，《台灣文學評論》2：1，2002：01，頁 84～95。

23. 范博淳〈論呂赫若的女性小說〉，《台南師院學生學刊》23，2002：03，頁 43～60。

24. 翁聖峰，〈日治時期職業婦女題材文學的變遷及女性地位〉《台灣學誌》創刊號，2010：04，頁 1～31。

25. 翁聖峯，〈《鳴鼓集》反佛教破戒詩歌的意識與內涵〉，《台灣古典文學研究集刊》第二號，2009 年 12 月，頁 309～334。

26. 徐士賢，〈從賴和到呂赫若：一桿「稱仔」與牛車之比較〉，《世新大學學報》8，1998：10，頁 295～311。

27. 徐福全，〈論台灣民間之拾骨與吉葬〉，《載婚喪喜慶範例研討會論文集》。

28. 莊英章，〈族譜與童養媳婚研究──頭份陳家的例子〉《第三屆亞洲族譜學術研究會會議紀錄》（台北市：聯經出版社，1987）。

29. 張文環，〈雜誌『台灣文學』の誕生〉，《台灣近現代史研究》2，1979：08，頁 180～188。

30. 張文環原作、林博秋編劇、林至潔譯，〈閹雞〉，《文學台灣》9，1994：01，頁 230～269。

31. 張秀君，〈呂赫若及其筆下的台灣女性初探〉，《史學》16／17，1991：06，頁 165～90。

32. 張金墻，〈台灣文學中的女性空間──以呂赫若、李喬、李昂的小說為主〉，《台灣新文學》8，1997：08，頁 305～23。

33. 張恆豪，〈比較楊逵、呂赫若的「決戰小說」──〈增產之背後〉與〈風頭水尾〉〉，淡水工商管理學院台灣文學系籌備處「台灣文學研討會」論文，1995：11。

34. 張隆志，〈從「舊慣」到「民俗」：日本近代知識生產與殖民地台灣的文化政治〉，《台灣文學研究集刊第二期》，2006：11，頁 33～58。

35. 張達雅，〈呂赫若小說中的家庭及主要角色的心理糾葛〉，《樹德學報》23，1999：05，頁 177～201。

36. 許俊雅，〈日據時代台灣小說中的婦女問題〉，清華大學「賴和及其同時代的作家──日據時期台灣文學國際學術會議」論文，1994：11。

37. 許維育，〈理想的建構──談龍瑛宗「蓮霧的庭院」與呂赫若「玉蘭花」〉，《水筆仔》1，1996：12，頁 2～13。

38. 陳文淵,〈試探呂赫若小說「牛車」〉,《台灣文藝》129,1992:02,頁74
～80。

39. 彭瑞金,〈呂赫若與「風頭水尾」〉,《台灣文藝》151,1995:10,頁46～
9。

40. 黃靖雅,〈悲愴的傳奇——林至潔印象中的呂赫若〉,《聯合文學》120,
1994:10,頁97～101。

41. 黃儀冠,〈日據時代呂赫若小說中之性別權力結構〉,《中華學苑》51,1998:
02,頁167～86。

42. 黃瓊華,〈「牛車」——台灣農民血淚的悲歌——試析呂赫若及其「牛車」〉,
《甲工學報》17,2000:06,頁17～26。

43. 黃蘊綠,〈試析呂赫若的「皇民文學」〉,《台灣新文學》7,1997:04,頁
308～19。

44. 溫文龍,〈受難女性的代言人——論呂赫若小說中的女性角色〉,《台灣文
藝》154,1996:04,頁85～95。

45. 葉芸芸,〈三位新聞工作者的回憶—— 二二八事件歷史見證人訪談之
一〉,《遠望》三月號,1988:03,頁4～13。

46. 榮峰,〈新文學、新劇運動人名錄〉,《台北文物》3:3,1954:12,頁90
～96。

47. 劉至瑜,〈台灣作家筆下的妓女形象——以呂赫若〈冬夜〉、黃春明〈莎喲
娜拉・再見〉、王禎和《玫瑰玫瑰我愛你》和李喬《藍彩霞的春天》為例〉,
《台灣人文》4,2000:06,頁1～20。

48. 蔡龍保,〈國營初現——日治時期臺灣汽車運輸業發展的一個轉折〉《國史
館學術期刊》16,2008:06。

49. 龍瑛宗,〈『文藝台灣』與『台灣文藝』〉,《台灣近現代史研究》3,1981:
01〉,頁86～89。

50. 鍾美芳,〈呂赫若的創作歷程再探——以〈廟庭〉、〈月夜〉為例〉,淡水工
商管理學院台灣文學系籌備處「台灣文學研討會」論文,1995:11。

51. 鍾美芳,〈呂赫若創作歷程初探——從《柘榴》到《清秋》〉,清華大學「賴
和及其同時代的作家——日據時期台灣文學國際學術會議」論文,1994:
11。

52. 鍾淑敏,〈台灣總督府的對岸政策與鴉片問題〉(論文發表於台灣文獻史料
整理研究學術研討會,台灣省文獻委員會主辦,2000年6月)。

53. 顏尚文,〈清代以來嘉義市觀音信仰寺廟類型之發展〉,《佛學研究中心學
報》第八期,2003年7月,頁191～192。

54. 藍博洲,〈永遠的王添燈〉,《人間》41,1989:03,頁135～140。

（三）學位論文

1. 大藪久枝,《戰前日本文壇重視的三篇台灣小說研究》,東吳大學中國文學系碩士論文,1997 年。

2. 王怡茹,《台灣日治時期漢人米食生活之研究》(國立台北大學民俗藝術研究所碩士論文,2005 年 7 月)。

3. 王建國,《呂赫若小說與詮釋》,國立中山大學中文研究所,1999 年。

4. 王昭文,《日治末期台灣的知識社群(1940～1945)——「文藝台灣」、「台灣文學」及「民俗台灣」三雜誌的歷史研究》,國立清華大學歷史研究所碩士論文,1991 年。

5. 朱家慧,《兩個太陽下的台灣作家:龍瑛宗與呂赫若研究》,國立成功大學歷史語言研究所碩士論文,1996 年。

6. 吳純嘉,《人民導報研究(1946～1947)——間論其反映出的戰後初期台灣政治、經濟與社會文化變遷》,國立中央大學歷史研究所碩士論文,1999 年。

7. 吳欣怡,《敘史傳統與家國圖像:以呂赫若、李喬為中心》,國立清華大學中國文學系碩士論文,2009 年。

8. 柳書琴,《戰爭與文壇——日據末期台灣的文學活動》,國立台灣大學歷史研究所碩士論文,1994 年。

9. 洪鵬程,《戰前台灣小說所反應的農村社會》,文化大學中文研究所碩士論文,1992 年。

10. 凌正峯,《呂赫若農民小說的左翼立場》,東海大學中國文學系碩士論文,2008 年。

11. 殷豪飛,《日治時期台灣小說之漢人習俗研究》,國立台北大學民俗藝術研究所碩士論文,2005 年 1 月。

12. 許惠玟,《巫永福生平及其新詩研究》,國立中正大學中國文學系碩士論文,1999 年。

13. 陳姿妃,《呂赫若小說中女性宿命觀研究》,屏東師範學院語文教育學系碩士論文,2004 年。

14. 陳順益,《日據時期「文藝台灣」與「台灣文學」之對立關係研究》,文化大學日文研究所碩士論文,1991 年。

15. 陳黎珍,《呂赫若の研究:人とその作品》,東吳大學日本文化研究所碩士論文,1993 年。

16. 張譯文,《呂赫若小說之社會思想與女性意識探討》,國立高雄師範大學國文教學碩士論文,2002 年。

17. 童袖瑜,《生命的奮鬥:呂赫若小說研究》,國立彰化師範大學台灣文學研

究所碩士論文，2009 年。

18. 葉宜婷《日治時期中短篇小說中神道與台灣風俗信仰的書寫研究 1937～
1945）》，國立台北教育大學台灣文化研究所碩士論文，2010 年。

19. 蔡依伶，《從解纏足到自由戀愛：日治時期傳統文人與知識份子的性別話
語》（國立台北教育大學台灣文化研究所碩士論文，2007 年 7 月）。

20. 蔡龍保，《殖民統治之基礎工程——日治時期台灣道路事業之研究 1895～
1945）》，國立台灣師範大學歷史學系博士論文，2006 年 7 月。

21. 戴文鋒，《日治晚期的民俗議題與台灣民俗學——以《民俗台灣》爲分析
場域》，中正大學歷史研究所博士論文，1998 年。

（四）報紙

1. 包黛瑩，〈呂赫若歷史沒有遺忘他的風采〉，《中國時報》38 版，1995：12：
28。

2. 台灣文學研究室，〈呂赫若生平再評價 1〉，《民眾日報》18 版，1990：12：
3。

3. 〈呂赫若生平再評價 2〉，《民眾日報》20 版，1990：12：4。

4. 〈呂赫若生平再評價 3〉，《民眾日報》20 版，1990：12：6。

5. 〈呂赫若生平再評價 4〉，《民眾日報》20 版，1990：12：7。

6. 台灣文學研究室，〈台灣第一才子的小說藝術——呂赫若的文學評價 1〉，
《民眾日報》17 版，1992：3：5。

7. 〈台灣第一才子的小說藝術——呂赫若的文學評價 2〉，《民眾日報》11 版
，1992：3：6。

8. 〈台灣第一才子的小說藝術——呂赫若的文學評價 3〉，《民眾日報》11 版
，1992：3：7。

9. 〈台灣第一才子的小說藝術——呂赫若的文學評價 4〉，《民眾日報》15 版
，1992：3：9。

10. 林宏安，〈鄉村醫師的苦悶——論呂赫若的短篇小說「清秋」1〉，《民眾日
報》11 版，1991：6：6。

11. 〈鄉村醫師的苦悶——論呂赫若的短篇小說「清秋」2〉，《民眾日報》11
版，1991：6：7。

12. 〈鄉村醫師的苦悶——論呂赫若的短篇小說「清秋」3〉，《民眾日報》11
版，1991：6：8。

13. 〈鄉村醫師的苦悶——論呂赫若的短篇小說「清秋」4〉，《民眾日報》11
版，1991：6：9。

14. 〈鄉村醫師的苦悶——論呂赫若的短篇小說「清秋」5〉，《民眾日報》9 版，
1991：6：10。

15. 〈鄉村醫師的苦悶——論呂赫若的短篇小說「清秋」6〉,《民眾日報》11 版,1991：6：11。

16. 〈鄉村醫師的苦悶——論呂赫若的短篇小說「清秋」7〉,《民眾日報》11 版,1991：6：12。

17. 林瑞明,〈還魂：閱讀《呂赫若小說全集》〉,《中國時報》39 版,1995：9：23。

18. 林燿德,〈淚的寫實與血的浪漫——評《呂赫若小說全集》〉,《聯合報》42 版,1995：9：21。

19. 鍾肇政,〈評《呂赫若小說全集》〉,《中國時報》38 版,1995：12：28。

20. 藍博洲,〈一個老紅帽的白色歲月〉,《台灣日報》23 版,1996：10：23～26。

21. 藍博洲,〈呂赫若專輯戰後初期——呂赫若的中文小說〉,《民眾日報》20 版,1990：11：10～14。